Der internationale Lizenzvertrag als Produktabnahmevertrag

Europäische Hochschulschriften

Publications Universitaires Européennes
European University Studies

Reihe II
Rechtswissenschaft

Série II Series II
Droit
Law

Bd./Vol. 3591

PETER LANG
Frankfurt am Main · Berlin · Bern · Bruxelles · New York · Oxford · Wien

Peter Heiter

Der internationale Lizenzvertrag als Produktabnahmevertrag

Eine Untersuchung unter besonderer Berücksichtigung der Vertragspraxis sowie des deutschen und des südkoreanischen Rechts

PETER LANG
Europäischer Verlag der Wissenschaften

Bibliografische Information Der Deutschen Bibliothek
Die Deutsche Bibliothek verzeichnet diese Publikation in der Deutschen Nationalbibliografie; detaillierte bibliografische Daten sind im Internet über <http://dnb.ddb.de> abrufbar.

Zugl.: Köln, Univ., Diss., 2002

D 38
ISSN 0531-7312
ISBN 3-631-50650-3

www.peterlang.de

Morgenstille

Inhaltsverzeichnis

1. Abschnitt: Der soziale, wirtschaftliche und historische Hintergrund des Lizenzproduktabnahmevertrages zwischen Deutschland und Südkorea als Untersuchungsgegenstand

I. Gegenstand und Ziel der Untersuchung

Gegenstand der Untersuchung sind Technologielizenzverträge zwischen deutschen und südkoreanischen Geschäftspartnern, die in Produktabnahmeverträge eingebettet sind.

Der Regelungsgegenstand des Produktabnahmevertrages ist das Produktabnahmegeschäft (Rückkauf, Buy Back).[1] Es zeichnet sich dadurch aus, dass der Erbringer einer Waren- oder Dienstleistung anstelle einer finanziellen Vergütung einen Gegenwert abnimmt, der durch den Leistungsempfänger mit Hilfe der empfangenen Leistung erst erzeugt wird. Typisches Beispiel ist der Anlagenbau, bei dem der Anlagenlieferant anstelle des Werklohns Produkte erhält, die durch den Anlagenbesteller mittels der vom Anlagenlieferanten gelieferten Anlage hergestellt wurden.

Damit ist das Produktabnahmegeschäft eine Sonderform der Gegen-, Kompensations- und Tauschgeschäfte, deren verbindendes Merkmal darin besteht, dass grundsätzlich eine Waren- oder Dienstleistung durch ebenfalls eine Waren- oder Dienstleistung vergütet wird, die Vergütung also nicht in Geld erfolgt.[2]

Beim Produktabnahmegeschäft werden also typischerweise Maschinen, Anlagen oder sonstige technische Produktionsmittel als Hauptware geliefert, wobei der Lieferant verpflichtet, unter Umständen auch berechtigt ist, als Gegenleistung die mit seinem Liefergegenstand hergestellten Produkte bis zum vereinbarten Umfang als Gegenware abzunehmen.

Diese Arbeit bezieht sich auf die Sonderform des Produktabnahmevertrages, die durch die Verpflichtung eines Technologiegebers gekennzeichnet ist, als Vergütung für die von ihm erbrachte Technologie anstelle einer Lizenzgebühr Erzeugnisse abzunehmen, die mit seiner Technologie hergestellt worden sind (Lizenzprodukte). Dieser Vertragstyp wird im Folgenden „Lizenzproduktabnahmevertrag" genannt und das ihm zugrunde liegende Geschäft „Lizenzproduktabnahmegeschäft".

---

1 Bei Strohm, RIW 1988, S. 724 ff. <725>: „Buy-Back-Barter"; vgl. Niggemann, RIW 1987, S. 169 ff. <170, 174>; Fülbier, DB 1992, S. 977 <978>

2 Vgl. im Einzelnen unten II.

Die Arbeit soll einen umfassenden, in der Praxis verwertbaren Überblick über das für Lizenzproduktabnahmegeschäfte bedeutsame Recht geben. Aus diesem Grund widmet sich der 2. Abschnitt der Darstellung von Schutzrechten nach deutschem und südkoreanischem Recht, die Inhalt der Leistungsverpflichtung des Technologiegebers sein können.

Im 3. Abschnitt wird sodann das relevante private und öffentliche Recht aufgezeigt, in das die Vertragsgestaltung eingebettet ist und das ihr im Einzelfall Grenzen setzt.

Aufgrund der aus den in den vorgenannten Abschnitten beschriebenen rechtlichen Rahmenbedingungen gewonnenen Erkenntnisse wird im 4. Abschnitt die Gestaltung des Lizenzproduktabnahmevertrages in unterschiedlichen Bedürfniskonstellationen erörtert.

II. Das Produktabnahmegeschäft in Abgrenzung zu anderen Gegenhandelsformen

Das Lizenzproduktabnahmegeschäft ist eine Erscheinungsform des Gegenhandels bzw. des Gegengeschäfts. Darunter versteht man jede Handelsform, bei der sich die Geschäftspartner verpflichten, gegenseitig Waren und Dienstleistungen ganz oder teilweise gegen Waren oder Dienstleistungen auszutauschen, wechselseitig Waren abzunehmen oder ihre Abnahme zu veranlassen, Dienstleistungen zu erbringen oder für ihre Erbringung zu sorgen.[3] Dabei mag hier zur Darstellung der wichtigsten Ausprägungen grob zwischen industriellem, kommerziellem und finanziellem Gegenhandel unterschieden werden.

Allen Formen gemeinsam ist das Bestreben, finanzielle oder devisenrechtliche Engpässe zu überwinden, wobei teils die Investition und die Technologievermittlung im Vordergrund stehen, teils die Vermittlung und Lenkung von Warenströmen, teils Maßnahmen der Kreditierung eingesetzt werden.

1. Industrieller Gegenhandel

Beim industriellen Gegenhandel geht es oft um großdimensionierte Industrieprojekte. Dabei steht die technische Kooperation und der Zugang zur Produktion im Gastland im Vordergrund. Zu den gebräuchlichen Formen zählen die hier im Einzelnen untersuchten Produktabnahmegeschäfte, ferner Offsets und BOT-Geschäfte.

---

3 Jalloh, S. 20

Die Handelsform des Offset kennzeichnet sich dadurch, dass der Staat, der selbst der Auftraggeber ist oder in dem zumindest der Auftraggeber seinen Sitz hat, dem Auftragnehmer die Verpflichtung auferlegt, Unteraufträge an Firmen aus seinem Staatsgebiet zu vergeben. Dies ist insbesondere anzutreffen bei staatlich finanzierten Infrastrukturbauprojekten sowie bei Gütern der Rüstungsindustrie.[4]

Die Abkürzung BOT steht für "Build, Operate and Transfer" und beschreibt einen Vertrag, in dem sich der Lieferant verpflichtet, eine Anlage zu bauen und diese solange zu betreiben, bis sich seine Investitionskosten amortisiert haben, um sie dann an einen Partner oder eine Regierungsstelle des Gastlandes zu übergeben.[5]

Eine Besonderheit der BOT-Projektform besteht darin, dass diese vornehmlich in Bereichen der öffentlichen Daseinsvorsorge und der Infrastruktur Anwendung finden, die im Allgemeinen als unrentabel gelten, da eine Kostenabwälzung auf den Bürger als Kunden sozial nicht wünschenswert oder sogar nicht durchsetzbar ist.[6]

Prominentes Beispiel für ein BOT-Projekt ist der vor über 100 Jahren in Paris erstellte Eiffelturm, der zur Weltausstellung 1889 erbaut wurde und nach einer dreißigjährigen Betriebszeit an den französischen Staat überging.[7] Im Libanon wurde 1996 die Errichtung einer Freizone mit Infrastruktur, Parkhaus und Hotel am neu zu errichtenden Flughafen in Beirut nach dem BOT-Verfahren ausgeschrieben.[8]

2. Kommerzieller Gegenhandel

Beim kommerziellen Gegenhandel handelt es sich um Transaktionen, bei denen die finanziellen Schwierigkeiten, die den nationalen und internationalen Warenaustausch behindern, auf dem Wege des Handels überwunden werden sollen. Zum kommerziellen Gegenhandel zählen Tausch, Gegenkauf (Counterpurchase) und Verbundgeschäfte (Kompensationsgeschäfte im engeren Sinne).

Unter Tausch wird der simultane Austausch von Waren und Dienstleistungen ohne Geldzahlungen verstanden. Dabei stellt der klassische Tausch (Pure Barter) den Austausch von Ware gegen Ware zwischen zwei Parteien dar.[9] Retail Barter

---

4 Jalloh, S. 3
5 Scheibel, RIW 1996, S. 373 ff. <373>
6 Scheibel, RIW 1996, S. 373 ff. <374>
7 Scheibel, RIW 1996, S. 373 ff. <373>; Jalloh, S. 84
8 Außenwirtschafts-Rundschreiben IHK zu Köln, Nr. 5/96 vom 19.08.1996, S. 16
9 Vgl. Julius/Decker, RIW 1999, S 594 ff. <595>; Strohm, RIW 1988, S. 724 ff. <724>

ist ein multilateraler Austausch von Waren oder Dienstleistungen in kleineren Dimensionen und unregelmäßigen Abständen. Corporate Barter nennt man den Austausch von Waren oder Dienstleistungen in größeren Dimensionen zwischen Industrieunternehmen.

Beim Gegenkauf werden zwei rechtlich voneinander unabhängige Verträge geschlossen,[10] zuweilen sogar zusätzlich noch ein Rahmenvertrag. Dabei werden die Verpflichtungen aus dem einen Vertrag einschließlich der Vergütung in Geld erfüllt. Die Kompensation erfolgt erst dadurch, dass auch der zweite materielle Vertrag erfüllt wird und damit die finanzielle Belastung des Leistungsempfängers des ersten Vertrages zumindest teilweise einen Ausgleich findet.[11] Die Leistungsstörungen des einen Vertrages wirken sich nicht zwingend auf den anderen aus. Die Abnahmeverpflichtung des Schuldners der Hauptleistung zum Zwecke der Kompensation ist übertragbar.

Beim Verbundgeschäft, auch als Kompensationsgeschäft im engeren Sinne bezeichnet,[12] wird ein Export an einen gegenläufigen Import gekoppelt. Der wesentliche Unterschied im Vergleich zum Gegenkauf beruht darauf, dass beim Verbundgeschäft nur ein einziger Vertrag geschlossen wird.[13] Die gegenseitigen Geldforderungen werden dementsprechend grundsätzlich weder bezahlt noch erst später durch die gegenläufige Zahlung kompensiert, sondern sogleich verrechnet. Der Schuldner der Hauptleistung erhält seinen Erlös also erst dann, wenn er die Gegenware veräußert hat.

Ferner stehen die beiden gegenüberstehenden Leistungen in einem engen Verhältnis zueinander mit der Folge, dass die Störung der einen sich auf die andere direkt auswirkt. Das Bemerkenswerte ist, dass die Abwicklung anders als beim Tausch nicht gleichzeitig geschieht und dass, obwohl keine Geldzahlung erforderlich wird, doch die beiden Sachleistungen in Geld bewertet werden, also rechnerisch zwei Geldforderungen entstehen.

Besonderheiten ergeben sich noch bei Parallelgeschäft und Junktimgeschäft. Beim Junktimgeschäft (Vorkaufgeschäft, Präkompensation) erfüllt der Lieferant seine Gegenkaufverpflichtung zuerst. Das Parallelgeschäft hingegen ist durch den allgemeinen Grundsatz der Leistung Zug um Zug geprägt.

---

10 Vgl. Julius/Decker, RIW 1999, S 594 ff. <595>; vgl. auch Strohm, RIW 1988, S. 724 ff. <725>; Niggemann, RIW 1987, S. 169 ff. <170, 174>

11 Strohm, RIW 1988, S. 724 ff. <724>

12 Im Gegensatz dazu wird mit Kompensationsgeschäft wie auch mit Verbundgeschäft oftmals jede Art von Gegengeschäft bezeichnet, vgl Julius/Decker, RIW 1999, S 594 ff. <595>

13 Vgl. Julius/Decker, RIW 1999, S 594 ff. <595>

3. Finanzieller Gegenhandel

In die Kategorie des finanziellen Gegenhandels gehören Instrumente der Handelsfinanzierung wie beispielsweise Clearing, Financial Switch und Schuldenswaps. Auch sie haben das Ziel, internationale Transferzahlungen zu erleichtern.

a) Clearing

Unter Clearing ist die Abwicklung von Geschäften innerhalb einer bilateralen staatlichen Handelsbeziehung aufgrund eines Währungsabkommens zu verstehen. Private und staatliche Unternehmen beider Länder schließen in deren Rahmen gewöhnliche Handelsgeschäfte ab. Dabei können Art und Umfang der Produkte im Abkommen festgelegt sein.[14] Das Besondere am Clearinggeschäft aus der Sicht der beteiligten Unternehmen ist die Abwicklung des Zahlungsverkehrs. Er wird über staatliche Stellen vorgenommen. Eine unmittelbare monetäre Beziehung zwischen den Handelspartnern besteht nicht. Vielmehr wird in jedem Land eine besondere Verrechnungsstelle eingerichtet, und zwar häufig bei der Notenbank. Dort wird jeweils für die andere Stelle ein Konto mit Überziehungsmöglichkeit eröffnet. Die Verrechnung wird in einer im Abkommen festgelegten Währung vorgenommen, bei der es sich um eine fiktive Clearing-Währung handeln kann. Der Importeur zahlt den Kaufpreis in seiner Landeswährung bei seiner Clearingstelle ein. Diese schreibt den eingezahlten Betrag nach Umrechnung in die Clearingwährung dem Konto der Clearingstelle des Exporteurs gut. Der Exporteur erhält den Kaufpreis nach erneuter Umrechnung zum festgelegten Wechselkurs in seiner Landeswährung ausbezahlt. Die auszahlende Clearingstelle belastet entsprechend das Konto des Importlandes. Der Zahlungsausgleich zwischen den Clearingstellen wird durch Verrechnung der Clearingwährung durchgeführt.[15]

Da bei Vertragsabschlüssen im Rahmen von Clearingabkommen auf der Ebene der Geschäftspartner Ex- und Import nicht aneinander gekoppelt werden, handelt es sich strenggenommen nicht um eine Form des Gegengeschäftes. Beim Clearing sind Gegengeschäfte herkömmlicher Art häufig sogar ausdrücklich ausgeschlossen.

In rechtlicher Hinsicht handelt es sich bei der Clearingwährung um Verrechnungseinheiten, die zwischen den beteiligten Staaten aufgrund des Clearing- und Währungsabkommens als Zahlungsmittel vereinbart werden. Unter der Voraus-

---

14 Zum Berliner Abkommen zwischen der Bundesrepublik Deutschland und der ehemaligen DDR siehe: Fülbier, S. 25 f.

15 Fülbier, S. 26

setzung, dass die im Clearingabkommen enthaltenen Bedingungen vorliegen, begründen diese Verrechnungseinheiten entweder für die Zentralbank des Partnerlandes oder den heimischen Exporteur einen Zahlungsanspruch gegen die Clearingstelle in der vereinbarten konvertierbaren Währung. Voraussetzung für den Exporteur wäre etwa, dass der Importeur den Kaufpreis bei der Clearingstelle des Partnerlandes eingezahlt hat und der heimischen Bank noch ein Clearingguthaben zur Verfügung steht. Die fremde Zentralbank wird am Ende einer Abrechnungsperiode einen Auszahlungsanspruch haben. In beiden Fällen handelt es sich um öffentlich-rechtliche Auszahlungsansprüche, die entweder auf der hoheitlichen Verrechnungsvorgabe für den Exporteur oder auf dem zwischenstaatlichen Abkommen beruhen.[16]

Der Auszahlungsanspruch des Exporteurs wird wertlos, wenn das Clearingabkommen zwischenzeitlich eingefroren wird. Der Händler kann sich für diesen Fall ein Stornorecht gegenüber dem Importeur einräumen lassen.

Durch Genehmigungsvorbehalte und die Registrierung des Warenverkehrs soll erreicht werden, dass sich bilaterale Ein- und Ausfuhren decken. Wird dennoch ein Überschuss über einen bestimmten Grenzwert hinaus erwirtschaftet, hat grundsätzlich eine Ausgleichszahlung in einer konvertierbaren Währung zu erfolgen. Ein Überschuss löst nicht etwa einen Anspruch auf Lieferung aus. Alternativ zur Ausgleichszahlung am Ende der Abrechnungsperiode besteht auch häufig die Möglichkeit, einen Überschuss durch Switchgeschäfte abzubauen.[17]

b) Switchgeschäft

Beim Switchgeschäft wird der öffentlich-rechtliche Auszahlungsanspruch der ausländischen Zentralbank an einen Dritten abgetreten, der nicht Angehöriger eines der Unterzeichnerstaaten ist. Das setzt voraus, dass der Anspruch überhaupt abtretbar ist.

Im Gegensatz zum bilateralen Clearingabkommen wird hier die finanzielle Seite des Handels auf einen Dritten ausgedehnt.

c) Dept-for-Goods-Swap

Debt-for-Goods-Swaps sind vom Gegenkauf abzugrenzen. Vereinfacht dargestellt, bedeutet dies, dass dabei bestehende, kaum realisierbare Geldforderungen gegen Entwicklungs- und Schwellenländer aus Kredit- oder Kaufverträgen durch nachträgliche, eigens zu deren Tilgung initiierte Warenlieferungen beglichen

16 Fülbier, S. 26
17 Fülbier, S. 26

werden. Der Debt-for-Goods-Swap ist daher ein Mittel der Entschuldung, nicht der Kreditsicherung. Beim Gegenkauf wird die die Gegenleistung ersetzende Warenlieferung demgegenüber von vornherein vereinbart.

4. Joint Venture

Der Begriff Joint Venture entstammt dem angelsächsischen Rechtskreis. In Großbritannien wird er für Partnerships benutzt, die zur Durchführung eines einzelnen Projektes gegründet werden.[18] Der ursprüngliche US-amerikanische Begriff umfasst nicht Gesellschaften mit eigener Rechtspersönlichkeit.[19]

In ähnlicher Weise werden im deutschen Recht im Bereich der Bau- und Anlagenlieferung Konsortialgeschäfte durchgeführt, bei denen eine gemeinsame Leistung im Rahmen einer Gesellschaft bürgerlichen Rechts erbracht wird. Diese Art von Joint Venture wird auch als Contractual Joint Venture oder Non-Equity Joint Venture bezeichnet.

Equity Joint Venture oder Corporate Joint Venture demgegenüber sind im internationalen Wirtschaftsleben Bezeichnungen für Kapitalgesellschaften mit eigener Rechtspersönlichkeit. Dabei handelt es sich um Tochtergesellschaften, die im gemeinsamen Eigentum und unter der gemeinsamen Leitung zweier voneinander unabhängiger Mütter stehen. Auch der heute im amerikanischen Sprachgebrauch verwendete Begriff Joint Venture bezieht sich auf diese Art von Tochtergesellschaften. Die von ihren Muttergesellschaften juristisch verselbständigten Joint-Venture-Gesellschaften bilden das Arbeitsfeld einer dauerhaften Kooperation ihrer Mutterunternehmen. Dabei teilen sich die Mutterunternehmen die Eigentumsrechte nach einem vertraglich festgelegten Schlüssel und üben Management und Kontrolle über die gemeinsame Tochter ohne die Dominanz eines einzelnen Partners und ohne Aufgabe der Eigenständigkeit der Partner aus.

III. Die Entwicklung des Gegenhandels und speziell des Produktabnahmevertrages

Die reinen Tauschgeschäfte sind der Ursprung des Handels und der Geldwirtschaft. Sie haben heute nur noch einen unbedeutenden Anteil am Welthandel. Der moderne Tauschhandel in der Form der Gegengeschäfte nimmt dagegen ständig an Bedeutung zu. Diese Entwicklung begann während des Ersten Welt-

18 Jowitt's Dictionary of English Law, S. 1016

19 Herzfeld, S. 3; Moecke, RIW 1978, S. 73 ff. <74>; Baptista/Durand-Barthez, S. 14

krieges. Das nachrevolutionäre Russland war aufgrund von Devisenmangel gezwungen, dringend notwendige Warenlieferungen aus den USA durch gegenläufige Exporte zu kompensieren.

Seitdem ist diese Geschäftsform des internationalen Handels ständig zu beobachten. Sie tritt in Perioden internationaler Wirtschaftskrisen vermehrt auf. Ein deutliches Anwachsen der Gegengeschäfte war daher im Rahmen der Weltwirtschaftskrise zu verzeichnen. Die Zunahme wurde zunächst 1930 im Ost-West-Handel spürbar und dehnte sich ab 1934 in starkem Maße auf Deutschland aus.[20]

Im Deutschland der dreißiger Jahre herrschte nach der Weltwirtschaftskrise und dem verlorenen Weltkrieg Devisenknappheit. Die Wareneinfuhr musste zwangsläufig vermindert und dem vorhandenen Devisenstand angepasst werden. Dazu erließ der Reichswirtschaftsminister Verordnungen, die die Devisenausfuhr von einer allgemeinen Genehmigung abhängig machten.

Nach dem 24.09.1934 musste jedes Importgeschäft einer Überwachungsstelle vorgelegt werden, um eine Devisenausfuhrgenehmigung zu erhalten, die auch die Preisgestaltung umfasste. Dadurch sollte sichergestellt werden, dass die einzuführenden Waren in Devisen bezahlt werden konnten und sich Deutschland nicht weiter verschuldete.[21]

Eine weitere Maßnahmen war die offizielle Einführung des privaten und staatlichen Kompensationshandels. Die Einfuhr ausländischer Waren wurde nunmehr grundsätzlich nur noch erlaubt, wenn sie an die Ausfuhr deutscher Erzeugnisse gekoppelt war. Die Gegengeschäfte waren auf der Basis vieler bilateraler Kompensations-, Zahlungs-, und Clearingabkommen vorzunehmen.

Unter Zahlungsabkommen verstand man Staatsverträge, nach denen ohne Genehmigung der Devisenstelle die Bezahlung der Einfuhr durch Einzahlung von Reichsmark auf ein Konto der ausländischen Zentralbank bei der Reichsbank erfolgte. Sie wurden später abgelöst durch Clearingabkommen, zweiseitige Staatsverträge, auf deren Grundlage deutsche Importeure Devisenbescheinigungen erhielten, die je nach Abkommen gerichtet waren auf den Erwerb und die Verfügung über ausländische Zahlungsmittel, auf Einzahlung von Reichsmark auf ein freies Ausländerkonto, über das der Ausländer Verfügungen zugunsten von In- und Ausländern vornehmen durfte, sowie auf Einzahlungen auf Rechnungs- und Sonderkonten im Rahmen der Verrechnungs- und Zahlungsabkommen.[22] Dies war jedoch nur bis zu einem festgesetzten Höchstbetrag erlaubt.

---

20 Kosnick, S. 6 ff.

21 Fülbier, S. 4 f.

22 Zum deutsch-britischen und zum deutsch-niederländischen Zahlungsabkommen siehe: Fülbier, S. 5

Seit dem 27.02.1935 waren private Kompensationsgeschäfte ausgeschlossen, wenn ein Clearingabkommen mit dem Zielland bestand. Seit dem 24.07.1935 durfte die Zollabfertigung von Einfuhren nur noch erfolgen, wenn die erforderlichen devisenrechtlichen Genehmigungen vorlagen. Außerdem war die Verfügung über Fremdwährungsforderungen ohne Genehmigung nach §§ 9 Abs. 2, 42 Abs. 1 Nr. 3 DevisenG unter Strafe gestellt.[23]

Der Trend zum Gegenhandel hat seit dem Zweiten Weltkrieg eine rasante Entwicklung erlebt. Von den einfachen Barter-Geschäften über den Eisernen Vorhang hinweg hat sich Gegenhandel zu einem Phänomen im Welthandel entwickelt. In der Nachkriegszeit wurden ohne Berücksichtigung der Ostblockländer allein ungefähr 400 bilaterale Regierungsabkommen über den Waren- und Zahlungsaustausch geschlossen.

Verbunden mit dem Clearing räumten sich die Notenbanken gegenseitig Swingkredite ein, durch die Überhänge finanziert werden sollten. Sobald ein bestimmtes Limit erreicht war, musste der Saldo in Gold oder einer konvertierbaren Währung ausgeglichen werden.

Um 1950 kamen Gegengeschäfte in Südamerika auf, wo sie 70 % des Handels innerhalb des Kontinentes erreichten. Der Handel wird dort noch heute zu einem Großteil über Clearingkonten abgewickelt.

Erst in den siebziger Jahren wurden Transaktionen industrieller Natur Gegenstand von Kompensationsgeschäften zwischen westlichen Unternehmern und den Außenhandelsorganisationen der osteuropäischen Regierungen. In einer Reihe von spektakulären Geschäften wurden damals Gegenhandelsabkommen zur Errichtung von industriellen Produktionsstätten abgeschlossen.

Es sind kaum verlässliche Zahlen über den aktuellen Umfang von Gegengeschäften zu erhalten. Die Angaben schwanken von 1 % bis zu 30 % Anteil am Welthandel. Im Jahresbericht 1997 des Internationalen Währungsfonds wird er mit 1 % beziffert. Die OECD gibt ihn mit 4,8 % ohne Offset und Clearing an. Von der WTO werden 8 % ohne Offset genannt. Das britische Industrie- und Handelsministerium beziffert den Anteil mit 10 bis 15 %, das US-amerikanische Handelsministerium mit 20 bis 30 %, schließlich das Institut der Deutschen Wirtschaft aufgrund einer Umfrage mit 15 bis 20 % inklusive Offset und Clearing.

Eine empirische Untersuchung im Auftrag des Instituts der Deutschen Wirtschaft führte bei einer Befragung von 500 bundesdeutschen Unternehmen zu 141 Antworten, von denen immerhin 69 die Angabe enthielten, dass Gegengeschäfte durchgeführt werden.[24]

---

23 Fülbier, S. 6

24 Vgl. Fülbier, S. 9 mwN

Die Schwankungsbreite in den Angaben ist auf verschiedene Ursachen zurückzuführen. Einerseits beruht sie auf einem unterschiedlichen Begriffsverständnis bei den berücksichtigten Geschäften. So wird zum Beispiel bilaterales Clearing teilweise nicht eingerechnet, das hauptsächlich in Osteuropa und Südamerika gebräuchlich ist. Andererseits gibt es keine öffentlichen Statistiken, weil Gegengeschäfte als solche nicht registriert werden. Schließlich halten die beteiligten Unternehmen sich mit Informationen zurück, weil sie wettbewerbliche Nachteile und negative Presse befürchten. Wettbewerber bezüglich der Gegenware könnten auf Niedrigpreiseinfuhren aufmerksam werden und deshalb Dumping- oder Preisprüfungsverfahren anstrengen. Die Abnahme der Gegenware zur Verarbeitung im eigenen Betrieb verärgert zudem die Zulieferindustrie.

Eine Entwicklung hin zur Zunahme von Gegengeschäften zeichnet sich derzeit in osteuropäischen und innerasiatischen Ländern, insbesondere in den selbständigen Republiken der früheren UdSSR ab.[25] Ursache dafür ist die politische und wirtschaftliche Umgestaltung. Dabei sind die Kompensationsquoten von früher 10 bis 20 % inzwischen auf 100 % gestiegen, es müssen also Kompensationen im vollen Umfang der Einfuhren vereinbart werden.[26]

Gegenhandel als Geschäftsform von Warenaustausch ohne oder mit geringem Deviseneinsatz genießt also weiterhin Aktualität. Seine Zunahme mit osteuropäischen, ehemals kommunistischen Volkswirtschaften sowie weltweit mit Entwicklungs- und Schwellenländern hat zu einer immer stärker werdenden Nachfrage nach Gegenhandels-Know-how geführt.[27] Dabei wird der Gegenhandel zwar für die gewünschte Integration der Weltwirtschaft nicht als hilfreich angesehen, jedoch immerhin als sinnvolle Alternative zur Förderung des Welthandels, wenn finanzielle und devisenrechtliche Probleme einen Austausch von Waren oder Dienstleistungen gegen Geld unmöglich machen.

Auch mit der Republik Korea bestehen, obwohl diese kein Entwicklungs- oder Schwellenland mehr ist, durch Gegenhandel geprägte Wirtschaftsbeziehungen.[28] Damit steht Südkorea in einer Reihe mit anderen Industriestaaten, in deren Handelsbeziehungen der Gegenhandel gerade im High-Tech-Bereich sowie in solchen Branchen, die stark durch Investitionen von staatlicher Seite geprägt sind, üblich ist.[29]

Dies begründet sich in Korea unter anderem damit, dass verschiedene Devisenbeschränkungen erlassen wurden und eine restriktive Devisenverkehrspolitik

25 Vgl Julius/Decker, RIW 1999, S 594 ff. <595>
26 Fülbier, S. 7
27 BGA / BDEx, S. 7
28 BGA / BDEx, S. 33, Nr. 21; S. 37, Nr. 43; S. 37, Nr. 45; S. 51, Nr. 112; S. 59, Nr. 150; S. 61, Nr. 162; S. 71, Nr. 213; S. 77, Nr. 238
29 BGA / BDEx, S. 9

betrieben wird. So unterliegt etwa die Kreditaufnahme zahlreichen staatlichen Genehmigungsvorbehalten.[30] Auch hat das koreanische Finanzministerium eine Umsatzbegrenzung für solche Kreditkarten verhängt, die von Koreanern im Ausland benutzt werden.[31] Allerdings sind als Reaktion auf die Wirtschafts- und Finanzkrise der späten Neunzigerjahre auf Druck des Internationalen Währungsfonds einige Beschränkungen wieder weggefallen.[32]

Gleichzeitig besteht in Korea ein bedeutender Bedarf an Technologie, insbesondere entwicklungsintensiver Hochtechnologie,[33] der vor allem durch Kooperationen und Lizenznahmen mit Unternehmen aus Japan, den Vereinigten Staaten und Deutschland gedeckt wird.[34]

IV. Die Interessenlage der möglichen Beteiligten an Lizenzproduktabnahmegeschäften

Hinsichtlich der Gründe für eine Vergabe bzw. die bezahlte Annahme einer Lizenz sowie deren Kopplung an den Export des Lizenzproduktes ist naturgemäß zwischen den Interessen der Vertragsparteien zu unterscheiden.

Darüber hinaus gilt es, auch die volkswirtschaftlichen Belange des Staates zu berücksichtigen, der durch Gesetzgebung und Verwaltung Lizenznahmen und Gegengeschäfte reglementiert.

30 Boochs, IStR 1994, S. 578 ff. <578>

31 Anonym, Korea begrenzt den Kreditkartenumsatz, Frankfurter Allgemeine Zeitung vom 10.01.1997, S. 12

32 Vgl. Hamann/Schulze-Ghattas, S. 73 f.; Stiller, RIW 1999, S. 283 ff. <284>

33 Anonym, Korea's Technology Policy and Future Technological Needs, Korea Business World, Nov. 1994, S. 18

34 Gandow, Einfuhrbeschränkungen sind für Kim unvorstellbar, Handelsblatt v. 08.03.2000, S. B 2; zur Rolle Deutschlands als Technologiegeber: Schuffner, Seoul will den Marktzugang weiter erleichtern, Handelsblatt v. 28.11.1995, S. 32; Ebenroth u.a., RIW 1994 Beilage, S. 1 ff. <2>; exemplarisch zu Technologieabkommen in der Automobilbranche: Gandow, Im Ausland weht der Branche ein scharfer Wind entgegen, Handelsblatt v. 28.11.1995, S. 34: Daewoo mit Honda (zuerst mit General Motors), Ssang Yong mit Daimler-Benz, Kia mit Ford und Mazda, Samsung mit Nissan

1. Beweggründe für Lizenznahme und Lizenzproduktexport in Korea

a) Interessenlage auf Seiten des Staates

Die Motive des Staates liegen naturgemäß im volkswirtschaftlichen Bereich. Dabei spielen die Erhöhung des Niveaus der einheimischen Arbeitsplätze und die Regulierung des Finanz- und Devisenhaushaltes, allgemein die Verbesserung der Wirtschaftsstruktur die Hauptrolle.

Angestrebt wird die Verlagerung von Produktionen möglichst qualitativ hochwertiger Produkte ins Inland. Dies dient nicht zuletzt der Bekämpfung der Arbeitslosigkeit.

Soziales Ziel ist die Schaffung möglichst niveauvoller Betätigungsfelder, solange in Industrie, Landwirtschaft und auf dem Dienstleistungssektor einfache Betätigungsarten vorherrschen. Dies dient sowohl dem einzelnen Beschäftigten als auch der Volkswirtschaft.

Im Vordergrund steht jedoch langfristig die Unabhängigkeit von der Einfuhr von Hochtechnologie. Die Vorteile werden vor allem darin gesehen, dass der Lizenznehmer seinen technischen Rückstand - im Vergleich zu eigenen Forschungsanstrengungen - ohne Zeitverlust sowie kostengünstig und im Falle der Kompensation sogar ohne finanzielle Reserven[35] abbauen kann.

Um die aus den vorgenannten Gründen gewünschten oder erforderlichen Technologien finanzieren zu können, gleichzeitig aber Neuverschuldung und Inflation zu vermeiden, ist neben der langfristigen Veränderung der Wirtschaftsstruktur kurzfristig ein gesundes Gegengewicht gegen die Investitionsausgaben erforderlich. Insofern liegt nahe, westlichen Exporteuren und Lizenzgebern die Verpflichtung zur Abnahme von Gegenwaren aufzuerlegen.

Eine Besonderheit besteht diesbezüglich hinsichtlich solcher Projekte, die nicht nur indirekt die Verbesserung der Wirtschaftsstruktur bezwecken, sondern die im Bereich der Förderung von Wohlstand und Infrastruktur liegen, der üblicherweise dem Staat vorbehalten ist und in dem vorwiegend BOT-Projekte auftreten. Hier vermeidet der Staat Kreditaufnahmen und damit einen möglicherweise langwierigen Kapitaldienst. Ferner kann er das Problem der Kostenexplosion unter Liquiditätsgesichtspunkten außer Acht lassen. Letztlich führt dies allerdings zu einer längeren Amortisationsphase. Die Erwartung, dass das Handeln Privater effizienter und resourcensparender ist,[36] wird sicherlich dadurch relativiert, dass die Investitionsbereitschaft des Privaten während und vor allem gegen Ende der Amortisationsphase gering sein wird.

35 BGA / BDEx, S. 9

36 Scheibel, RIW 1996, S. 373 ff. <374>

Öffentlich-rechtliche Abnahmeverpflichtungen können aufgrund ihrer Wirkung des Weiteren die Funktion haben, Importe zu drosseln, um einheimische Hersteller vor Wettbewerb zu schützen.

b) Vor- und Nachteile auf Unternehmensseite

Die Vorteile für den Lizenznehmer ergeben sich vor allem daraus, dass er seinen technischen Rückstand kostengünstig und ohne Zeitverlust abbauen kann.

Denn erst mit der Fähigkeit, neueste oder im Vergleich zur jeweils lokalen Konkurrenz neuere Technologie anbieten zu können, mag er in die Lage kommen, überhaupt einen ausländischen oder gar seinen heimatlichen Markt konkurrenzfähig zu bedienen. Darüber hinaus kann ihm ein bekanntes Warenzeichen den Einstieg oder die bessere Abdeckung eines bereits zum Teil erschlossenen Marktes erleichtern.

Ein Vorteil der Bindung etwa einer Lizenznahme an ein Exportgeschäft kann darin liegen, dass der Lizenznehmer aufgrund der Produktabnahmegarantie durch den Lizenzgeber auf eine stabile Kalkulationsbasis für weitere Geschäfte etwa mit Dritten bauen kann.

Im Interesse des Lizenznehmers steht weiterhin, dass der Lizenzgeber das Lizenzprodukt bereits fertigungstechnisch erprobt hat und die in Rede stehende Technologie anwendet, die Technologie folglich ausgereift ist. Der Lizenznehmer wird oftmals erwarten, dass der Technologiegeber schriftliche, technische und persönliche Hilfe gewährt.

Die Nachteile, die sich dem Lizenznehmer aufdrängen, bestehen zum einen in der Abhängigkeit von dem Technologiegeber, die nicht bestünde, wenn er aus eigener Kraft die notwendigen Kenntnisse entwickeln könnte, sowie aus der Gebührenpflicht, die ihn im Falle einer Eingangspauschale schon trifft, wenn er selbst noch keine Einnahmen erzielt, und die im Falle der Stückgebühr belastend zu Buche schlägt und den Gewinn schmälert bzw. den Verlust erhöht. Zum anderen sind Nachteile dort zu befürchten, wo der Lizenzvertrag dem Lizenznehmer aus Konkurrenzschutzgründen Märkte, vornehmlich Drittlandsmärkte, verwehrt.

2. Beweggründe von Unternehmen aus Deutschland

Die Grundsatzentscheidung, ob Lizenzen nach Korea vergeben werden sollen, bedarf sorgsamer Abwägung im Einzelfall. Vordergründig wird aus der Sicht des westlichen Lizenzgebers die Wettbewerbsfähigkeit eines koreanischen Konkurrenten durch die Bekanntgabe des Kenntnisstandes des Lizenzgebers etwa durch

Lizenzvergabe gestärkt. Es müssen somit Gründe vorliegen, die eine Lizenzvergabe dennoch rechtfertigen.

a) Gründe für eine Lizenzvergabe

aa) Lizenzverträge über vom Inhaber selbst genutzte Schutzrechte

Schwierig ist die Entscheidung, ob ein Unternehmen Lizenzen zur Nutzung selbst genutzter Kenntnisse an potenzielle Wettbewerber geben soll. Denn, wie bereits angesprochen, ist die Lizenzvergabe zunächst eine den geschäftlichen Interessen des Unternehmens zuwiderlaufende Tätigkeit, die aus einem potenziellen Kunden einen Mitbewerber machen kann und die den eigenen technischen Vorsprung vermindert.

Als Vorteil ist zunächst anzusehen, dass der Lizenznehmer die günstigen Fertigungsbedingungen an einem Standort wie Korea nutzen kann, ohne die zusätzlichen Risiken und nicht unerheblichen Kosten tragen zu müssen, die eine eigene Fertigungsstätte etwa in der Form einer Tochterfirma mit sich brächten. Denn die Lizenzvergabe vorhandener, selbstgenutzter Technologie ist eine der Möglichkeiten, neue Märkte zu erschließen, ohne weitere Investitionen einbringen zu müssen. Sie wird in besonderem Maße attraktiv, wenn das reine Verkaufen aus eigener Produktion mangels Kapazität, wegen teurer Distributionswege oder aufgrund von Handelshemmnissen erschwert ist.

Ferner darf nicht unterschätzt werden, dass der an sich oft nur im üblichen Rahmen durch staatliche Reglementierung erschwerte Marktzugang durch ein durch Kultur und Mentalität bedingtes Konsumentenverhalten von einem ausländischen Anbieter erst kennengelernt werden muss. Eine Lizenzvergabe wie jede andere Form der engeren Zusammenarbeit macht diese Aufgabe entweder nahezu entbehrlich, da die Vermarktung des Erzeugnisses dem einheimischen Lizenznehmer obliegt, oder erleichtert ihre Bewältigung durch die Hilfe des Partners. Somit dient die Vergabe einer Lizenz auch dem Bemühen des Lizenzgebers, im fremden Markt eine Beziehung zum Kunden zu begründen und aufrechtzuerhalten.

Die auf der Basis einer Lizenzierung errichtete Produktion bestimmter komplexer Güter wie etwa die von Kraftfahrzeugen kann einen Bedarf an Zubehörgegenständen und an Einzelteilen einschließlich Ersatzteilen schaffen, die ihrerseits nicht notwendigerweise im Land des Lizenznehmers hergestellt werden müssen, gegebenenfalls auch nicht können. Der Lizenzgeber, der auf diese Gegenstände Zugriff hat, hat mithin ein Interesse an dem Zustandekommen des Projektes, selbst wenn dieses als reines Lizenzprojekt keinen Gewinn zu bringen verspräche, sofern die Lieferung der Zubehör- und Ersatzteile profitabel ist.

Ferner mag es vorkommen, dass ein potenzieller Interessent an den Produkten eine Fertigungsstätte, sei es auch die eines Lizenznehmers, in seinem Land wünscht, etwa um damit auf den Produktionsablauf flexibel Einfluss nehmen zu können.

Des Weiteren ist selbstverständlich, dass auch der Lizenzgeber nicht nur im Labor neue Erkenntnisse gewinnt. Vielmehr kann er sich durch betreuende Lizenzvergabe ein Versuchsfeld zur Verbesserung seines Verfahrens aufbauen. Insbesondere im Bereich der Produktpflege kommt es oft zu einer Weiterentwicklung technischer Prozesse.[37] Wer im Prinzip jede Lizenzvergabe ablehnt, läuft Gefahr, den Anschluss an die technische Entwicklung zu verpassen.

In manchen Fällen ist Lizenzvergabe trotz massiver eigener Absatzinteressen sogar zwingend geboten. Das PAL-System des Farbfernsehers hätte sich beispielsweise niemals in großem Umfang durchsetzen können, wenn Telefunken Lizenzen auf seine Patente verweigert hätte.

Hinzu kommt, dass Zurückhaltung beim Technologietransfer die Entwicklung gleichwertiger Technologien nicht zwingend verhindert. So kam es beispielsweise im Schiffbau trotz der Zurückhaltung der deutschen Zulieferer gegenüber Korea Anfang der achtziger Jahre zur Krise des gesamten Wirtschaftszweiges.

Vor allem bei größeren Unternehmen führt die Lizenzvergabe im Rahmen einer Weltmarktstrategie auch zu einer Erhöhung der Marktmacht. Kann eine bestimmte Technologie mangels ausreichender Kapazität oder wegen Markthindernissen durch Belieferung aus eigener Fertigung nicht weltweit bereitgestellt werden, dann kann eine Lizenzierung durch den damit erreichbaren höheren Verbreitungsgrad des Produktes einschließlich der Erweiterung des Verkaufs- und Servicenetzes den Stellenwert des Produktes im Weltmarkt deutlich erhöhen und dadurch Vorteile im Wettbewerb mit konkurrierenden technologischen Lösungen schaffen. Ein Beispiel dafür bieten die Kooperationen in der Unterhaltungselektronik. So verhinderten weltweite japanische Lizenzen auf VHS-Video-Systeme die Durchsetzung der technologisch besseren Systeme Video 2000 von Grundig/Philips bzw. Betamax von Sony. Zur Erhöhung der Marktmacht trugen auch die Kooperation zwischen Sony und Philips bei der Verbreitung von Compact Discs und die Lizenzvergabe seitens der Firma Bosch hinsichtlich elektronischer Einspritzungen an japanische Automobilbauer bei.

Nicht zuletzt stellt sich aus Sicht des Lizenzgebers auch der durch eine Lizenzvergabe zu erzielende zusätzliche Ertrag oder Beitrag zu den Entwicklungskosten als Vorteil dar.

---

37 Unten 4. Abschnitt XVIII.

Eine Zurückhaltung bei der Lizenzvergabe ist also allenfalls zweckmäßig, wenn die Technologie eines potenziellen Lizenzgebers deutlich besser ist als der jeweilige Stand der Technik und eine vergleichbare Technologie demgemäß anderweitig nicht zur Verfügung steht, der potenzielle Lizenznehmer also vom Wettbewerb ausgeschlossen werden kann.

bb) Lizenzverträge über vom Lizenzgeber nicht genutzte oder zu anderen Zwecken genutzte Schutzrechte

Eine Lizenzvergabe ist dann besonders ungefährlich und sogar empfehlenswert, wenn der Lizenzgeber sein Wissen nicht selbst nutzt und eine Nutzung in absehbarer Zeit auch nicht plant. Solches Wissen kann etwa ein Nebenprodukt der Forschungs- und Entwicklungstätigkeit sein.

In diesen Zusammenhang gehört auch die Lizenzierung von Patenten, die das Unternehmen zwar selbst nutzt, die aber allgemeiner Anwendung fähig sind und die vom koreanischen Lizenznehmer zu einem anderen, nicht in Konkurrenz stehenden Zweck genutzt werden.

cc) Die Lizenzierung als Vorstufe für eine intensivere Form der Zusammenarbeit

Es liegt sowohl im Interesse des Lizenzgebers als auch in dem des Lizenznehmers, die Zusammenarbeit auf eine berechenbare Zeitspanne festzulegen. Anders können sich hohe Investitionen regelmäßig nicht amortisieren. Am Ende dieser im Einzelfall zu berechnenden Zeit mag die Option der Verlängerung bestehen.

Möglich wäre allerdings auch, die Zusammenarbeit, sofern sie gelungen ist und gegenseitig als vertrauensvolle Geschäftsbeziehung empfunden wird, auf eine neue, intensivere Grundlage zu stellen. Hierfür ist die Form des Joint Venture geeignet.[38]

Geht man umgekehrt von dem ursprünglichen Wunsch aus, ein Joint Venture zu gründen, so bietet die Lizenzvergabe über einen begrenzten Zeitraum die Gelegenheit, ein auf persönliche Bindung zum Geschäftspartner beruhendes Geschäftsverhältnis aufzubauen, ohne das selbst bei messerscharfen Vertragsbestimmungen insbesondere in Korea nichts nach Wunsch läuft.

Über die soeben beschriebenen Interessen hinaus entsteht oftmals auch das wirtschaftliche Bedürfnis, im Rahmen eines zu gründenden oder bereits bestehenden Joint Ventures Lizenzen eben an die gemeinsame Unternehmung zu vergeben. Grundsätzlich sind hierbei keine Besonderheiten zu beachten. Allenfalls

38 Siehe oben II. 4.

stellt sich die Lage aus Sicht des Lizenzgebers günstiger dar als bei einer reinen Lizenzvergabe an einen fremden Geschäftspartner, da er in der Doppelfunktion als Lizenzgeber und Mitinhaber der Lizenznehmerin Einfluss auf die Geschäftsführung und -politik ausüben kann.

b) Motive zur Produktabnahme

Im Gegensatz zu sonstigen Formen des Kompensationshandels ist bei Produktabnahmegeschäften Hauptvorteil und Hauptbeweggrund für den Abnehmer des Produktes, dass er Beschaffenheit und Güte des Produktes entsprechend seinem eigenen Bedarf beeinflussen kann.

Dabei ist davon auszugehen, dass insbesondere wegen erheblicher Preisvorteile der Bezug des Produktes beim Lizenznehmer günstiger ist als die eigene Herstellung, andererseits aber auch Beschaffenheit und Güte wegen der erhöhten Einflussmöglichkeit hochwertiger sind als im Falle des Erwerbs des Produktes von einem fremden Hersteller.

Die Abnahme von Gegenware kann für den westlichen Exporteur ferner zu einem Marketinginstrument werden.[39] Sollte er im Käufermarkt mit Blick auf Marktnähe, Qualität, Preis oder Zuverlässigkeit weniger wettbewerbsfähig sein als seine Konkurrenten, kann er diesen Nachteil ausgleichen, indem er sich zur Abnahme von Gegenware verpflichtet.[40]

Dem westlichen Lizenzgeber kann das Lizenzprodukt zur Kreditsicherheit dienen und damit zum Instrument der Finanzierung werden.[41] Hinsichtlich der Kreditsicherung ist darauf hinzuweisen, dass das Eigentum an den Lizenzprodukten einschließlich der für den Markt bestimmten Überproduktion möglichst frühzeitig auf den Kredit- und Lizenzgeber übergehen muss.

V. Überblick über Geschichte und Rechtsgeschichte Koreas

Die Region Ost- und Südostasien gilt als der bevorzugte Wirtschaftsraum der Zukunft und hat sich zur bedeutendsten Wachstumsregion der Weltwirtschaft entwickelt.[42] Dabei werden den Völkern im unmittelbaren konfuzianisch-chinesischen Kulturkreis, zu dem auch Korea gehört,[43] besonders gute Prognosen erstellt, den laizistisch-islamischen Ländern Indonesien und Malaysia und

39 BGA / BDEx, S. 10
40 Beispiele bei Fülbier, S. 17
41 Fülbier, S. 16
42 Hilpert u.a., S. 1
43 Hilpert u.a., S. 9

den kolonial geprägten Philippinen nach der Krise der späten Neunzigerjahre des zwanzigsten Jahrhunderts zumindest hohe Wachstumsraten vorausgesagt.[44]

Der chinesische Kulturkreis, dessen Bevölkerung ein hohes Maß an Lernwilligkeit und Fleiß sowie kaufmännisches Geschick bescheinigt wird, umfasst allerdings äußerst unterschiedliche Volkswirtschaften. Hier ist einerseits das Hochtechnologieland Japan zu nennen. Andererseits bietet dieser Kulturkreis mit China und Vietnam reformfreudige Märkte, die sich modernen Wirtschaftsgepflogenheiten und neuen Technologien schrittweise aufgeschlossen zeigen. Nordkorea hingegen scheint eine poststalinistische Gesellschaft bleiben zu wollen, der auch die geringste Öffnung nur mit Mühe abzuringen ist.[45]

In wirtschaftlicher Hinsicht gehört die Republik Korea heute zu den Musterländern der Region und hat eine beachtliche Entwicklung bereits hinter sich. In den frühen Sechzigerjahren zählte Korea zu den ärmsten Ländern der Welt, in dem Industriestrukturen traditionell nicht vorhanden und notwendigste Landwirtschaftseinrichtungen infolge des Zweiten Weltkrieges und des Koreakrieges zerstört worden waren. Ferner hatte es sämtliche Infrastrukturelemente eingebüßt. Demzufolge übte die Regierung bis Mitte der achtziger Jahre sorgfältigste Kontrolle über den Devisenzu- und -abfluss aus. Grund hierfür war das Bestreben, die Zahlungsbilanz ausgeglichen und den Wert der eigenen Währung stabil zu halten.[46] Dabei wurden sämtliche Devisentransaktionen kontrolliert, insbesondere die Wechselkurse festgelegt, und die Befugnis, mit fremden Währungen zu wirtschaften, besonderen Banken vorbehalten. Nach beachtlichen Erfolgen bei der Industrialisierung des Landes und mit Blick auf die Globalisierung seit Ende der achtziger Jahre sind einige dieser Restriktionen aufgehoben worden, andere bestehen noch. Welche Folgen die Finanzkrise der Jahre 1998 und 1999 nach sich ziehen wird, ist noch offen.[47]

Die rechtlichen Grundlagen Koreas stammen aus dem traditionell chinesischen Kultur- und Rechtskreis.[48] Das traditionell-chinesische Recht ist durch die

---

44 Anonym, Erholung in Ostasien unausgeglichen, Handelsblatt v. 18.02.2000, S. 13

45 Schneppen, Frankfurter Allgemeine Zeitung, 29.07.2000, S. 3; Anonym, Frankfurter Allgemeine Zeitung, Tauwetter zwischen Nordkorea und USA, 12.10.2000, S. 12

46 Lee, Tae-Hee/Callaway, KJCompLaw IX 1981, S. 1 ff. <1>

47 Vgl. Anonym, Frankfurter Allgemeine Zeitung, Seoul erhöht Druck auf reformunwillige Industriekonzerne, mit Grafiken, 12.10.2000, S. 12; Kim, Dae-Jung, Seoul will die Tür für ausländische Investoren weit offen halten, Handelsblatt v. 08.03.2000, S. B 1; Gandow, Einfuhrbeschränkungen sind für Kim unvorstellbar, Handelsblatt v. 08.03.2000, S. B 2

48 Choi, Rak-Kwan, S. 84; Nam, Yoon-Sam, S. 94 f.; Cho, Kyu-Chang, S. 59 ff. <59>; Hilpert u.a., S. 9; Heath, IIC 1997, S. 303 ff. <304>

konfuzianische Lehre gekennzeichnet.[49] Nach ihrem Verständnis spielt das Recht eine subsidiäre Rolle. Grundlage der Gesellschaftsordnung bildet nicht das Recht, sondern die Sittlichkeit, die den Menschen in allen Lebensumständen ein Verhalten vorschreibt, das mit der natürlichen Ordnung in Einklang steht.[50] Jede Störung dieser kosmischen Ordnung ist nach konfuzianischer Auffassung verwerflich.[51]

Das Recht spielt gegenüber der Morallehre nur die untergeordnete Rolle eines unerfreulichen Nebenwegs, der beschritten wird, wenn es schon zu einem Verstoß gegen das harmonische Leben gekommen ist, der an sich hätte vermieden werden sollen.[52]

Die auf dem konfuzianischen Verständnis beruhende Rechtsordnung blieb in den Hauptepochen koreanischen Kulturschaffens, der Zeit der drei Königreiche,[53] der Zeit der Koryo-Dynastie[54] und der Zeit der Choseon-Dynastie[55] ohne große Veränderungen bestimmend und wurde durch den in China beheimateten Taoismus, mehr jedoch noch durch den Buddhismus beeinflusst, der seit dem Jahre 372 in einem der drei Teilreiche Koreas, dem noch nicht vereinten Königreich Shilla, zur Staatsreligion erhoben worden war.[56]

Innerhalb dieses Verständnisses wurde die Rechtswissenschaft als untergeordnete Disziplin konkreter, nützlicher Lehrinhalte angesehen wie Medizin, Arithmetik und Weissagung.[57] Dies bedeutet in der Praxis allerdings nicht, dass in der traditionellen Gesellschaft Koreas Gesetze, Verordnungen und Erlasse unbekannt gewesen wären. Schon zur Zeit der drei Königreiche hatte die Herrschaftspraxis die Notwendigkeit und Nützlichkeit von Gesetzen erkannt,[58] die jedoch nur zweitrangig hinter der zuvor beschriebenen Sittlichkeit zur Anwendung kamen[59] und sich auf straf- und verwaltungsrechtliche Instrumente be-

49 Choi, Rak-Kwan, S. 84; Nam, Yoon-Sam, S. 94 f.; Cho, Kyu-Chang, S. 59 ff. <59>; Hyun, Soong-Jong, S. 17 ff. <19>; Hilpert u.a., S. 9

50 Lee, Hyeong-Kyu, ZvglRWiss 1987, S. 158 ff. <158>

51 Choi, Chong-Ko, KJCompLaw 1979, S. 128 <129>

52 Choi, Chong-Ko, KJCompLaw 1979, S. 128 <129 f.>

53 37 v.C. bis 917/935 n.C., Kim, Choong-Gu, S. 6; seit 668 n.C. unter einem Zepter, Vereinigtes Königreich Shilla, Kindermann S. 12; KOIC, S. 60

54 918 bis 1391

55 1392 bis 1910

56 KOIC, S. 60; Young, Yeun-Kee, S. 6 f.; Kindermann S. 13

57 Choi, Chong-Ko, KJCompLaw 1981, S. 141 <142>; Choi, Chong-Ko, 1990, S. 29 ff. <30>

58 Hyun, Soong-Jong, S. 17 ff. <21>

59 Hilpert u.a., S. 12 f.

schränkten,[60] also Herrschaftsinstrumente darstellten und das Verhältnis der Untertanen untereinander außer Acht ließen.

Bei privatrechtlichen Fragestellungen vermittelte ein Laienrichter auf der Grundlage der konfuzianischen Lehre in Übereinstimmung mit der Verhaltensnorm der Höflichkeit und unter Berücksichtigung der örtlichen Praxis mit dem Ziel einer Aussöhnung zwischen den Parteien.[61] Für die Entwicklung eines Vermögensrechts mit der Garantie des Privateigentums und der Dispositionsfreiheit gab es in der agrarisch-feudalistisch, später absolutistisch geprägten Gesellschaft keinen Raum.[62]

Im 17. Jahrhundert dann machte Korea seine ersten Erfahrungen mit westlichem Recht. Koreanische Gesandte am chinesischen Hof brachten aus Peking das Buch der westlichen Gelehrsamkeit mit nach Korea. Die für das Rechtswesen maßgeblichen Bände gehen auf den italienischen Jesuiten Julius Aleni (1582-1649) zurück,[63] der naturgemäß das klassische römische sowie das mittelalterliche romanische Recht weitergab.

In der Zwischenphase des 18. und beginnenden 19. Jahrhunderts wurde das koreanische Rechtswesen westlich beeinflusst durch Rechts- und Verwaltungsberater aus Frankreich, den Vereinigten Staaten und Preußen/Deutschland.[64]

Im Jahre 1879 löste König Kojong sein Land aus dem Schutzbereich Chinas[65] und verkündete im Jahre 1899 die erste Verfassung Koreas,[66] die allerdings nahezu ausschließlich seine Befugnisse nunmehr als Kaiser von Groß-Korea zementierte. In dieser Epoche[67] trennte die koreanische Regierung erstmals das zivilrechtliche Schadensersatzsystem vom Strafverfahren.[68] Gleichzeitig wurde das alte System der Richterausbildung durch Verwaltungsbeamte abgelöst durch die Gründung der Richterakademie.[69]

Heute wird Korea zum deutschen Rechtskreis gezählt. Dies basiert zunächst auf kleinen Annäherungen an den deutschen Rechtskreis an der Schwelle des 20. Jahrhunderts.[70] Maßgeblich prägte jedoch die japanische Annektion Koreas im Jahre 1910, die mit der Kapitulation Japans im Jahre 1945 endete, die Rechtset-

60 Hyun, Soong-Jong, S. 17 ff. <21>
61 Hyun, Soong-Jong, S. 17 ff. <21>
62 Cho, Kyu-Chang, S. 59 ff. <60>
63 Choi, Chong-Ko, KJCompLaw 1981, S. 141 <143>
64 Choi, Chong-Ko, 1990, S. 29 ff. <40 ff.>
65 Choi, Chong-Ko, 1990, S. 29 ff. <39>
66 Abgedruckt bei: Choi, Chong-Ko, 1990, S. 29 ff. <39 f.>
67 1895
68 Young, Yeun-Kee, S. 9; Hyun, Soong-Jong, S. 17 ff. <25>
69 Choi, Chong-Ko, 1990, S. 29 ff. <43 f.>
70 Lee, Hyeong-Kyu, ZvglRWiss 1987, S. 158 ff. <163 f.>

zung in Korea.[71] Das japanische bürgerliche Recht war seinerseits den Entwürfen zum deutschen bürgerlichen Gesetzbuch von 1898 entlehnt und enthielt darüber hinaus einige Spuren des französischen Code Civil.[72]

Nach dem Zweiten Weltkrieg wurde das koreanische Bürgerliche Gesetzbuch[73] unter weiterer Bezugnahme auf das deutsche Bürgerliche Gesetzbuch sowie auf das schweizerische Zivilgesetzbuch und das schweizerische Obligationenrecht kodifiziert.[74] Es trat am 1. Januar 1960 in Kraft und ist dem deutschen BGB noch verwandter als das bis dahin in Korea geltende japanische BGB.[75] Vor allem in den Sechzigerjahren wurden dann einige Teile des Handelsrechts und des gewerblichen Rechtsschutzes einschließlich des Urheberrechtes nach amerikanischen Vorbildern entwickelt.[76] In allem ist die Instrumentalisierung des Rechtssystems einschließlich des Gewerblichen Rechtsschutzes und des Urheberrechts durch alle drei Gewalten für das nationale Ziel der wirtschaftlichen Entwicklung zu beachten.[77]

Die Nachkriegsverfassung wurde durch die von den Amerikanern[78] im Jahre 1947 eingesetzte Verfassungskommission am 17. Juli 1948 verabschiedet. Sie ist der Weimarer Verfassung entlehnt[79] und hat nach einigen Änderungen heute noch Gültigkeit. Hingegen sind die Grundlagen des Allgemeinen Verwaltungsrechts weitgehend von amerikanischen Rechtsvorstellungen geprägt, während man sich im Besonderen Verwaltungsrecht, beispielsweise im Umweltrecht, wiederum an deutschen Entwicklungen orientiert.[80]

Wesentlicher Meilenstein in der rechts- und wirtschaftspolitischen Entwicklung Koreas ist die Aufnahme des Landes in die Organisation für wirtschaftliche Zusammenarbeit und Entwicklung – OECD - im Oktober 1996. Korea ist deren weltweit 29. und in Asien zweites Mitglied.[81]

---

71 Nam, Yoon-Sam, S. 95 f.; Lee, Hyeong-Kyu, ZvglRWiss 1987, S. 158 ff. <164>; Heath, GRUR Intl. 1997, S. 187 <197>; Heath, IIC 1997, S. 303 ff. <304>

72 Lee, Hyeong-Kyu, ZvglRWiss 1987, S. 158 ff. <160 f.>; Heath, GRUR Intl. 1997, S. 187 <197>

73 Gesetz Nr. 471 v. 22.02.1958, zuletzt geändert durch Gesetz Nr. 4199 v. 13.01.1990, hier: BGB oder kBGB

74 Nam, Yoon-Sam, S. 84 f.; Lee, Hyeong-Kyu, ZvglRWiss 1987, S. 158 ff. <165>

75 Nam, Yoon-Sam, S. 95 f.; Lee, Hyeong-Kyu, ZvglRWiss 1987, S. 158 ff. <166>

76 Hilpert u.a., S. 27; vgl. unten 2. Abschnitt I. 2.

77 Hilpert u.a., S. 15, 396 f. ; Heath, GRUR Intl. 1997, S. 187 <197>

78 Vgl. Choi, Rak-Kwan, S. 116

79 Jeong, Kuk-Won, S 23 ff.; ferner Cho, Kyu-Chang, S. 59 ff. <64>

80 Bückmann/Lee/Heimbacher, Natur und Recht 1993, S. 263 ff.; Lee, Yeong-Heui, Natur und Recht 1996, S. 178 ff. (180 f.); Lee, Yeong-Heui, UPR 1989, S. 18 ff.

81 Neben Japan; Anonym, Südkorea ist OECD-Mitglied, Frankfurter Allgemeine Zeitung vom 13.12.1996, S.15; vgl. auch Stiller, RIW 1999, S. 283 ff. <284>

Ungeachtet der Rezeptionen aus dem kontinental-europäischen und dem anglo-amerikanischem Rechtskreis sind einige traditionelle Rechtsinstitute erhalten geblieben.[82] Insbesondere aber hat sich die traditionelle Haltung sowohl der Organe der Rechtspflege als auch der Bevölkerung, Übereinstimmung zu suchen und rechtliche Auseinandersetzungen zu meiden, in der Rechtspraxis erhalten.[83] Gleichwohl besteht, verzichtet man aus diesen Gründen auf eine saubere vertragliche Festlegung der Rechte und Pflichten, gerade im Konflikt stets die Gefahr, dass der Geschäftspartner auf die rudimentären vertraglichen oder die gesetzlichen Vorschriften verweist.[84]

---

82 Vgl. etwa Lee, Hyuk-Ju, S. 1 ff., der das mietähnliche, allerdings absolute Nutzungsrecht Chonsegwon eingehend untersucht; siehe auch Cho, Kyu-Chang, S. 59 ff. <69>

83 Hilpert u.a., S. 8

84 Hilpert u.a., S. 17

2. Abschnitt: Die Ausgestaltung lizenzierbarer Schutzrechte gemäß deutschem und koreanischem Recht im Rahmen der internationalen Verträge

Gegenstand dieses Abschnitts sind die eigentumsähnlichen absoluten Schutzrechte und bestimmte verwandte Vermögenswerte, die Objekt eines Lizenzvertrages sein können. Einer der Schwerpunkte der Darstellung ist daher naturgemäß die materiell-rechtliche Ausgestaltung dieser Rechte. Allerdings gebietet die Frage nach dem praktischen Nutzen der materiellen Rechte auch einen Blick auf die formale Seite ihres Zustandekommens und Erhalts. Gleichermaßen sollen auch die Grundlagen des Rechtsschutzes gegen Verletzungen der Rechte erörtert werden.

Der Zweck dieser Ausführungen, nämlich die Beschreibung dessen, was in der Praxis Gegenstand eines Lizenzabkommens sein kann, verlangt in der Darstellung eine konzise Auslese weitgehend aus Gesetz und Rechtsprechung. Hinsichtlich der koreanischen Rechtsprechung, die zum einen an Vielfalt und Inhalten gegenüber der etwa anderer OECD-Mitglieder weit zurückliegt, zum anderen in westlichen Sprachen nicht in vollem Umfang verfügbar ist, bedarf es der Ergänzung durch Sekundärliteratur.

I. Begriffsbestimmungen

Die gegenwärtige Rechtsordnung sowohl in Korea als auch in Deutschland kennt keine pauschale Möglichkeit des Rechtsschutzes von immateriellen Gütern. Sie unterstellt vielmehr nur einzelne, abschließend festgelegte Kategorien immaterieller Güter ihrem Schutz.[85]

1. Deutsches Recht

Der Begriff "Gewerblicher Rechtsschutz" tritt im Gesetz auf. So wird etwa im Grundgesetz an zwei Stellen auf den gewerblichen Rechtsschutz hingewiesen: die Vorschrift des Art. 73 Nr. 9 GG gewährt dem Bund die ausschließliche Gesetzgebungskompetenz für den gewerblichen Rechtsschutz; die Vorschrift des Art. 96 Abs. 1 GG gibt dem Bund die Kompetenz zur Errichtung eines Bundes-

---

85 Siehe etwa Braun, CR 1994, S. 726 ff. <726>

gerichtes für die Angelegenheiten des gewerblichen Rechtsschutzes. Eine Definition ist im Gesetz allerdings nicht vorzufinden. Sie wurde vielmehr mit unterschiedlicher Schärfe von der Rechtslehre entwickelt und findet in der Rechtspraxis Verwendung.

Unter diesen Begriff werden im Allgemeinen alle Gesetze, deren Zweck der Schutz des geistigen Schaffens auf gewerblichem Gebiet ist, gefasst. Daher kann eine Definition dahin lauten, dass der gewerbliche Rechtsschutz den Inbegriff der Gesetze und Rechtsnormen darstellt, die dem Schutz gewerblich-geistigen Schaffens, seiner gewerblich verwertbaren Ergebnisse und der gewerblich-wettbewerblichen Tätigkeit und ihrer Auswirkung dienen.[86]

In jedem Fall umfasst dieser Begriff das Patentrecht, das Gebrauchsmusterrecht, das Halbleiterschutzrecht, das Sortenschutzrecht (Schutz der Pflanzenzüchtungen) und das Geschmacksmusterrecht.

Eine Sonderstellung hingegen nimmt das Urheberrecht ein. Sein Schutz entfaltet sich vornehmlich auf kulturellem und nur zweitrangig auf gewerblichem Gebiet. Allerdings hat das Urheberrecht als solches eine auch stark wirtschaftliche und damit gewerbliche Bedeutung, denkt man an den Vertrieb von Literatur, von Ton- und Videoträgern, Filmen und Werbekopien. Darüber hinaus gewinnt es im Bereich des Computerprogrammschutzes gemäß §§ 69 a ff. UrhG ständig an gewerblicher Bedeutung. Aus diesen Gründen wird hier das "kulturelle Schutzrecht" Urheberrecht gleichberechtigt neben den "Gewerblichen Schutzrechten" dargestellt.

Aus dem Bereich des Wettbewerbsrechts spielen vor allem das Recht des unlauteren Wettbewerbs und das Kennzeichnungsrecht (Marke, Ausstattung, Namens- und Firmenrecht) eine wichtige Rolle für den gewerblichen Rechtsschutz.

Der innere Zusammenhang zwischen den genannten Rechtsbereichen besteht in der Zielsetzung, das geistige Schaffen in seinen verschiedensten Ausprägungen und den Schaffenden in seiner Person zu schützen. Rechtsprinzipien wie der Prioritätsgrundsatz zur Ordnung kollidierender Schutzrechte, die den Einzelnen belohnende Verleihung der Monopolstellung durch das Schutzrecht,[87] die erforderliche Abgrenzung gegenüber der Allgemeinheit sowie Rechtsprinzipien im Bereich der Einräumung von Nutzungsrechten oder der Übertragbarkeit der Schutzrechte finden sich in den Schutzgesetzen wieder. Daneben ist den Rechtsgütern ihre Immaterialität und den Schutzrechten ihre Territorialität, die Begrenztheit ihrer Existenz auf das Gebiet des Staates, der das Rechtsgut verleiht,

86 Chrocziel Rn. 1

87 Zur immaterialgüterrechtlichen Schranke des Monopolverbots: Sack, RIW 1997, S. 449 ff.

gemeinsam.[88] Der Territorialität des Schutzrechtes steht wiederum die Unabhängigkeit der Verwertungsmöglichkeit des Rechtsgutes von Zeit und Ort entgegen.[89]

Als Oberbegriff des Begriffs "Gewerblicher Rechtsschutz" und der streng genommen nicht hierunter fallenden Bereiche des Urheberrechts und des unlauteren Wettbewerbs soll hier der Begriff "Immaterialgüterrecht" bzw. "Immaterielles Schutzrecht" dienen, um auch dasjenige abzudecken, was in der Literatur als Übersetzung aus dem Französischen und Englischen oft unscharf mit "Geistiges Eigentum" bezeichnet wird.

2. Koreanisches Recht

In der englischsprachigen Literatur zum immateriellen Rechtsschutz in Korea wird der angloamerikanische Oberbegriff "intellectual property rights" gebraucht. Dies darf jedoch nicht zu dem einseitigen Schluss verleiten, dass das amerikanische System des "Geistigen Eigentums" im Nachkriegskorea übernommen worden wäre. Zwar dienen dem südkoreanischen Wirtschaftsrecht und natürlich auch dem Bereich des Schutzes geistiger Leistungen amerikanische Rechtsinstitute als Vorbild; andererseits aber ist die Herkunft mancher Regelung des südkoreanischen Immaterialgüterrechtsschutzes aus deutschem Rechtsdenken - wie auch vor allem im Zivil- und Handelsrecht - nicht zu verkennen,[90] folgt doch das koreanische Recht etwa der Unterscheidung von Patent und Gebrauchsmuster.[91] Weitere Quelle südkoreanischer Rechtsfindung ist die Beobachtung der Entwicklungen aus der neuesten Rechtsprechung Japans.

Zu den gewerblichen Schutzrechten (industrial property rights) zählen wie im deutschen Recht jedenfalls die als absolute Rechte ausgestalteten Rechtsgüter des Patents einschließlich des Pflanzenschutzrechts,[92] des Gebrauchsmusters, des Halbleiterschutzrechts und des Geschmacksmusters.[93]

Des Weiteren sind hierzu das Warenzeichen[94] sowie die hiermit verwandte Firma des Unternehmens[95] und weitere Kennzeichnungsrechte zu rechnen.

88 Ebenroth u.a., RIW 1994 Beilage, S. 1 ff. <3>
89 Braun, CR 1994, S. 726 ff. <726>
90 Siehe oben 1. Abschnitt V.
91 Siehe unten III. 3. a) bb)
92 Park, Jang-Won, S. 10
93 Park, Jang-Won, Vorwort S. i
94 Park, Jang-Won, Vorwort S. i
95 Ebenroth u.a., RIW 1994 Beilage, S. 1 ff. <3>

Das Urheberrecht nimmt auch in Korea die Sonderrolle des künstlerischen Rechtsschutzes mit gewerblichem Einschlag ein. Der Schutz von Computerprogrammen ist zwar auch hier dem Urheberrecht entlehnt, anders als in Deutschland aber überwiegend in dem eigens dafür geschaffenen Computerprogrammschutzgesetz normiert.[96] Daneben ist der Schutz von Halbleiterchip-Layouts zu nennen, der im Halbleiterschutzgesetz weitgehend nach urheberrechtlichen Grundsätzen geregelt, teils aber auch dem Patent- und Gebrauchsmusterrecht entlehnt ist.[97]

Zu den immateriellen Schutzrechten zählen im weiteren Sinne auch Geschäftsgeheimnisse,[98] beispielsweise Vermarktungsstrategien und Kenntnisse in der Mitarbeiterschulung.

II. Die historische Entwicklung

1. Die Entwicklung in Korea

a) Der Aufbau der Verwaltungs- und Rechtsprechungsorgane

Das koreanische Patentamt[99] wurde bereits im Jahre 1946 gegründet. Seine Aufgaben bestanden von Anfang an über seine enge Bezeichnung hinaus auch im Schutz von Gebrauchsmustern, Geschmacksmustern und Warenzeichen.[100] Es umfasst neben den Büros für Patente und Gebrauchsmuster, die auch für den Halbleiterschutz zuständig sind, die Büros für Geschmacksmuster und Warenzeichen.[101] Daneben wird beim Patentamt die mit Wirkung vom 01.03.1998 aus Trial Board und Appellate Trial Board zusammengefasste verwaltungsinterne Koreanische Patentbeschwerdekammer für Gewerblichen Rechtsschutz unterhalten.[102]

---

96 Computer Program Protection Act (fortan: CPG), im Einzelnen unten: III. 7. a) bb)

97 Semiconductor Chip Layout Protection Act (fortan: HSG); im Einzelnen: III. 8. a) bb)

98 Gemäß dem Gesetz zum Schutz vor unlauterem Wettbewerb, Unfair Competition Prevention Act, Gesetz Nr. 4478 vom 31.12.1991, in Kraft seit 15.12.1992, GRUR Intl. 1996, S. 1035 ff., hier: UWG; zum Schutz von Betriebs- und Geschäftsgeheimnissen einschl. Know-how: GRUR Intl. 1992, S. 318; Ko, Kwang-Ha, KJCompLaw 1983, S. 51 ff. <67>

99 Korean Industrial Property Office (KIPO)

100 KIPO, S. 3

101 KIPO, S. 4

102 Park, Jang-Won, S. 6, 50; Kim, Young-Jin, GRUR Intl. 1999, S. 417 ff. <417 f.>

Als dessen Berufungsinstanz fungiert ein unabhängiges Patentgericht als Tatsachengericht.[103] Die letzte Instanz als ausschließliche Rechtsinstanz liegt beim Obersten Gerichtshof.[104]

Die Joint Investigation Headquarters for Industrial Property Right Infringements sind im Jahre 1994 bei der Obersten Staatsanwaltschaft, die Local Joint Investigation Teams bei den örtlichen Staatsanwaltschaften angesiedelt worden.[105]

b) Die gesetzgeberische Entwicklung in Korea

Das erste Patentgesetz trat im Jahre 1946 in Kraft.[106] Es enthielt noch gleichzeitig Regelungen zum Gebrauchsmuster- und Geschmacksmusterschutz, was erst mit dem Inkrafttreten separater Gesetze für jedes dieser Schutzrechte im Jahre 1961 behoben wurde.[107] Vorgänger waren das U.S. Military Government Decree No. 91 Patent Act[108] und das historische Patentsystem von 1908.[109] Von vornherein trennte die koreanische Rechtsordnung gemäß dem deutschen Vorbild das Gebrauchsmuster vom Patent,[110] und zwar ebenfalls wie im deutschen Recht nach dem Grad der Erfindungstiefe.[111]

Ein modernisiertes Patentgesetz trat am 01.07.1987 in Kraft.[112]

Gleichzeitig mit dem Patentgesetz erging im Jahre 1961 das Geschmacksmustergesetz, das auch in der weiteren Entwicklung dem Patentgesetz folgte.[113]

Das erste koreanische Warenzeichengesetz trat am 28.11.1949 in Kraft.[114] Seine Vorbilder waren der Lanham Act und das deutsche Warenzeichengesetz.[115] Nach Reformen in den Jahren 1958 und 1963 wurde dieses Gesetz mit

---

103 Cho, Tae-Yeon, S. 7; GRUR Intl. 1994, S. 968; Park, Jang-Won, S. 6, 50; Kim, Young-Jin, GRUR Intl. 1999, S. 417 ff. <417, 421>
104 Park, Jang-Won, S. 60; Kim, Young-Jin, GRUR Intl. 1999, S. 417 ff. <417, 420 f.>
105 Ministry of Finance, S. 86
106 Kim, Young-Jin, GRUR Intl. 1999, S. 417
107 KIPO, S. 3; zur Gesetzesänderung 01.01.1994: GRUR Intl. 1994, S. 644; Kim, Young-Jin, GRUR Intl. 1999, S. 417
108 Ko, Kwang-Ha, KJCompLaw 1983, S. 51 ff. <54>
109 Sohn, Kyung-Han, Patent World 1991, S. 20 ff. <20>; Kim, Young-Jin, GRUR Intl. 1999, S. 417
110 Sohn, Kyung-Han, Patent World 1991, S. 20 ff. <20>
111 Sohn, Kyung-Han, Patent World 1991, S. 20 ff. <20>
112 Lee, Tae-Hee, Software Protection 1991, S. 5 f. <5>; Blatt für PMZ 1988, S. 125; weitere Änderung 13.01.1990, Blatt für PMZ 1992, S. 120
113 KIPO, S. 3
114 Trademark Act, Gesetz Nr. 71, fortan: Markengesetz, MG
115 Rahn, GRUR Intl. 1978, S. 202 ff. <203>

Wirkung vom 01.01.1974 durch ein modernisiertes Warenzeichengesetz abgelöst. Die aktuelle Fassung ist seit dem 01.01.1996 in Kraft.[116]

Das Urheberrecht hat, obgleich Korea als das Land der Pioniere der Buchdruckkunst dargestellt wird, keine Tradition. Rechtsgutsverletzungen in diesem Bereich übertreffen die auf den Gebieten des gewerblichen Rechtsschutzes i.e.S. bei weitem. Die große Geschichte des Buchdruckhandwerks hatte bereits im Jahre 751 n. Chr. einen ersten Höhepunkt, als der Buchdruck mit Holzdruckplatten erfunden wurde, einen weiteren, als im 11. Jahrhundert der Druck mittels beweglicher Metalltypen entwickelt wurde. Die Entwicklung des Urheberrechts allerdings beschränkt sich im wesentlichen auf die letzten fünfzehn Jahre und beruht nicht zuletzt auf internationalem, hauptsächlich amerikanischem Druck, der den Schädigungen durch Raubkopien ein Ende setzen sollte.[117]

Die Reproduktion von literarischen Werken war in Korea bis zum Ende des 19. Jahrhunderts - wie im Übrigen in Europa nicht anders - ohne jede Einschränkung erlaubt. Sie wurde von offiziellen Stellen zur Ausbreitung der kulturellen Entwicklung sogar gefördert. Das Verhältnis zwischen dem Urheber und dem Werknutzer ist im konfuzianischen System integriert. Das höchste soziale Gut, das im Konfuzianismus erworben werden kann, ist Weisheit.[118] Der Lehrer hat daher mit oder sogar noch vor dem Beamten die höchste soziale Stellung. Dem folgen Bauern, Handwerker und andere Berufsgruppen.[119] Wenig Ansehen genießen im theoretischen Konfuzianismus diejenigen, die sich mit Geld beschäftigen, etwas allein des Geldes wegen tun.[120] Die soziale Stellung des Lehrers verbietet diesem folglich, auch wenn er den Wert des Geldes für sich bereits erkannt hat, sich auf die Stufe des Kaufmannes zu begeben, wenn sein Werk unerlaubt und unentgeltlich kopiert wird.[121] Vielmehr wird er das Interesse an seinem Werk als eine große Ehre erachten.

Diese Vorstellungen wirkten und wirken auch im 20. Jahrhundert weitgehend nach. Auf der Seite der Adressaten fehlt es in weitem Maße an Unrechtsbewusstsein.[122] Ferner kam es auf legislatorischer Seite trotz gewisser Ansätze im alten Urhebergesetz von 1957 zunächst nicht zur Ausprägung eines modernen Gesichtspunkten entsprechenden Urheberrechts. Dies geschah erst mit dem Urhe-

---

116 Kim, Byung-Il, GRUR Intl. 1997, S. 237 ff. <237, FN 3>; siehe Kim Byung-Il, IIC 1997, S. 361 ff. <386>; Hilpert u.a., S. 22

117 Viganò, S. 83 ff. <83>

118 Viganò, S. 83 ff. <87>

119 Cho Kyu-Chang S. 59 ff. <60>

120 Cho Kyu-Chang S. 59 ff. <60>; Viganò, S. 83 ff. <87>

121 Viganò, S. 83 ff. <87>

122 Viganò, S. 83 ff. <88>

bergesetz von 1986,[123] wobei der Gesichtspunkt der Förderung der kulturellen Entwicklung nach wie vor Bedeutung hat und zu - wenngleich tolerablen - Einschränkungen der Rechte des Urhebers etwa im Bereich der Nutzung seiner Werke für den Schulunterricht geführt hat.[124]

Auch der Schutz von Computerprogrammen ist erst in den vergangenen 12 Jahren umfassend normiert worden. Zwar waren zumindest nach herrschender Lehre Computerprogramme bereits nach dem alten Urheberrechtsgesetz urheberrechtsschutzfähig. Ausdrücklich wurden sie allerdings erst mit der Neufassung des Urheberrechtsgesetzes im Jahre 1986 als Werke der Literatur, Wissenschaft und Kunst in die Liste der urheberrechtlich geschützten Werke aufgenommen.[125] Gleichzeitig wurde das Gesetz über den Schutz von Computerprogrammen erlassen (fortan: CPG), das am 01.07.1987 in Kraft trat.[126] Computerprogramme sind daher sowohl nach allgemeinem Urheberrecht als auch nach Computerprogrammschutzrecht geschützt,[127] und zwar im Verhältnis der Spezialität zugunsten des CPG.[128]

Das Halbleiterchip-Layout-Schutzgesetz trat 1993 in Kraft.[129]

c) Übersicht über die einschlägigen Staatsverträge

Die wichtigsten Staatsverträge sind die Pariser Verbandsübereinkunft zum Schutz des gewerblichen Eigentums[130] und das Patentkooperationsübereinkommen.[131]

Die Pariser Verbandsübereinkunft ist am 07.07.1884 in Kraft getreten und in der Stockholmer Fassung vom 14.07.1967 für Korea und Deutschland gültig.[132] Die hauptsächlichen Wirkungen der Pariser Verbandsübereinkunft im Rahmen

123 Copyright Act (fortan: UrhG oder kUrhG) vom 28.01.1957 i.d.Fassung v. 31.12.1986, in Kraft seit 1.07.1987, vgl. Blatt für PMZ 1989, S. 46; Lee, Tae-Hee, Software Protection 1991, S. 5 f. <5>

124 Siehe unten 6. a) bb)

125 Art. 4 Nr. 9 i.V.m. Art. 2 Nr. 1 kUrhG

126 Computer Program Protection Act; Lee, Tae-Hee, Software Protection 1991, S. 5 f. <5>; vgl. auch Hilpert u.a., S. 22

127 Sohn/Jong/Choe, S. 691 ff. <692>

128 Art. 31 CPG, Art. 4 Abs. 2 kUrhG; Sohn/Jong/Choe, S. 691 ff. <692>

129 Hilpert u.a., S. 22

130 Vom 20.03.1883, Lissaboner Fassung von 1934, Stockholmer Fassung von 1967, geändert 1979, vgl. Hilpert u.a., S. 5, 18, 27; Heath, IIC 1997, S. 303 ff. <308>

131 Vom 19.06.1970, geändert 1979 und 1984, vgl. Hilpert u.a., S. 5, 18, 27; Heath, IIC 1997, S. 303 ff. <308>

132 GRUR Intl. 1999, S. 427 ff. <427, 428>; Blatt für PMZ 1995, S. 147; Hilpert u.a., S. 18; Ko, Kwang-Ha, KJCompLaw 1983, S. 51 ff. <52>

des Patentschutzes sind die Inländerbehandlung und die Unionspriorität. Der Grundsatz der Inländerbehandlung besagt, dass die vertragschließenden Parteien verpflichtet sind, den Angehörigen von Verbandsländern dieselben Rechte zu gewähren wie den eigenen Staatsangehörigen. Nach dem Prinzip der Unionspriorität kann jeder, der in einem Mitgliedstaat der Pariser Verbandsübereinkunft ein Patent angemeldet hat und innerhalb von 12 Monaten in einem anderen Verbandsland ebenfalls dieses Patent anmeldet, verlangen, dass in diesem zweiten Mitgliedsstaat das Datum der Anmeldung aus dem ersten Mitgliedsstaat gilt.[133]

Der Vertrag über die internationale Zusammenarbeit auf dem Gebiet des Patentwesens (Patent Cooperation Treaty, PCT, Patentkooperationsübereinkommen) wurde am 19.06.1970 geschlossen und am 10.08.1984 für Korea verbindlich.[134] Durch diesen Vertrag kann eine internationale Patentanmeldung veranlasst werden in der Weise, dass in jedem Staat, der in der internationalen Anmeldung benannt wurde, ein Patent nach den lokalen Patentvorschriften entsteht. Der Antrag wird als internationale Anmeldung beim regional zuständigen Patentamt gestellt. Das Patenterteilungsverfahren mündet dann in die nationalen Verfahren der ausgewählten Mitgliedstaaten.

Korea ist – wie zuvor bereits Deutschland[135] - seit 1979 Mitglied der World Intellectual Property Organization.[136] Im Jahre 1987 trat Korea dem Übereinkommen über Internationale Ausstellungen,[137] ferner im selben Jahre dem Welturheberrechtsabkommen[138] sowie dem Tonträgerschutzübereinkommen[139] bei. Im Jahre 1988 wurde Korea dann Vertragspartei des Budapester Vertrages über

---

133 Artikel 4 A, C PVÜ

134 Blatt für PMZ 1995, S. 155; Sohn, Kyung-Han, Patent World 1991, S. 20 ff. <21>; Hilpert u.a., S. 5, 18; GRUR Intl. 1999, S. 427 ff. <433>; in Kraft für Deutschland seit 24.01.1978, GRUR Intl. 1999, S. 427 ff. <432>; Heath, IIC 1997, S. 303 ff. <308>

135 Seit 19.09.1970, GRUR Intl. 1999, S. 427

136 Blatt für PMZ 1995, S. 146; GRUR Intl. 1999, S. 427 ff. <428>; Hilpert u.a., S. 18; Heath, IIC 1997, S. 303 ff. <308>

137 Abkommen über Internationale Austellungen vom 22.11.1928, RGBl. 1930 II, S. 728; Blatt für PMZ 1995, S. 153; vgl. Hilpert u.a., S. 5

138 Blatt für PMZ 1995, S. 159; Park, Jang-Won, S. 143; Hilpert u.a., S. 18, 27; Heath, IIC 1997, S. 303 ff. <308>; Korea mit Ausnahmenvorbehalt, vgl. GRUR Intl. 1999, S. 427 ff. <435> und <437> Anm. 15; Deutschland GRUR Intl. 1999, S. 427 ff. <435>

139 Blatt für PMZ 1995, S. 162; hins. Korea und Deutschland: GRUR Intl. 1999, S. 427 ff. <435>

die internationale Anerkennung und Hinterlegung von Mikroorganismen für die Zwecke der Patenterteilung.[140]

Für alle Warenzeichenanmeldungen ist nunmehr das durch das Abkommen von Nizza über die Warenzeichenklassifikation von 1957 eingeführte Internationale Klassifizierungssystem in Korea und Deutschland verbindlich.[141]

Ferner ist Korea im Jahre 1999 dem Vertrag von Straßburg über die internationale Patentklassifikation beigetreten.[142]

Südkorea ist im Gegensatz zu Nordkorea[143] nicht Mitglied des Madrider Abkommens über die internationale Registrierung von Marken.[144] Gleiches gilt für das Haager Abkommen über die internationale Hinterlegung gewerblicher Muster und Modelle vom 06.11.1925.[145] Zum 01.01.1995 ist die World Trade Organization (WTO, Welthandelsorganisation) als Nachfolgerin des GATT gegründet worden. Für den Gewerblichen Rechtsschutz sind dabei insbesondere die Mindeststandards von Bedeutung, die in das Abkommen über handelsbezogene Aspekte des geistigen Eigentums (Trade Related Aspects of Intellectual Property Rights, TRIPs) gemündet sind, deren Mitglieder Korea und Deutschland sind.[146] Es wurde als Anhang zum Vertrag über die Welthandelsorganisation beschlossen.[147] Im Wesentlichen werden hiermit die Vorschriften der Pariser Verbandsübereinkunft übernommen, die damit für alle WTO-Staaten gelten.[148] Das TRIPs-Abkommen macht Anpassungen in den Gesetzen zum Gewerblichen Rechtsschutz und zum Urheberrecht in fast allen Mitgliedsländern notwendig,[149]

---

140 Blatt für PMZ 1995, S. 154; Park, Jang-Won, S. 20; Hilpert u.a., S. 5, 18; Heath, IIC 1997, S. 303 ff. <308>; Ebenroth u.a., RIW 1994 Beilage, S. 1 ff. <8> 2. a) mwN; KIPO, S. 3; hins. Korea und Deutschland: GRUR Intl. 1999, S. 427 ff. <435>; zur Rechtslage vor Beitritt zum Budapester Vertrag 1988: Korean. Oberster Gerichtshof, Urteil v. 12.11.1991 -90 Hu 2256- GRUR Intl. 1995, S. 343 f. und IIC 1996, S. 383 ff.

141 Park, Jang-Won, S. 108, 111, 117, 121; GRUR Intl. 1999, S. 427 ff. <430>

142 Blatt für PMZ 1995, S. 155; Hilpert u.a., S. 5; hins. Korea und Deutschland: GRUR Intl. 1999, S. 427 ff. <430>

143 Vgl. zu Nordkorea GRUR Intl. 1999, S. 427 ff.; GRUR Intl. 1997 S. 935

144 Blatt für PMZ 1995, S. 149; Hilpert u.a., S. 5; GRUR Intl. 1999, S. 427 ff. <430>

145 Blatt für PMZ 1995, S. 151; Hilpert u.a., S. 5; GRUR Intl. 1999, S. 427 ff. <428>

146 Hilpert u.a., S. 18; Korea: GRUR Intl. 1999, S. 427; Deutschland: GRUR Intl. 1999, S. 427 ff. <428>

147 Hilpert u.a., S. 6 f., 18

148 Art. 2 TRIPs

149 GRUR Intl. 1995, S. 172; zu den möglichen Auswirkungen von TRIPs auf Geschmacksmuster: Kur, GRUR Intl. 1995, S. 185 ff.; Pataky, GRUR Intl. 1995, S. 653 ff.; auf Urheberrecht: Katzenberger, GRUR Intl. 1995, S. 447 ff.; vgl. auch Heath, IIC 1997, S. 303 ff. <306>

allerdings überwiegend im verfahrensrechtlichen Bereich. In diesem Zusammenhang ist Korea auch Mitglied der Berner Übereinkunft geworden.[150]

2. Besonderheiten der Entwicklung in Deutschland

a) Besonderheiten in der gesetzgeberischen Entwicklung aufgrund der Deutschen Einheit

Gemäß Anlage I, Abschnitt II, § 3 zum Vertrag zwischen der Bundesrepublik Deutschland und der Deutschen Demokratischen Republik über die Herstellung der Einheit Deutschlands vom 31.08.1990 (Einigungsvertrag) sind die vor dem Wirksamwerden des Beitritts der DDR zur Bundesrepublik eingereichten Anmeldungen und eingetragenen oder erteilten gewerblichen Schutzrechte mit Wirkung für ihr vormaliges Schutzgebiet aufrecht erhalten worden und unterliegen weiterhin den vormals geltenden Rechtsvorschriften. Das Deutsche Patentamt (München, Nebenstelle Berlin) ist gemäß Anlage I, Abschnitt II, § 1 Einigungsvertrag seit dem Wirksamwerden des Beitritts die alleinige Zentralbehörde auf dem Gebiet des gewerblichen Rechtsschutzes.

b) Die Bedeutung europäischer Patentrechtsregeln

Das Patentrecht enthält für den Inhaber ein positives Nutzungsrecht, aber auch ein negatives Abwehrrecht.[151] Nutzen Unternehmen dieses Abwehrrecht, um die Einfuhr von Produkten in einen nationalen Markt zu verhindern, so führt dies zur Abschottung gegenüber anderen nationalen Märkten innerhalb der Europäischen Union und damit zu einer Aufspaltung des Binnenmarktes.[152] Der Patentschutz gerät auf diese Weise in Konflikt mit den Zielen eines möglichst ungestörten freien Binnenmarktes.

Dem hat auch die Gründung der Europäischen Patentorganisation nicht abgeholfen. Diese schuf zwar auf der Grundlage des Münchener Übereinkommens über die Erteilung europäischer Patente,[153] zu dessen Vertragsstaaten auch etwa die Schweiz gehört, im Jahre 1978 als wesentlichen Schritt das Europäische Patentamt in München. Auch kann aufgrund des Europäischen Patentübereinkommens

150 Vgl. Park, Jang-Won, S. 143; bereits angekündigt bei Cho, Tae-Yeon S. 7 <11> und Hilpert u.a., S. 18; GRUR Intl. 1996, S. 1066; hins. Korea und Deutschland: GRUR Intl. 1999, S. 427 ff. <435>
151 Schwarze, RIW 1996, S. 272 ff. <272>
152 Vgl. unten III. 1. a) ee)
153 Europäisches Patentübereinkommen, EPÜ, BGBl. 1976 II, S. 826

kommens (EPÜ) mit einer einzigen Anmeldung Patentschutz in mehreren Vertragsstaaten beantragt werden.

Allerdings entsteht durch die Anmeldung in mehreren Vertragsstaaten lediglich ein Bündel nationaler Patente, nicht aber ein einheitliches europäisches Patent. Denn anders als für Marken, wo eine gemeinschaftliche Regelung getroffen wurde,[154] ist das Übereinkommen über das Gemeinschaftspatent von 1994 noch nicht in Kraft getreten.[155]

Die Möglichkeit der Abschottung der Märkte und der Konflikt mit den Zielen eines möglichst ungestörten freien Binnenmarktes bleibt also bestehen.

III. Darstellung der einzelnen Schutzrechte im deutschen und koreanischen Recht

1. Das Patent

a) Der Gegenstand des Patentrechts

Das immaterielle Rechtsgut, welches durch das Patent geschützt wird, ist die Erfindung. Diese wird manifestiert in der Formulierung des Patentanspruches.[156]

aa) Die Voraussetzungen der Patentierbarkeit

(1) Die Voraussetzungen der Patentierbarkeit im deutschen Recht

Das Patent wird grundsätzlich für Erfindungen erteilt, die neu sind, auf einer erfinderischen Tätigkeit beruhen und gewerblich anwendbar sind.[157] Es ist ein absolutes Vermögensrecht, das durch Erteilung entsteht und sämtliche Inhaber- und Verwertungsrechte an einer Erfindung auf Zeit dem Anmelder zuweist.[158] Eine Erfindung liegt dann vor, wenn sie die im Folgenden besprochenen Kriterien erfüllt.

Die Erfindung muss zunächst eine Lehre zum planmäßigen Handeln darstellen. Das bedeutet, dass sie eine technische Aufgabe und deren Lösung mit tech-

---

154 VO (EG) Nr. 40/94 des Rates vom 20.12.1993, ABl.EG 1994, Nr. 11/1, über die Gemeinschaftsmarke

155 Vgl. Schwarze, RIW 1996, S. 272 ff. <272>; Krieger, S. 701 <709>

156 Für Korea: Sohn, Kyung-Han, S. 20 ff. <21 f.>; vgl. auch erweiternd: Korean. OGH, GRUR 1997, S. 273 ff. <274>

157 § 1 Abs. 1 dPatG

158 Benkard-Bruchhausen, § 1 Rdnr. 2

nischen Mitteln umfassen muss, wobei die technischen Lösungsmittel über den bisherigen Stand der Technik hinausgehen müssen.[159]

Eine Erfindung liegt nicht vor, wenn ausschließlich Mittel der Logik eingesetzt werden, ohne dass außerhalb der menschlichen Verstandestätigkeit liegende Naturkräfte genutzt werden. Allerdings müssen nur die Lösungsmittel technischer Art sein, nicht der eingetretene Erfolg.[160]

Um sicherzustellen, dass es sich bei der Erfindung nicht um nur ein zufälliges, nicht kontrollierbares Ergebnis handelt, fordert die Rechtsprechung, dass die Erfindung ausführbar und wiederholbar sein muss.[161] Allein im Bereich der Mikroorganismen hat der BGH dieses Erfordernis der Wiederholbarkeit aufgegeben. Eine Hinterlegung des Mikroorganismus bei einer der anerkannten Hinterlegungsstellen genügt.[162]

Der Begriff der erfinderischen Tätigkeit ist in § 4 PatG[163] definiert. Eine erfinderische Tätigkeit liegt vor, wenn sich die Erfindung für den Fachmann nicht in naheliegender Weise aus dem Stand der Technik ergibt. Dies fordert eine Leistung, wie sie vom Durchschnittsfachmann nicht zu erwarten ist.[164] Da die Beurteilung der erfinderischen Tätigkeit eines der schwierigsten Probleme der Praxis ist, findet sich in diesem Bereich eine umfangreiche Rechtsprechung, die zur Entscheidung Hilfserwägungen herausgebildet hat. So soll beispielsweise Anhaltspunkt für eine erfinderische Tätigkeit sein, wenn erstmals eine Lösung einer Aufgabe gefunden wurde, ein neues technisches Gebiet eröffnet wurde, im wesentlichen Maße eine Beeinflussung der Technik stattfand, ein allgemein vorhandenes technisches Vorurteil überwunden wurde oder sich die Fachwelt bisher lange vergeblich um die Erfindung bemüht hatte.[165]

Eine der Aufgaben des Patentrechts ist, die technische Entwicklung der Allgemeinheit zu fördern. Daher kann nur solchen Erfindungen Patentschutz zukommen, die tatsächlich die technische Entwicklung fördern, also objektiv neu sind und der Allgemeinheit noch nicht zur Kenntnis gebracht wurden. § 3 PatG[166] regelt den Begriff der Neuheit wiederum unter Verwendung gesetzlicher Fiktionen und unwiderlegbarer gesetzlicher Vermutungen. Danach gilt als neu alles das, was nicht zum Stand der Technik gemäß der Definition des § 3 Abs. 1

159 BGH, GRUR 1967, S. 194
160 BGH, GRUR 1966, S. 249; BGH, GRUR 1967, S. 590; BGH, GRUR 1980, S. 849
161 BGH, GRUR 1969, S. 672
162 BGH, GRUR 1987, S. 231
163 Art. 56 EPÜ
164 Chrocziel Rn. 224
165 Chrocziel Rn. 226
166 Art. 54 EPÜ

Satz 2 PatG[167] gehört. Der Stand der Technik umfasst alle Kenntnisse, die vor dem für den Zeitrang der Anmeldung des Patentes maßgeblichen Tag durch schriftliche oder mündliche Beschreibung, durch Benutzung oder in sonstiger Weise der Öffentlichkeit zugänglich gemacht wurden. Damit muss die offenbarte Erfindung zum Prioritätstag gegenüber dem Vergleichsobjekt "Stand der Technik" neu sein.

Offenbarung der Erfindung heißt, dass diese so deutlich und vollständig beschrieben sein muss, dass sie von einem Fachmann wiederholbar nachvollzogen werden kann.[168] Als Anmeldetag gilt der Tag des Eingangs der Patentanmeldung beim deutschen Patentamt,[169] für europäische Patente der Tag des Eingangs beim europäischen Patentamt oder bei einer nationalen Zentralbehörde des gewerblichen Rechtsschutzes.[170]

Es reicht aus, dass irgendwann irgendwo in der Welt in irgendeiner Weise die beanspruchte technische Lehre offenbart wurde. Somit zerstören alle schriftlichen, aber auch mündliche Beschreibungen und sogar die Benutzung einer Erfindung die Neuheit, wenn diese Benutzung ihrer Art nach geeignet war, die Lehre zum technischen Handeln kundzutun.[171]

Öffentlich zugänglich sind Kenntnisse dann, wenn ein nicht beschränkter Personenkreis die objektive Möglichkeit zur Kenntnisnahme hat.[172] Bei Druckschriften ist es ausreichend, wenn diese einem nicht von vornherein bestimmten und zur Geheimhaltung verpflichteten Personenkreis zugänglich gemacht wurden.[173] Durch eine Geheimhaltungsverpflichtung oder Vertraulichkeitsvereinbarung kann die öffentliche Zugänglichkeit ausgeschlossen, der Personenkreis beschränkt werden.

Im Patenterteilungsverfahren, aber auch bei Überprüfung des erteilten Patentes im Einspruchs- oder Nichtigkeitsverfahren, ist zur Prüfung der Neuheit festzustellen, ob sich der Gegenstand der Patentanmeldung von jeder einzelnen genannten Vorveröffentlichung und offenkundigen Vorbenutzung hinsichtlich aller im Patent beanspruchten Merkmale unterscheidet. Sofern der Gegenstand dabei nur in einem dieser Merkmale abweicht, gilt der Gegenstand gegenüber dem Stand der Technik als neu.[174]

---

167 Art. 54 Abs. 2 EPÜ
168 § 35 Abs. 2 dPatG; Art. 83 EPÜ
169 § 35 Abs. 1 dPatG
170 Art. 75 EPÜ
171 BGH, GRUR 1966, S. 484
172 BGH, GRUR 1973, S. 236
173 BGH, GRUR 1971, S. 214
174 BGH GRUR 1984, S. 797

Auch eine vom Erfinder oder Anmelder selbst vor Anmeldung verursachte Information der Erfindung ist grundsätzlich neuheitsschädlich. Aus diesem Grund heraus sieht das Patentgesetz eine sogenannte Neuheitsschonfrist vor, die zugunsten des Anmelders bestimmte Handlungen vor der Anmeldung als unschädlich ansieht.[175] Dies gilt zum einen für die öffentliche Zurschaustellung der Erfindung auf Weltausstellungen und internationalen Fachaustellungen, soweit diese im Bundesgesetzblatt bekannt gemacht wurden.[176]

Zum anderen gilt eine solche Veröffentlichung als für die Neuheit unschädlich, die auf einen offensichtlichen Missbrauch zum Nachteildes Anmelders zurückgeht.[177] Dies ist inbesondere dann der Fall, wenn eine vertragliche oder gesetzliche Pflicht zur Geheimhaltung durch den Informanten gegenüber dem Erfinder verletzt wird.[178] In beiden Ausnahmefällen muss innerhalb von sechs Monaten die Anmeldung der Erfindung erfolgen, da sonst auch die im Rahmen der Neuheitsschonfrist erfolgte Offenbarung neuheitszerstörend wirkt.

Ferner muss eine Erfindung gewerblich anwendbar sein. Das ist der Fall, wenn ihr Gegenstand auf irgendeinem gewerblichen Gebiet einschließlich der Landwirtschaft hergestellt oder benutzt werden kann,[179] da der Erfindergeist gerade für das Gewerbe angereizt werden soll.[180] Nicht erforderlich ist dagegen, dass der Gegenstand ausschließlich gewerblich anwendbar ist.[181]

Gegenstände, die von vornherein von der Patentierung ausgeschlossen sind, regelt § 1 Abs. 2 PatG[182] in einem nicht abschließenden Negativkatalog. Dabei wird gesetzlich fingiert, dass die aufgeführten Gegenstände nicht auf technischem Gebiet liegen. Damit werden die Grundvoraussetzungen der Patentfähigkeit nach § 1 Abs. 1 PatG[183] näher qualifiziert. Zunächst wird Entdeckungen, wissenschaftlichen Theorien und mathematischen Methoden die Patentierbarkeit abgesprochen.[184] Bei den in diesem Katalog genannten wissenschaftlichen Theorien fehlt es obendrein an einer Anweisung zum technischen Handeln.

---

175 § 3 Abs. 4 dPatG; Art. 55 EPÜ; zu Art. XI § 3 Abs. 6 IntPatÜG iVm der Bekanntmachung des Bundesministers des Auswärtigen vom 09.09.1977, BGBl. II S. 792: BGH RIW 1992, S. 312

176 § 3 Abs. 4 S. 1 Nr. 2 dPatG

177 § 3 Abs. 4 S. 1 Nr. 1 dPatG

178 BGH, GRUR 1992, S. 38 f.; Benkard-Ullmann, § 3 Rn. 100

179 § 5 dPatG; Art. 57 EPÜ

180 BGH, GRUR 1972, S. 80

181 BGH Z 68, S. 156

182 Art. 52 Abs. 2 EPÜ

183 Art. 52 Abs. 1 EPÜ

184 § 1 Abs. 2 Nr. 1 dPatG; Art. 52 Abs. 2 a EPÜ

§ 1 Abs. 2 PatG[185] verweigert ästhetischen Formschöpfungen die Patentierung, da auch in diesen keine Anweisung zum technischen Handeln gesehen wird. Soweit ästhetische Formschöpfungen den Form- und Farbsinn ansprechen, sind sie jedoch über das Geschmacksmusterrecht schützbar. Plänen, Regeln, Verfahren für gedankliche Tätigkeiten, für Spiele oder für geschäftliche Tätigkeit, gleichermaßen Programmen für Datenverarbeitungsanlagen wird durch § 1 Abs. 2 Nr. 3 PatG[186] die Patentfähigkeit aberkannt. Denn von diesen wird keine Lehre zum technischen Handeln vermittelt. Vielmehr muss der Benutzer durch eigene Denktätigkeit den Erfolg herbeiführen.

Im Hinblick auf den Ausschluss von Computerprogrammen ist darauf hinzuweisen, dass diese durch die aufgrund der EG-Richtlinie zum Schutz von Computerprogrammen[187] erfolgte Änderung des deutschen Urheberrechtes[188] nunmehr klar in den Urheberschutz einbezogen sind.[189]

Auch die Wiedergabe von Informationen, Tabellen, Formularen und Schriftanordnungen ist nach § 1 Abs. 2 Nr. 4 PatG[190] vom Patentschutz ausgeschlossen.

Die soeben aufgeführten Gegenstände oder Tätigkeiten sind aber nur insoweit der Patentierbarkeit entzogen, als für sie als solche Schutz begehrt wird.[191] Soweit diese Gegenstände oder Tätigkeiten lediglich Grundlage, Teil oder Ziel einer technischen Lehre darstellen, sind sie dem Patentschutz zugänglich.

Im Falle einer an sich patentfähigen Erfindung wird die Erteilung eines Patentes versagt, wenn ein Patentierbarkeitshindernis vorliegt.[192] Dies ist zunächst dann der Fall, wenn die Erfindung, also deren Veröffentlichung oder deren Verwertung, gegen die öffentliche Ordnung oder die guten Sitten verstoßen würde.[193]

Für die Praxis wichtiger ist der Ausschluss nach § 2 Nr. 2 PatG, dem gemäß Pflanzensorten und Tierarten sowie im Wesentlichen biologische Verfahren zur Züchtung von Pflanzen und Tieren vom Patentschutz ausgenommen sind.[194]

---

185 Art. 52 Abs. 2 b EPÜ

186 Art. 52 Abs. 2 c EPÜ

187 Richtlinie 91/250/EWG des Rates vom 14.05.1991, ABI.EG Nr. L 122, S. 42

188 §§ 69 a ff. dUrhG

189 Die den Urheberschutz praktisch verneinende BGH-Rechtsprechung, BGH, GRUR 1985, S. 1041 und BGH, GRUR 1991, S. 449 ist in soweit obsolet; vgl. auch unten 7. a) aa); vgl. allerdings Tauchert IIC 2000, S. 812 ff. <816> mwN

190 Art. 52 Abs. 2 d EPÜ

191 § 1 Abs. 3 dPatG; Art. 52 Abs. 3 EPÜ

192 § 2 PatG; Art. 53 EPÜ

193 Ethische Patentierbarkeitshindernisse, § 2 Nr. 1 dPatG; Art. 53 EPÜ

194 Vgl. Art. 53 b EPÜ, vgl. Richtlinie 98/44/EG des Europäischen Parlaments und des Rates vom 06.07.1998 über den rechtlichen Schutz biotechnologischer Erfindungen, Volltext in GRUR Intl. 1998, S. 675 ff.; EuPatAmt – Große Beschwerdekam-

Pflanzensorten sind dem Patentschutz allerdings nur dann nicht zugänglich, wenn sie im Artenverzeichnis aufgeführt sind. Tierarten sind dagegen ohne Ausnahme nicht patentierbar.[195] Nichtbiologische und mikrobiologische Verfahren zur Züchtung sowie mit Hilfe von solchen Verfahren gewonnene Pflanzenerzeugnisse sind dem Patentschutz jedoch zugänglich.[196]

Des Weiteren werden aus ethischen Gründen gemäß § 5 Abs. 2 PatG[197] durch Ausschluss aus der Definition der gewerblichen Anwendbarkeit Verfahren zur chirurgischen oder therapeutischen Behandlung des menschlichen oder tierischen Körpers und Diagnostizierverfahren, die am menschlichen oder tierischen Körper vorgenommen werden, von vornherein aus dem Patentschutz ausgenommen.[198]

(2) Die Voraussetzungen der Patentierbarkeit im koreanischen Recht

Das koreanische Recht definiert den Begriff der Erfindung als herausgehobene Schöpfung technischer Ideen unter Nutzung der Naturgesetze.[199] Patentfähig sind wie im deutschen Recht alle Erfindungen mit Neuheitscharakter.[200] Hierunter fallen nach der koreanischen Rechtslage solche Erfindungen, die vor der Patentanmeldung in Korea weder allgemein bekannt waren noch genutzt wurden und die weder in Korea noch im Ausland veröffentlicht worden sind.

Des Weiteren müssen Erfindungen einen hohen technischen Standard verkörpern und gewerblich anwendbar sein.[201]

Im schutzfähigen Bereich liegen wie in Deutschland auch Erfindungen chemischer Substanzen und medizinisch-pharmazeutischer Stoffe[202] sowie solcher

---

mer, GRUR 2000, S. 431 ff.; vgl. GRUR Intl. 1998, S. 531 f.; vgl. Schatz, GRUR Intl. 1997, S. 588 ff. <591>; vgl. zu Art. 53 b EPÜ: Lange, GRUR Intl. 1996, S. 586 ff.

195 Vgl. aber Richtlinie 98/44/EG des Europäischen Parlaments und des Rates vom 06.07.1998 über den rechtlichen Schutz biotechnologischer Erfindungen, Ziffer 29, GRUR Intl. 1998, S. 675 ff. <677>; vgl. GRUR Intl. 1998, S. 531 f.

196 § 2 Nr. 2 S. 2 dPatG

197 Art. 52 Abs. 4 EPÜ

198 BGH, GRUR 1968, S. 142

199 Art. 2 Abs. 1 koreanisches Patentgesetz; Park, Jang-Won, S. 7; aktuelle Fassung in Kraft seit 01.01.1999, vgl. Park, Jang-Won, S. 6

200 Kasuistik bei Ko, Kwang-Ha, KJCompLaw 1983, S. 51 ff. <56 f.>; vgl. oben (1), § 3 dPatG; Park, Jang-Won, S. 8; vgl. Korean. OGH, GRUR Intl. 1997, S. 272 f.

201 Art. 29 kPatG; Kasuistik bei Ko, Kwang-Ha, KJCompLaw 1983, S. 51 ff. <59>; vgl. oben III. 1. a) (aa) (1) ; Park, Jang-Won, S. 7 f.

202 Vgl. Bezirksgericht Suwon, GRUR Intl. 1999, S. 800

im Nahrungs- und Genussmittelbereich.[203] Ferner werden Patente im Bereich der Pflanzenzüchtung[204] erteilt sowie für Herstellungsverfahren von chemischen Substanzen und Arzneimitteln, bei denen Mikroorganismen verwandt werden.[205]

Erfindungen, die geeignet sind, die öffentliche Sicherheit und die guten Sitten zu verletzen oder die Volksgesundheit zu gefährden, sind - wie im deutschen Recht - nicht patentfähig.[206]

Für Erfindungen, die für die nationale Verteidigung notwendig sind oder die ansonsten im öffentlichen Interesse liegen, wird kein oder nur ein eingeschränktes Patent bei Zahlung einer Entschädigung erteilt[207] oder – etwa im Bereich der Medizin - der Schutzbereich limitiert.[208]

bb) Die Patentdauer

(1) Die Patentdauer nach deutschem Recht

Das deutsche Patent hat eine Laufzeit von maximal 20 Jahren, beginnend mit dem Tag, der auf den Eingang der Anmeldung beim Patentamt folgt.[209] Der Patentinhaber muss zur Aufrechterhaltung des Patentes jährliche Verlängerungsgebühren zahlen. Unterlässt er dies, so erlischt das Patent.

§ 16 a PatG, der aufgrund der EG-Verordnung über die Schaffung eines ergänzenden Schutzzertifikats für Arzneimittel[210] ergangen ist, sieht für Arzneimittel über die Dauer von 20 Jahren nach der Anmeldung eine Verlängerung der Laufzeit des Arzneimittelpatentes um maximal fünf Jahre vor, falls das Zertifizierungsverfahren aufgrund seiner Dauer zu einer Einschränkung der effektiven Nutzungszeit des Patentes geführt hat.[211]

---

203 Sohn, Kyung-Han, Patent World 1991, S. 20 ff. <21>; Ebenroth u.a., RIW 1994 Beilage, S. 1 ff. <8> 1. a); anders noch Ko, Kwang-Ha, KJCompLaw 1983, S. 51 ff. <55>; vgl. oben III. 1. a) (aa) (1) ; Park, Jang-Won, S. 11; Hilpert u.a., S. 456

204 Chun, Bong-Duck, S. 1; Sohn, Kyung-Han, Patent World 1991, S. 20 ff. <21>; vgl. oben III. 1. a) (aa) (1) ; Park, Jang-Won, S. 10

205 Grossmann S 869 <872>; vgl. oben III. 1. a) (aa) (1) ; Park, Jang-Won, S. 10; Hilpert u.a., S. 457

206 Art. 32 kPatG; Park, Jang-Won, S. 10 ; vgl. oben III. 1. a) (aa) (1), § 2 Nr. 1 dPatG

207 DKIHK, S. 16

208 Park, Jang-Won, S. 41

209 § 16 dPatG

210 VO EWG Nr. 1768/92 des Rates vom 16.09.1992, ABl.EG 1992 Nr. L 182/1

211 Schwarze, RIW 1996, S. 272 ff. <273>; Hilpert u.a., S. 457

(2) Die Patentdauer nach koreanischem Recht

Wie im deutschen Recht beträgt die Laufzeit des Patents von der Anmeldung an 20 Jahre.[212] Dies beruht auf einer Angleichung der Laufzeiten im Zuge der Maßgaben des TRIPs-Abkommens und gilt seit dem 01.07.1996.[213] Zuvor betrug die Laufzeit 15 Jahre von der Veröffentlichung an, bei Verzögerungen in jedem Fall nicht länger als 20 Jahre seit der Anmeldung.[214]

Ähnlich wie im deutschen Recht kann für Patente auf pharmazeutische und agrochemische Produkte eine zusätzliche Verlängerung des Patentschutzes von bis zu fünf Jahren gewährt werden.[215] Diese Produkte werden aufgrund des koreanischen Arzneimittel- und Düngemittelgesetzes vor der Eintragung eines Patents besonders langwierigen Prüfungs- und Genehmigungsverfahren unterzogen.[216] Der Antrag auf die Verlängerung der Laufzeit des Patentes über ein derartiges Erzeugnis muss innerhalb von drei Monaten nach der Zulassung gestellt werden.[217]

cc) Inhaberschaft und Nutzung durch Dritte

Neben der Nutzung im eigenen Unternehmen gebietet oftmals das Interesse des Patentinhabers, das erworbene Wissen gegen Gebühr weiterzugeben. Dabei mag die Erschließung neuer Märkte, die kostengünstigere Herstellung eines Produktes für den eigenen Bedarf oder allein die Gebühr vorrangiger Beweggrund sein.[218] Die Weitergabe einer patentierten Technologie kann in Form der Übertragung des Patents als Vollrecht wie auch im Wege der Nutzungserlaubnis (Lizenzierung) erfolgen.

(1) Die Übertragung des Patents

Ein bestehendes Patent kann vollständig und teilweise übertragen werden.[219]

Im Fall der teilweisen Übertragung des Patentrechts entsteht in Korea zwischen ausländischem und koreanischem Vertragspartner eine gemeinsame

212 GRUR Intl. 1997, S. 176; Park, Jang-Won, S. 3, 38
213 GRUR Intl. 1997, S. 176; vgl. Cho, Tae-Yeon, S.7 <11>; Bfai Recht 61213, S. 2;
214 Ebenroth u.a., RIW 1994 Beilage, S. 1 ff. <8> 1. a); Art. 88 kPatG; Sohn, Kyung-Han, S. 20 ff. <23>; Park, Jang-Won, S. 3, 39
215 GRUR Intl. 1990, S. 167; Park, Jang-Won, S. 39
216 DKIHK, S. 16
217 GRUR Intl. 1990, S. 167
218 Vgl. 1. Abschnitt IV. 2. a)
219 Ko, Kwang-Ha, KJCompLaw 1983, S. 51 ff. <63 f.>; Hilpert u.a., S. 452

Rechtsinhaberschaft,[220] derzufolge keiner der Partner ohne Zustimmung des anderen das Patent oder seinen Anteil daran weiter übertragen darf.[221]

Die teilweise oder vollständige Übertragung des Patents bedarf konstitutiv der Eintragung in das Patentregister.[222]

Neben der teilweisen oder umfassenden Übertragung des bereits bestehenden Patents können ausländische Investoren koreanischen Vertragspartnern ein bloßes Recht auf Erteilung des zukünftigen Patentrechts übertragen. Hierfür ist die ordnungsgemäße Anmeldung des Patents auf den Namen des Erwerbers beim Patentamt erforderlich.[223]

Auch nach deutschem Recht ist das Patent übertragbar.[224] Dabei ist zwischen Verpflichtungsgeschäft und dinglichem Übertragungsgeschäft zu unterscheiden.[225]

(2) Die Lizenzierung

Eine Lizenz ist die einklagbare Erlaubnis eines anderen, seine technischen und organisatorischen Informationen, sein Know-how sowie seine gewerblichen und urheberrechtlichen Schutzrechte zu nutzen.[226] Denkbar sind gesetzliche, administrative und vertraglich eingeräumte Lizenzen,[227] letztere auch im Wege des Kontrahierungszwangs.[228]

Den Regelfall bilden die zwanglosen Vertragslizenzen, bei denen der Inhaber durch Vereinbarung eine Lizenz zur Nutzung seines Patents gegen Zahlung von Gebühren vergibt. Dabei werden ausschließliche und nicht-ausschließliche (einfache) Lizenzen unterschieden.[229]

---

220 Ebenroth u.a., RIW 1994 Beilage, S. 1 ff. <3>

221 Art. 99 Abs. 2 kPatG; Ebenroth u.a., RIW 1994 Beilage, S. 1 ff. <3>

222 Ansonsten ist sie unwirksam, Art. 101 Abs. 1 kPatG

223 Ebenroth u.a., RIW 1994 Beilage, S. 1 ff. <3>

224 RG Z 37, S. 41 <42>; RG Z 83, S. 37 <41>; BPatG, GRUR 1987, S. 234

225 OLG Karlsruhe, GRUR 1983, S. 67 <69>

226 Ko, Kwang-Ha, KJCompLaw 1983, S. 51 ff. <63 f.>; Eggers, RIW 2000, S. 665 ff. <665>

227 Park, Jang-Won, S. 48 f.

228 Ko, Kwang-Ha, KJCompLaw 1983, S. 51 ff. <65>

229 Dies ergibt sich nach koreanischem Recht insbesondere aus Art. 85 Abs. 1 Nr. 2 kPatG, der die Registrierung der Lizenzerteilung einschließlich ihrer Ausschließlichkeit oder Nichtausschließlichkeit im Patentregister vorsieht; vgl. auch Ebenroth u.a., RIW 1994 Beilage, S. 1 ff. <3>; Park, Jang-Won, S. 44, 46 f.; Hilpert u.a., S. 452 f.

Eine ausschließliche Lizenz gewährt dem Lizenznehmer das alleinige[230] Recht zur kaufmännischen und industriellen Verwertung des überlassenen Patents. Zur Klarstellung sei darauf hingewiesen, dass der Charakter der Ausschließlichkeit weder durch Begrenzung des Lizenzgebiets oder der Laufzeit noch dadurch verloren geht, dass der Umfang der Lizenzvergabe auf einen bestimmten Inhalt beschränkt wird (z.B. allein auf Herstellung, Import oder Export); maßgeblich ist allein, ob der Lizenznehmer in seiner Nutzungsart der einzige zur Verwertung Berechtigte sein soll oder ob der Lizenzgeber beziehungsweise ein anderer von diesem abhängiger Lizenznehmer das Patent gleichermaßen nutzen können soll.[231] In diesem Rahmen entfaltet eine ausschließliche Lizenz die Wirkung ihrer Ausschließlichkeit auch gegenüber dem Lizenzgeber selbst. Denn dieser darf weder Gebrauch von dem Patent machen noch für das Lizenzgebiet weitere Lizenzen vergeben, es sei denn, der ausschließliche Lizenznehmer gewährt dem Lizenzgeber seinerseits eine nicht-ausschließliche Lizenz.[232] Will der ausschließliche Lizenznehmer allerdings seinerseits eine Unterlizenz vergeben oder gar seine Lizenz in Individualsukzession abtreten, so bedarf er der Zustimmung des Lizenzgebers.[233]

Im Gegensatz dazu beschneidet die nicht-ausschließliche oder einfache Lizenz den Lizenzgeber nicht, die Erfindung selbst zu verwerten und weitere Lizenzen zu vergeben. Der Lizenznehmer erwirbt das Recht, das übertragene Schutzrecht innerhalb des durch den Lizenzvertrag festgelegten Bereiches (Zeitraum, Region, Inhalt) zu nutzen und – sofern die Lizenz registriert ist – mit Zustimmung des Lizenzgebers Unterlizenzen zu erteilen und Klage zu erheben.[234] Ebenso wie die Übertragung des Patents und die Erteilung einer ausschließlichen Lizenz ist in Korea auch die Vergabe einer einfachen Lizenz im Patentregister einzutragen.[235]

230 Ebenroth u.a., RIW 1994 Beilage, S. 1 ff. <3>; vgl. zum EU-Recht: Meyer, GRUR Intl. 1997, S. 498 ff. <499>

231 Park, Jang-Won, S. 44, 46 f.

232 Ebenroth u.a., RIW 1994 Beilage, S. 1 ff. <3>; Park, Jang-Won, S. 47; Hilpert u.a., S. 453

233 Sohn, Kyung-Han, Patent World 1991, S. 20 ff. <24>; Park, Jang-Won, S. 46 f.; Eggers, RIW 2000, S. 665 ff. <666>

234 Park, Jang-Won, S. 48 f.; Hilpert u.a., S. 453

235 Ebenroth u.a., RIW 1994 Beilage, S. 1 ff. <3>; für die ausschließliche Lizenz konstitutiv, für die nicht-ausschließliche zur Herstellung absoluter Wirkung, vgl. Hilpert u.a., S. 453; vgl. Park, Jang-Won, S. 44, 46 f., zur bloßen inter-partes-Wirkung mangels Eintragung vgl. S. 49

dd) Die Einschränkung des Patentrechts durch Erteilung einer Zwangslizenz

Das Patent als absolutes Recht umfasst grundsätzlich auch die Befugnis, es nicht zu nutzen und es der Öffentlichkeit vorzuenthalten. Diese Befugnis ist allerdings gesetzlichen Einschränkungen unterworfen.

Die beim koreanischen Patentamt errichtete Patentbeschwerdekammer[236] kann bei Vorliegen der Voraussetzungen auf Antrag eine Zwangslizenz erteilen,[237] einen Kontrahierungszwang[238] oder - gegen Entschädigung - eine Pflicht zur Geheimhaltung[239] auferlegen, und zwar im Fall des abhängigen Patents[240], des Vorrangs der nationalen Verteidigung und der missbräuchlichen Verwendung des Patents sowie schließlich im Fall der nicht patentierten, nicht angemeldeten, aber bereits genutzten Erfindung[241]. Gleiches gilt für den Fall, dass der Inhaber des Patents dieses in drei aufeinander folgenden Jahren nicht ausübt.[242] Wenn dann allerdings innerhalb zweier Jahre immer noch keine Nutzung durch Patentinhaber oder Zwangslizenznehmer erfolgt, kann das Patent gelöscht werden.[243]

In den Fällen des abhängigen Patents und der Missachtung der Nutzungspflicht ist Voraussetzung, dass die Bemühungen des Antragstellers um die Bewilligung einer Lizenz gescheitert sind. Im Erteilungsverfahren vor der Patentbeschwerdekammer wird dem Inhaber des Patents im Rahmen einer Anhörung Gelegenheit zur Stellungnahme geboten.[244] Ferner wird das Staatliche Komitee

---

236 Siehe oben II. 1. a)

237 Park, Jang-Won, S. 41 f., 48, 50, 55; Hilpert u.a., S. 452; die koreanische Rechtsordnung sieht gesetzliche, administrative und vertraglich eingeräumte Lizenzen vor: DKIHK, S. 53

238 Ko, Kwang-Ha, KJCompLaw 1983, S. 51 ff. <71>

239 Im Fall der Förderung der nationalen Verteidung, Sohn, Kyung-Han, Patent World 1991, S. 20 ff. <22>

240 Unter einem abhängigen Patent versteht man ein Patent, das auf einem bereits verliehenen Patent beruht, in einigen Aspekten jedoch eine Neuerfindung darstellt; abhängige Patente können zwar grundsätzlich eingetragen, aber nur genutzt werden, wenn der Inhaber des älteren, dominierenden Patents dem des abhängigen Patents eine Lizenz zur Nutzung erteilt, Art. 98, 138 kPatG; die Erfindung muss eine wichtige technische Fortentwicklung mit sich bringen, Grossmann S. 869 <873>; vgl. auch Park, Jang-Won, S. 41; Hilpert u.a., S. 452; vgl. auch den Fall des Patentes auf ein Verfahren zur Herstellung eines bereits zugunsten eines anderen patentierten Produktes, Hilpert u.a., S. 423

241 Ko, Kwang-Ha, KJCompLaw 1983, S. 51 ff. <71>

242 Art. 107 Abs. 1 Nr. 1 kPatG; Sohn, Kyung-Han, Patent World 1991, S. 20 ff. <24>; Park, Jang-Won, S. 41 f.

243 Sohn, Kyung-Han, Patent World 1991, S. 20 ff. <24>; Park, Jang-Won, S. 43 f.

244 Art. 108 kPatG

für den Schutz gewerblicher Rechte gehört.[245] Wird eine Zwangslizenz erteilt, so legt die Patentbeschwerdekammer auch eine angemessene Lizenzgebühr fest.[246]

Auch nach deutschem Recht besteht die Möglichkeit der Zwangslizenz.[247] Voraussetzung ist unter anderem ein öffentliches Interesse.[248] Ein solches liegt vor, wenn im Einzelfall der Patentinhaber die Erfindung der Öffentlichkeit vorenthält oder er nicht in der Lage ist, die berechtigten Bedürfnisse des inländischen Marktes zu befriedigen.[249] Die Bedeutung in der Praxis ist eher gering.[250]

ee) Erschöpfung des Patentrechts durch Inverkehrbringung

Grundsätzlich verschafft das Patent dem Inhaber ein Herstellungs- und Vertriebsmonopol. Hätte dies uneingeschränkt Geltung, könnte der Inhaber jedem Dritthändler den Vertrieb auch des legal erworbenen Lizenzproduktes im oder in das Patentgebiet untersagen.

Die durch das Patent eingeräumte Monopolstellung ist allerdings durch das Erfordernis einzuschränken, die wirtschaftliche Verkehrsfähigkeit von Gütern nicht unzumutbar zu behindern. Beispiel sei eine patentgeschützte Maschine, die ein Dritter vom Lizenznehmer im Rahmen der Lizenz kauft. Prinzipiell muss der Käufer berechtigt sein, die Maschine zu benutzen oder weiterzuverkaufen. Müsste der Käufer für jede weitere Handlung mit diesem Gerät eine Genehmigung des Patentinhabers oder Herstellers einholen, so wäre die wirtschaftliche Verwendbarkeit des Gerätes erheblich eingeschränkt.

Dem steht die Lehre von der Erschöpfung des Patentes gegenüber, der gemäß das Patent hinsichtlich einer einzelnen konkreten Ware seine weitere Wirkung einbüßt, wenn der Patentinhaber bzw. sein Lizenznehmer sie in den Verkehr gebracht hat.[251] Folge davon ist, dass die Nutzung und der Weiterverkauf des lizenzkonform in den Verkehr gebrachten Gegenstandes frei sind.

---

245 Art. 109, 117 kPatG

246 Art. 110 kPatG

247 § 24 Abs. 1 dPatG

248 Benkard-Rogge § 24 Rn. 15; Beier, IIC 1999, S. 251 ff. <261>, zum abhängigen Patent <266>

249 Benkard-Rogge § 24 Rn. 16 f.

250 Benkard-Rogge § 24 Rn. 5, 6

251 BGH GRUR Intl. 2000, S. 635 ff. <636>; grundlegend: Beier, GRUR Intl. 1996, S. 1 ff. <1> mwN; Schwarze, RIW 1996, S. 272 ff. <273 f.>; Rothnie, S. 355; Hilpert u.a., S. 462 f.; Meyer, GRUR Intl. 1997, S. 498 ff. <501>; Sack, GRUR Intl. 2000, S. 610 ff. <610, 615>

Die Erschöpfung des Patentrechts tritt jedoch nur für den Geltungsbereich des Schutzrechtes ein.[252] Das bedeutet hier, dass die Erschöpfung sich nur auf das Gebiet erstreckt, in dem der Lizenznehmer das Produkt in den Verkehr gebracht hat.[253] In diesem Land können der Patentinhaber wie auch der Lizenznehmer den Weiterverkauf nicht unterbinden. Sie können jedoch den Export dieses Produktes in andere Länder untersagen, wenn dort ebenfalls gleichartige Patente bestehen.[254]

Das Prinzip der Erschöpfung des Patentrechts erlangt für das Produktabnahmegeschäft Bedeutung vor allem bei Re-Import und Parallelimport.[255]

Beim Re-Import geht es im Zusammenhang mit dem Produktabnahmegeschäft darum, inwieweit ein Patentinhaber seinen Lizenznehmer bzw. einen Dritten, der Waren des Lizenznehmers vertreibt, daran hindern kann, Produkte ins Land des Lizenzgebers, hier Deutschland, zu importieren. Im hierzu maßgeblichen deutschen wie auch im europäischen Recht ist der Grundsatz der nationalen Erschöpfung des Patents bzw. der Territorialität zu Grunde zu legen,[256] so dass die Inverkehrbringung des Lizenzproduktes in Korea zum Import nach Deutschland nicht berechtigt.

Beim Parallelimport geht es im Zusammenhang mit dem Produktabnahmegeschäft darum, inwieweit ein Patentinhaber seinen Lizenznehmer bzw. einen Dritten, der Waren des Lizenznehmers vertreibt, daran hindern kann, Produkte in ein Drittland, in dem das Lizenzprodukt zugunsten des Lizenzgebers patentrechtlich geschützt ist, zu importieren. In vielen hierzu potenziell maßgeblichen Rechtsordnungen ist der Grundsatz der nationalen Erschöpfung des Patents bzw. der Territorialität zu Grunde zu legen.[257] Die Inverkehrbringung des Lizenzproduktes in Korea berechtigt also nicht zum Import in die Länder, in denen vorgenannter Grundsatz gilt.

---

252 Grundsatz der nationalen Erschöpfung des Patentrechtes: Beier, GRUR Intl. 1996, S. 1 ff. <1> mwN; Sack, GRUR Intl. 2000, S. 610 ff. <616>

253 Zum Schutzgebiet Europäische Union bzw. EWR: Beier, GRUR Intl. 1996, S. 1 ff. <2>; vgl. auch Laudien, GRUR Intl. 2000, S. 617 ff.; Gaster, GRUR Intl. 2000, S. 571 ff. <574>; Sack, GRUR Intl. 2000, S. 610 ff. <616>

254 Schwarze, RIW 1996, S. 272 ff. <273 f.>; Rothnie, S. 355; Hilpert u.a., S. 463

255 Hilpert u.a., S. 462 f.; im Einzelnen: Beier, GRUR Intl. 1996, S. 1 ff.; Heath, IIC 1997, S. 623 ff.

256 Siehe oben; Beier, GRUR Intl. 1996, S. 1 ff. <1> mwN

257 Siehe oben; Beier, GRUR Intl. 1996, S. 1 ff. <3, 4, 5>; Heath, GRUR 1997, S. 541 ff.; Heath, IIC 1997, S. 623 ff. <625 f.>, im Zusammenhang mit TRIPS: <628>

b) Das Anmelde- und Erteilungsverfahren im Patentrecht

aa) Das Anmelde- und Erteilungsverfahren in Deutschland nach deutschem und europäischem Recht und nach dem Patentzusammenarbeitsvertrag

Ein Patent entsteht nicht mit Erschaffung des Gegenstandes, sondern erst mit seiner Erteilung gemäß dem förmlichen Verfahren, das vor allem Anmeldung, Prüfung der Patentfähigkeit und Veröffentlichung der Anmeldung oder der Patentschrift umfasst. Das Verfahren wird durch die Anmeldung einer Erfindung beim Patentamt eingeleitet.

Materieller Inhaber des Rechtes auf Erteilung des Patents ist der Erfinder bzw. sein Rechtsnachfolger. Im Verfahren allerdings gilt der Anmelder grundsätzlich als berechtigt, die Erteilung des Patentes zu verlangen.[258] Sollte der Anmelder nicht der wahre Berechtigte sein, so kann letzterer seinen Anspruch auf das Patent durchsetzen entweder durch eine Klage auf Zustimmung zur Berichtigung der Erfindernennung[259] oder aber, soweit das Patent bereits erteilt ist, auf Übertragung des erteilten Patentes.[260]

Für jede einheitliche Erfindung ist eine Anmeldung im Sinne des Patentgesetzes erforderlich.[261] Die Einheitlichkeit ist auch dann gewahrt, wenn in einer Anmeldung ein Produkt und das für das Produkt erforderliche Herstellungsverfahren oder ein Anwendungsverfahren für dieses Produkt als Anspruch formuliert wird.[262]

In der Patentanmeldung ist die Erfindung zu offenbaren.[263] Diese Offenbarung erfordert eine Beschreibung der Erfindung, die Formulierung eines Anspruches oder mehrerer Ansprüche, die sich in Hauptanspruch und Unteranspruch gliedern können, ferner erforderlichenfalls eine Zeichnung. Letztlich ist noch eine Zusammenfassung (abstract) der Erfindung anzugeben.[264]

Unmittelbar nach Eingang der Patentanmeldung wird eine sogenannte Offensichtlichkeitsprüfung auf Mängel der Anmeldung durchgeführt.[265] Solche offensichtlichen Mängel liegen vor, wenn der Gegenstand der Anmeldung seinem

---

258 § 5 Abs. 1 dPatG

259 § 63 Abs. 2 dPatG; LG Mannheim, GRUR 1957, S. 122; LG Hamburg, GRUR 1958, S. 77

260 § 8 dPatG: Erfinderrechtliche Vindikation

261 § 35 Abs. 1 S. 2 dPatG

262 BGH, NJW 1975, S. 1025

263 § 35 Abs. 2 dPatG

264 § 36 dPatG

265 § 42 dPatG

Wesen nach gar keine Erfindung darstellt, eine Erfindung nicht gewerblich anwendbar oder von vornherein von der Patenterteilung ausgeschlossen ist.[266]

Der Patentanmeldung schließt sich, sofern beantragt, die Recherche gemäß § 43 dPatG oder das Prüfungsverfahren durch das Deutsche Patentamt an. Diese Überprüfung erstreckt sich sowohl auf das Vorliegen der formellen als auch der materiellen Voraussetzungen der Patenterteilung.[267]

Die Überprüfung der formellen und materiellen Voraussetzungen erfolgt lediglich auf Antrag. Hierzu sind der Anmelder sowie beliebige Dritte innerhalb von sieben Jahren[268] nach der Patentanmeldung berechtigt. Sollte der Antrag auf Prüfung zurückgenommen werden, so wird das Prüfungsverfahren dennoch fortgesetzt.[269] Erfolgt innerhalb der Siebenjahresfrist kein Prüfungsantrag, so gilt die Patentanmeldung als zurückgenommen.

Achtzehn Monate nach dem Anmeldetag oder dem sonstigen Prioritätszeitpunkt erfolgt die Offenlegung der Patentanmeldung.[270] Der Patentinhaber ist nach der Offenlegung dadurch geschützt, dass Dritte, die die Erfindung nutzen, dem Patentanmelder für die Zeit zwischen der Offenlegung und der Patenterteilung, sofern es zu einer solchen kommt, eine angemessene Entschädigung zu zahlen haben.[271]

Stellt das Deutsche Patentamt nach Überprüfung der formellen und materiellen Voraussetzung fest, dass eine Erfindung vorliegt, die die Voraussetzungen der Neuheit, der erfinderischen Tätigkeit und der gewerblichen Anwendbarkeit erfüllt, so wird das Patent erteilt,[272] bei negativem Ergebnis wird die Anmeldung nach § 48 dPatG zurückgewiesen. Im Falle der Patenterteilung erfolgt die Veröffentlichung im Patentblatt.[273]

Das soeben beschriebene Anmeldeverfahren gilt bis auf die Möglichkeit der Prüfungsantragsstellung durch Dritte für das europäische Patent in vergleichbarer Weise.[274] Nach Artikel 78 EPÜ kann die Anmeldung auf Erteilung eines europäischen Patentes in einer der Amtssprachen des Europäischen Patentübereinkommens erfolgen, darunter Deutsch. Bei der Anmeldung sind die Vertragsstaaten zu benennen, für die Schutz begehrt wird. In den benannten Ländern entsteht mit Erteilung des europäischen Patents jeweils ein eigenständiges nationa-

---

266 § 2 dPatG
267 § 44 ff. dPatG
268 § 58 Abs. 3 dPatG
269 § 44 Abs. 5 dPatG
270 § 31 Abs. 2 Nr. 2 dPatG
271 § 33 dPatG
272 § 49 Abs. 1, 57, 58 dPatG
273 § 58 dPatG
274 Art. 75 - 86 EPÜ

les Patent. Ein Anspruch auf Entschädigung für die Zeit zwischen der Offenlegung und der Patenterteilung (s.o.) besteht nur dann, wenn die Patentansprüche in eine offizielle Sprache des Verletzerstaates übersetzt und in dieser Sprache veröffentlicht wurden oder dem Verletzer zugegangen sind.[275]

Nach der Eingangsprüfung,[276] bei der nur festgestellt wird, ob die Anmeldung den grundlegenden Erfordernissen genügt und die Anmeldegebühr rechtzeitig entrichtet wurde, finden nach Art. 91 EPÜ die Formalprüfung und das Rechercheverfahren statt. Ebenfalls achtzehn Monate nach der Patentanmeldung bzw. dem sonstigen Prioritätszeitpunkt folgt die Offenlegung der Anmeldung.[277]

Nach gestelltem Prüfungsantrag, der im europäischen Verfahren nur bis zum Ablauf von sechs Monaten seit Veröffentlichung der Patentanmeldung einschließlich Recherchebericht gestellt werden kann, schließt sich die materielle Prüfung an, die bei negativem Ergebnis zur Zurückweisung der Anmeldung,[278] bei positivem Ergebnis zum Erteilen des Patentes[279] führt. Wird der Prüfungsantrag nicht gestellt, so gilt auch die europäische Patentanmeldung als zurückgenommen.[280]

Auch durch eine internationale Anmeldung nach dem Patentzusammenarbeitsvertrag (PCT) kann in der Weise Patentschutz für Deutschland erreicht werden, dass das deutsche Patentamt oder das europäische Patentamt unter Benennung Deutschlands als Vertragsstaat als Bestimmungsamt der internationalen Anmeldung benannt wird. Da Korea und Deutschland Vertragsstaaten des Patentkooperationsvertrages sind,[281] gilt dies auch für PCT-Patentanmeldungen in Korea, bei denen Deutschland benannt wird. Hierdurch wird also dem Erfinder ermöglicht, durch die Einreichung einer einzigen internationalen Anmeldung in einem Vertragsstaat eine wirksame Patentanmeldung für alle von ihm benannten Mitgliedstaaten zu erhalten. Die beim Anmeldeamt eingehende Anmeldung hat die Wirkung einer vorschriftsmäßigen nationalen Anmeldung bei den Bestimmungsämtern.[282]

---

275 Art. 67 EPÜ

276 Art. 90, 80 EPÜ

277 Art. 93 EPÜ

278 Art. 97 Abs. 1 EPÜ

279 Art. 97 Abs. 2 - Abs. 4, Art. 98 EPÜ

280 Art. 94 Abs. 3, Art. 67 Abs. 4 EPÜ

281 Blatt für PMZ 1995, S. 155; Sohn, Kyung-Han, Patent World 1991, S. 20 ff. <21>; Hilpert u.a., S. 5, 18; GRUR Intl. 1999, S. 427 ff. <433>; in Kraft für Deutschland seit 24.01.1978, GRUR Intl. 1999, S. 427 ff. <432>

282 Art. 11 PCT

bb) Das Anmelde- und Erteilungsverfahren in Korea

Die Regeln über Anmeldung und Erteilung von Patenten entsprechen in ihrem Verfahren im Wesentlichen dem deutschen Recht. Auch in Korea entsteht ein Patent - im Gegensatz etwa zum Urheberrecht[283] - nicht schon mit Erschaffung des Gegenstandes, sondern erst mit seiner Eintragung gemäß dem förmlichen Verfahren, das vor allem Anmeldung, Prüfung der Patentfähigkeit und Veröffentlichung der Anmeldung umfasst.

Gemäß dem Prioritätsprinzip wird für dieselbe Erfindung nur einmal ein Patent erteilt, und zwar demjenigen, der es zuerst angemeldet hat.[284] Diesbezüglich genügt es, wenn die Erstanmeldung in einem Mitgliedsstaat des Patentzusammenarbeitsvertrages - also auch Deutschland - mit dem Antrag erfolgt ist, dass Korea Schutzland werde.[285] Der Anmelder genießt diese Priorität allerdings auch durch eine ausländische Anmeldung, wenn diese zunächst mit allein nationaler Zielrichtung in einem Mitgliedstaat der Pariser Konvention - einschließlich Deutschland - erfolgt ist und die Anmeldung in Korea innerhalb eines Jahres nach der Anmeldung im Mitgliedstaat erfolgt.[286]

Die Befugnis zur Patentanmeldung haben zunächst alle Koreaner sowie diejenigen Ausländer, die einen Wohnsitz oder ihre gewerbliche Niederlassung in Korea haben. Seit Korea Mitgliedstaat der Pariser Verbandsübereinkunft ist,[287] gewährt es Angehörigen anderer Verbandsmitglieder die gleichen materiellen Rechte wie Inländern (Grundsatz der Inländerbehandlung).[288] Seit Januar 1999 besteht die Möglichkeit der elektronischen Einreichung.[289]

Die Patentanmeldung muss gemäß Art. 42 Abs. 1 kPatG unter anderem neben den Patentansprüchen eine ausführliche Beschreibung des Patents, falls nö-

---

283 Siehe unten III. 6.

284 Art. 36 Abs. 1 kPatG; Ko, Kwang-Ha, KJCompLaw 1983, S. 51 ff. <59 f.>; Sohn, Kyung-Han, Patent World 1991, S. 20 ff. <21>; Park, Jang-Won, S. 15; Kim, Young-Jin, GRUR Intl. 1999, S. 417 ff. <420>

285 Seit der Rücknahme des Vorbehalts zu Kapitel II PCT v. 01.06.1990 mit Wirkung v. 01.09.1990; dazu GRUR Intl. 1990, S. 167 (168); S. 643; Sohn, Kyung-Han, Patent World 1991, S. 20 ff. <21>; seither besteht des Weiteren auch die Möglichkeit der internationalen Vorprüfung für eine PCT-Anmeldung

286 Sohn, Kyung-Han, Patent World 1991, S. 20 ff. <21>; im Einzelnen: Park, Jang-Won, S. 17 f.

287 Seit 1980, Ko, Kwang-Ha, KJCompLaw 1983, S. 51 ff. <52>; vorher bilaterales Abkommen Korea - Deutschland, Ko, Kwang-Ha, KJCompLaw 1983, S. 51 ff. <52 f.>; Rahn, GRUR Intl. 1978, S. 202 ff. <203, FN 14>

288 Grossmann S. 869 <870>; Hilpert u.a., S. 421; Kim, Young-Jin, GRUR Intl. 1999, S. 417 ff. <420>; zum Erfordernis der privatschriftlichen Bevollmächtigung eines koreanischen Patentanwalts: Park, Jang-Won, S. 16

289 Park, Jang-Won, S. 12 f.

tig mit Zeichnung, enthalten,[290] so dass ein Fachmann die Erfindung unter Anwendung seines eigenen und des ihm zugänglichen Fachwissens ausführen kann (Offenbarung), ferner Ausführungsbeispiele.[291] Zusätzlich verlangt Art. 43 kPatG, wie international üblich, eine abstrahierte Darstellung zur Katalogisierung.[292] Bei der Anmeldung einer Erfindung im Bereich der Mikroorganismen ist außerdem eine Probe bei einer Stelle zu hinterlegen, die durch die World Intellectual Property Organization anerkannt ist.[293]

Ferner ist auch in Korea im Patentanspruch anzugeben, was unter Schutz gestellt werden soll.[294] Hierbei ist zu beachten, dass die Anfechtung nachher auch gegen jeden Anspruch einzeln möglich ist[295] und ggf. zur Nichtigkeit des gesamten Patentes führt.[296]

Hat vor der Patentanmeldung eine Nutzung der Erfindung zu Probezwecken oder eine Veröffentlichung in einer wissenschaftlichen Zeitschrift stattgefunden, fehlt wie im deutschen Recht ihr Neuheitscharakter. Dies gilt jedoch zum einen nur, wenn die Nutzung oder die Veröffentlichung nicht gegen den Willen des Berechtigten erfolgte.[297] Zum anderen kann dieser in den Fällen der Vorveröffentlichung oder des Experiments noch bis zum Ablauf einer Frist von sechs Monaten (Neuheitsschonfrist) seit dem frühestmöglichen Anmeldetermin einen Antrag auf Anerkennung seiner Erfindung als Weltneuheit stellen. Voraussetzung ist allerdings, dass einer der in Art. 30 PatG enumerativ aufgezählten Ausnahmetatbestände vorliegt und der Anmelder dies spätestens 30 Tage nach Antragstellung glaubhaft macht.[298]

Die Prüfung der Erfindung auf ihre Patentfähigkeit erfolgt sodann auf gesondert von der Patentanmeldung zu stellenden Prüfungsantrag.[299] Diesen kann nicht nur der Anmelder oder eine Person mit berechtigtem Interesse, sondern je-

---

290 Ko, Kwang-Ha, KJCompLaw 1983, S. 51 ff. <61>; Park, Jang-Won, S. 4, 23, 26 f.; gemäß Korean. OGH, IIC 1996, S. 385 f. im Falle einer Biotechnologie in detaillierter Beschreibung oder unter Hinterlegung des DNA-Codes

291 Hilpert u.a., S. 425; vgl. Bezirksgericht Suwon, GRUR Intl. 1999, S. 800 ff. <802> mit Hinweis auf Korean. OGH, 96 Hu 258

292 GRUR 1990, S. 167 – Abstract -; Park, Jang-Won, S. 23

293 Park, Jang-Won, S. 20; Hilpert u.a., S. 426; Ebenroth u.a., RIW 1994 Beilage, S. 1 ff. <8> 2. a) mwN; KIPO, S. 3

294 Art. 42 Abs. 2 kPatG

295 Sohn, Kyung-Han, Patent World 1991, S. 20 ff. <22>; Park, Jang-Won, S. 36; zur Aufstellung von Unteransprüchen vgl. Kockläuner, Mitt. Dt. PatAnw 1987, S. 210 ff. <210>

296 Korean. OGH, GRUR Intl. 1997, S. 272 f.

297 GRUR Intl. 1994, S. 644; Park, Jang-Won, S. 9

298 Park, Jang-Won, S. 9; vgl. zu Art. XI § 3 Abs. 6 PVÜ -Neuheitscharakter-: BGH, RIW 1992, S. 312

299 Kim, Young-Jin, GRUR Intl. 1999, S. 417 ff. <420>

dermann stellen, so dass es des Antrages eines Dritten auf Fristsetzung hinsichtlich des Prüfungsantrages des Anmelders, wie er im deutschen Recht möglich ist,[300] nicht bedarf. Wie im deutschen Recht ist eine Rücknahme des Prüfungsantrags zum Schutz vor Manipulationen nicht statthaft.[301]

Zur Beschleunigung des Verfahrens kann der Prüfungsantrag gleichzeitig mit der Patentanmeldung gestellt werden. Wird er nicht innerhalb einer Frist von fünf Jahren seit dem Tag der Anmeldung gestellt, so verfällt die Anmeldung.[302]

Grundsätzlich 18 Monate nach Einreichung der vollständigen Anmeldeunterlagen legt das Patentamt die Patentanmeldung im Patentblatt offen (früher: Patent Gazette[303]; heute: Official CD-ROM Patent Laying-Open Gazette[304]), sofern die formellen und materiellen Voraussetzungen für die Erteilung eines Patents auf die Erfindung vorliegen. Im Zuge der Angleichung des Patentgesetzes an die Maßgaben des TRIPs-Abkommens mit Wirkung vom 01.07.1997 wurde dem Anmelder ermöglicht, eine frühere Offenlegung zu beantragen.[305] Damit erlangt der Anmelder bereits früher den vorläufigen Schutz der Offenlegung, nämlich das Recht zur Abmahnung und die Möglichkeit, nach erfolgter Patenterteilung rückwirkend Schadensersatz geltend zu machen.[306]

Wird hingegen festgestellt, dass die Erfindung nicht patentfähig ist, der Anmelder zur Anmeldung nicht berechtigt gewesen ist oder die Patenterteilung den Missbrauch eines bereits bestehenden Patents darstellen würde, wird dem Anmelder nach Mitteilung der Gründe der bevorstehenden Zurückweisung Gelegenheit gegeben, die Hindernisse der Erteilung zu beseitigen.[307] Gelingt ihm die Beseitigung der Hindernisse auch nur hinsichtlich eines einzelnen Anspruches nicht, wird die Anmeldung zurückgewiesen.[308] Eine Vervollständigung oder Korrektur der Anmeldung ist nach Ablauf der ersten 15 Monate seit Anmeldung unter anderem gleichzeitig mit Stellung des Prüfungsantrages möglich bzw. innerhalb von drei Monaten, nachdem die Stellung eines Prüfungsantrages von dritter Seite durch das Korean Intellectual Property Office gemeldet wird.[309]

---

300 Siehe oben b) aa)
301 Siehe oben b) aa)
302 Park, Jang-Won, S. 29
303 Sohn, Kyung-Han, Patent World 1991, S. 20 ff. <21>; KIPO, S. 11
304 Park, Jang-Won, S. 28
305 GRUR 1997, S. 176 <177>; Park, Jang-Won, S. 28; Kim, Young-Jin, GRUR Intl. 1999, S. 417 ff. <420>
306 GRUR 1997, S. 176 <177>
307 KIPO, S. 11; Park, Jang-Won, S. 31; Hilpert u.a., S. 427 f.
308 Park, Jang-Won, S. 31; Korean. OGH, GRUR Intl. 1997, S. 272 f.
309 Park, Jang-Won, S. 32

Die erteilungsreife Patentanmeldung wird sodann zunächst in der Registration Publication Gazette veröffentlicht.[310] Wird innerhalb von drei Monaten nach der Veröffentlichung der Anmeldung im Patentblatt kein begründeter Einspruch erhoben, wird das Patent nach Zahlung der Patentgebühr im Patentregister eingetragen.[311] Nun hat der Patentinhaber das alleinige Recht zur Nutzung. Er kann es u.a. nutzen, übertragen und daraus Lizenzen erteilen.[312]

Zur Aufrechterhaltung des Patents sind vom vierten Jahr an jährlich Patentgebühren zu entrichten.[313]

c) Der Rechtsschutz im Patentrecht

Ein Rechtsschutzbedürfnis seitens des Anmelders und späteren Inhabers wie auch von Seiten Dritter besteht zum einen wegen Unstimmigkeiten bei der Erteilung des Patents. Die entsprechenden Rechtsmittel werden teils gegen das Patentamt gerichtet,[314] teils gegen den Anmelder bzw. Patentinhaber.[315]

Zum anderen ist der Inhaber eines Patentrechts rechtsschutzbedürftig gegenüber allen Verletzungen seines Rechts durch Private, wofür privatrechtliche und strafrechtliche Instrumente vor den ordentlichen Gerichten zur Verfügung stehen.[316]

Schließlich sind auch Dritte gegenüber dem berechtigten oder - etwa der Erfinder – gegenüber dem unberechtigten Patentrechtsinhaber schutzbedürftig, wofür zivilrechtliche Rechtsmittel gegen diesen bestehen.[317]

Dies gilt gleichermaßen in Deutschland wie in Korea.[318]

aa) Der Rechtsschutz gegen Entscheidungen des Patentamtes

(1) Der Rechtsschutz gegen Entscheidungen des Patentamtes gemäß deutschem Recht

Nach Veröffentlichung der Erteilung durch das Deutsche Patentamt kann das Patent binnen drei Monaten mit einem ebendort einzulegenden Einspruch mit

---

310 Park, Jang-Won, S. 36
311 Ko, Kwang-Ha, KJCompLaw 1983, S. 51 ff. <61>; Park, Jang-Won, S. 35 f.
312 Ko, Kwang-Ha, KJCompLaw 1983, S. 51 ff. <63 f.>; Park, Jang-Won, S. 40
313 Park, Jang-Won, S. 35, 39
314 Einseitiges Verfahren: Kim, Young-Jin, GRUR Intl. 1999, S. 417 ff. <421>
315 Mehrseitiges Verfahren: Kim, Young-Jin, GRUR Intl. 1999, S. 417 ff. <422>
316 Hilpert u.a., S. 430; Marshall, IIC 2000, S. 646 ff. <647 f.>
317 Vgl. Kim, Young-Jin, GRUR Intl. 1999, S. 417 ff. <423>; Marshall, IIC 2000, S. 646 ff. <647>
318 Cho, Tae-Yeon, S. 7 <10>

dem Ziel des Widerrufs des Patents angegriffen und hinsichtlich der Erteilungsvoraussetzungen überprüft werden.[319] Diese Einspruchsmöglichkeit steht jedermann zu. Der Berechtigte kann allerdings im Falle der Anmeldung durch einen Nichtberechtigten gleichzeitig die Erfindung nachanmelden.[320]

Erkennt das Deutsche Patentamt im Rahmen des Einspruchsverfahrens, dass das Patent ganz oder teilweise nicht aufrechterhalten werden kann, so wird das Patent entsprechend widerrufen.[321] Auf den Widerruf kann der Anmelder die Beschwerde beim Deutschen Patentamt gemäß § 61 lit. f) dPatG erheben.

Wird hingegen das Patent trotz des Einspruchs ganz oder teilweise aufrechterhalten, so kann der Einspruchsführer seinerseits gemäß § 61 lit. f) dPatG Beschwerde erheben.

Die Beschwerde von Seiten des Anmelders ist nach § 42 Abs. 3 bzw. § 48 dPatG auch gegen die Zurückweisung der Patentanmeldung möglich.

Die Erteilungsbeschlüsse des Europäischen Patentamtes können mit dem Einspruch angefochten werden. Nach der Veröffentlichung der Patenterteilung beträgt die Frist neun Monate.[322] Die Einspruchsentscheidung ist mit der Beschwerde bei einer Beschwerdekammer des Europäischen Patentamtes angreifbar.[323] Die Rechtsfolgen des erfolgreichen Rechtsmittels entsprechen denen nach deutschem Recht.[324]

Die Entscheidungen des Patentamtes, die den Anmelder oder den Einspruchsführer beschweren, können mit der Beschwerde nach § 73 dPatG zum Bundespatentgericht (BPatG) angegriffen werden. Die Entscheidung des BPatG kann wiederum mit der Rechtsbeschwerde nach § 100 dPatG zur Überprüfung durch den BGH gestellt werden.

Die Klage auf Erklärung der Nichtigkeit des erteilten Patentes wird formell gegen den Patentinhaber geführt. Sie wird vor dem BPatG erhoben[325] und ist nicht fristgebunden. § 81 Abs. 2 dPatG und für internationale Patente Art. II § 6 IntPatÜG legen jedoch fest, dass eine Nichtigkeitsklage erst nach Ablauf der Einspruchsfrist oder, falls Einsprüche erfolgen, nach rechtskräftiger Erledigung aller Einsprüche erhoben werden kann, so dass frühestens drei Monate nach Veröffentlichung der Patenterteilung beim Bundespatentgericht[326] eine Nichtigkeitsklage erhoben werden kann.

---

319 §§ 59, 21 Abs. 1 Nr. 3 dPatG
320 § 7 Abs. 2 dPatG
321 § 61, 62 dPatG
322 Art. 99 ff. EPÜ
323 Art. 106 - 112 EPÜ
324 Art. 102 EPÜ
325 § 31 Abs. 1 S. 1, Abs. 4 S. 1 dPatG; Marshall, IIC 2000, S. 646 ff. <665>
326 § 59 Abs. 1 dPatG

Nach Erlöschen eines Patentes kann sie erhoben werden, wenn hierfür das erforderliche Rechtsschutzbedürfnis, beispielsweise wegen einer noch schwebenden Schadensersatzklage, gegeben ist. Ansonsten ist ein Rechtsschutzbedürfnis nicht Zulässigkeitsvoraussetzung.

Ebenso ist die Klagebefugnis keine Zulässigkeitsvoraussetzung. Die Nichtigkeitsklage ist Popularklage. Die Zulässigkeit kann daher nur in Ausnahmefällen ausgeschlossen werden, etwa weil sich eine Nichtigkeitsklage als unzulässige Rechtsausübung darstellt.

Eine Nichtigkeitsklage kann in jeder Lage des Verfahrens bis zur Verkündung des berufungsgerichtlichen Urteils zurückgenommen werden. Die Regelung des § 269 ZPO gilt für die Patentnichtigkeitsklage nicht. Eine Rücknahme der Klage ist daher auch ohne Einwilligung des Beklagten möglich.[327]

Wesentliche Voraussetzung hingegen sind die Nichtigkeitsgründe des § 22 Abs. 1 i.V.m. § 21 Abs. 1 PatG. Diese liegen etwa vor, wenn es an einer Lehre zum technischen Handeln, an einer Erfindung im Sinne von § 1 Abs. 2 PatG, an der Neuheit nach § 3 PatG, an der erfinderischen Tätigkeit nach § 4 PatG oder an der gewerblichen Anwendbarkeit nach § 5 PatG fehlt. Ferner kann die Nichtigkeitsklage auf mangelhafte Offenbarung,[328] unzulässige Erweiterung,[329] widerrechtliche Entnahme[330] und auf Erweiterung des Schutzbereiches[331] gestützt werden.

Das einer Nichtigkeitsklage stattgebende Urteil ist ein Gestaltungsurteil mit Wirkung für und gegen jedermann. Es beseitigt die Wirkung des Patentes mit rückwirkender Kraft.[332]

Berufung gegen das Urteil eines der Nichtigkeitssenate des BPatG wird beim BGH eingelegt,[333] der als zweite Tatsacheninstanz tätig wird.

(2) Der Rechtsschutz gegen Entscheidungen des Patentamtes gemäß koreanischem Recht

Rechtsschutzbegehren des Anmelders eines Patentes oder eines Einspruchsführers gegen Entscheidungen im Erteilungsverfahren sind vor der beim Patentamt errichteten, aus drei Prüfern bestehenden Patentbeschwerdekammer zu erhe-

---

327 BGH, Blatt für PMZ 1953, S. 382; BGH, GRUR 1965, S. 297
328 § 21 Abs. 1 Nr. 2 dPatG; Art. 100 b EPÜ
329 § 21 Abs. 1 Nr. 4 dPatG; Art. 100 c EPÜ
330 § 21 Abs. 1 Nr. 3 dPatG
331 § 22 dPatG
332 § 22 Abs. 2 i.V.m. § 21 Abs. 2 S. 1 und S. 2 dPatG; BGH Z 18, S. 81
333 § 110 Abs. 1 S. 1 dPatG

ben.[334] Gegen die belastende Entscheidung der Patentbeschwerdekammer steht dem Anmelder der Rechtsweg zum Patentgericht und letztinstanzlich zum Obersten Gerichtshof offen.[335]

Nach der Eintragung des Patentes bleibt als letztes Mittel, gegen sein Bestehen vorzugehen, die Erhebung der Nichtigkeitsklage vor der Patentbeschwerdekammer.[336]

Die Nichtigkeitsklage ist auf folgende, im Gesetz abschließend aufgeführte Gründe zu stützen: Zunächst liegt Vernichtbarkeit vor bei fehlendem Neuheitscharakter.[337] Des Weiteren sind Patente im Bereich der gentechnischen Erzeugung neuer Pflanzenarten vernichtbar, wenn der Rahmen des Art. 31 kPatG überschritten wird. Gleiches gilt für Patente über Erfindungen im kerntechnischen Bereich[338] sowie für solche, die die öffentliche Ordnung oder die guten Sitten oder die Volksgesundheit zu stören geeignet sind.[339] Weitere Klagegründe sind der Verstoß gegen das Verbot der Patentierung an Mitarbeiter der Patentverwaltung[340] und die Missachtung des Prioritätsprinzips[341], ferner der Verstoß gegen die Darlegungspflichten des Art. 42 Abs. 3, 4 kPatG. Schließlich ist eine Patenterteilung vernichtbar, wenn das Patent entgegen Art. 133 Abs. 1 Nr. 1 i.V.m. Art. 44 kPatG nicht zugunsten sämtlicher Miterfinder, entgegen Art. 133 Abs. 1 Nr. 2 kPatG an unbefugte Personen oder unter Verstoß gegen ein internationales Abkommen im Sinne des Art. 133 Abs. 1 Nr. 3 kPatG[342] erteilt wird.

Die Nichtigkeitsklage kann während der gesamten Laufzeit des Patentes,[343] und zwar außer vor der Patentbeschwerdekammer auch vor einem Schiedsgericht erhoben werden. Allerdings wirkt die Entscheidung des letzteren nur zwischen den Parteien des Verfahrens. Der Inhaber eines Patentes, das von einem Schiedsgericht für nichtig erklärt wurde, kann sich gegenüber Dritten auch nach der Nichtigkeitserklärung noch auf sein Patent berufen.[344]

---

334 Siehe oben II. 1. a); Art. 133 ff. kPatG; Park, Jang-Won, S. 50, 51, 52; vgl. etwa Bezirksgericht Suwon, GRUR Intl. 1999, S. 800 ff. <801>

335 Siehe oben II. 1. a); Cho, Tae-Yeon, S. 7; GRUR Intl. 1994, S. 968; Park, Jang-Won, S. 50, 57, 60; vgl. Kim, Young-Jin, GRUR Intl. 1999, S. 417 ff. <421>

336 Park, Jang-Won, S. 50; vgl. Kim, Young-Jin, GRUR Intl. 1999, S. 417 ff. <422>

337 Siehe oben III. 1. a) aa) (2); GRUR 1994, S. 644; Art. 133 Abs. 1 Nr. 1 i.V.m. Art. 29 kPatG; Park, Jang-Won, S. 53

338 Art. 133 Abs. 1 Nr. 1 i.V.m. Art. 32 Nr. 1 kPatG

339 Art. 133 Abs. 1 Nr. 1 i.V.m. Art. 32 Nr. 2 kPatG; vgl. oben III. 1. a) aa) (2)

340 Art. 133 Abs. 1 Nr. 1 i.V.m. Art. 33 kPatG

341 Siehe oben III. 1. b) bb); Art. 133 Abs. 1 Nr. 1 i.V.m. Art. 36 kPatG; Park, Jang-Won, S. 54

342 Park, Jang-Won, S. 54; auch nachträglich, Art. 133 Abs. 1 Nr. 4 kPatG

343 GRUR Intl. 1990, S. 167

344 Ebenroth u.a., RIW 1994 Beilage, S. 1 ff. <4>

Wird das Patent mit Wirkung für und gegen jedermann rechtskräftig für nichtig erklärt, so ist die Rückerstattung zuviel gezahlter Jahresgebühren innerhalb eines Jahres zu beantragen.[345]

bb) Der Privatrechtsschutz

Die Verletzung eines Patentes ergibt sich aus Herstellung, Gebrauch, Übertragung, Verleihung, Einfuhr, Anbieten oder Verkauf etc. eines auf der patentierten Erfindung beruhenden Produktes.[346] Die diesbezüglichen Rechtsverhältnisse sind privatrechtlicher Natur.[347] Gleichermaßen privatrechtlicher Natur sind die Ansprüche des eigentlich Berechtigten gegen den Anmelder bzw. Inhaber etwa auf Auskunftserteilung und Herausgabe von Erfindung und Schutzrecht.

(1) Der Rechtsschutz des Patentinhabers gegen den Verletzer

(a) Der Rechtsschutz des Patentinhabers gegen den Verletzer gemäß deutschem Recht

Dem Patentinhaber steht bei gegebener Besorgnis künftiger objektiv rechtswidriger Nutzung einer patentierten Erfindung ungeachtet jeglichen Verschuldens des Nutzers[348] ein Unterlassungsanspruch gegen diesen zu.[349] Hierzu steht ihm auch einstweiliger Rechtsschutz zur Verfügung.[350] Die für das Rechtsschutzbedürfnis erforderliche Besorgnis künftiger Rechtsverletzungen ergibt sich dabei aus der Wiederholungsgefahr oder aus der Erstbegehungsgefahr.[351] Für den einstweiligen Rechtsschutz ist u.a. ferner Eilbedürftigkeit.[352]

Ebenso verschuldensunabhängig besteht der Anspruch auf Herausgabe der entstandenen Bereicherung.[353]

Darüber hinaus ist der Patentinhaber berechtigt, bei rechtswidriger und schuldhafter Nutzung eines Patentes Schadensersatz zu verlangen.[354] Da die Rechtsprechung schuldhaftes Handeln bereits dann als gegeben ansieht, wenn

---

345 GRUR Intl. 1994, S. 644
346 Ko, Kwang-Ha, KJCompLaw 1983, S. 51 ff. <64>; Park, Jang-Won, S. 62; Hilpert u.a., S. 429
347 Marshall, IIC 2000, S. 646 ff. <647>
348 BGH Z 14, S. 163
349 § 139 Abs. 1 dPatG
350 Marshall, IIC 2000, S. 646 ff. <657>
351 BGH, GRUR 1970, S. 358
352 Marshall, IIC 2000, S. 646 ff. <657>
353 Eingriffskondiktion; BGH, GRUR 1987, S. 520
354 § 139 Abs. 2 dPatG

vor Aufnahme der Benutzung unterlassen wurde, Informationen über ein möglicherweise bestehendes Patent an dem benutzten Gegenstand oder Verfahren einzuholen, ist in der Praxis in vielen Fällen von Verschulden auszugehen.[355]

Der Patentinhaber kann seinen Schaden auf drei alternative Berechnungsarten geltend machen. Die erste Art der Berechnung stellt auf den konkret entstandenen Schaden einschließlich des entgangenen Gewinns ab.[356] Die zweite, bereicherungsrechtliche Methode ist die Orientierung am Verletzergewinn, der herauszugeben ist.[357] Die dritte Variante orientiert sich an einer angemessenen Lizenzgebühr.[358]

Um dem Patentinhaber die Möglichkeit zu geben, seinen Schadensersatz entsprechend den bestehenden drei Wahlmöglichkeiten zu berechnen, steht ihm als Hilfsanspruch gegenüber dem Verletzer ein Auskunftsanspruch zu, etwa auf Benennung gewerblicher Hersteller und Händler,[359] Angabe der Menge der hergestellten Waren,[360] Rechnungslegung[361] etc.

Klagen aufgrund einer Patentverletzung sind sogenannte Patentstreitsachen im Sinne von § 143 Abs. 1 dPatG, für die die ausschließliche sachliche Zuständigkeit bei den Landgerichten liegt.[362] Durch Verordnungen der Landesregierungen, teilweise Staatsverträge wurden spezielle Patentstreitkammern an wenigen Landgerichten eingerichtet.[363] Die örtliche Zuständigkeit richtet sich nach §§ 12 ff. dZPO, insbesondere nach § 32 dZPO, und ist soweit eröffnet, wie der Verletzer verletzende Gegenstände anbietet.[364] Der Instanzenzug geht über das Oberlandesgericht zum Bundesgerichtshof.[365]

Der Verletzungsrechtsstreit kann ausgesetzt werden, falls der Beklagte gegen das Patent eine Nichtigkeitsklage erhebt und das Gericht davon ausgeht, dass die Nichtigkeitsklage jedenfalls nicht von vornherein offensichtlich ohne Aussicht auf Erfolg ist.[366] Der Prozess kann insbesondere dann ausgesetzt werden, wenn der Kläger gemäß § 33 dPatG vorgeht und sich auf ein offengelegtes, aber noch nicht erteiltes Patent stützt.[367]

---

355 Z.B.: BGH, GRUR 1977, S. 598; BGH, GRUR 1977, S. 250
356 §§ 249, 252 dBGB, 287 dZPO; BGH Z 77, S. 16; BGH, GRUR 1979, S. 869
357 §§ 687 Abs. 2, 681, 667 dBGB; BGH, GRUR 1962, S. 401
358 BGH, GRUR 1966, S. 375; BGH, GRUR 1980, S. 841
359 § 140 b Abs. 2 dPatG
360 Braun, CR 1994, S. 726 ff. <731>
361 BGH, GRUR 1957, S. 536; BGH, GRUR 1962, S. 398
362 Marshall, IIC 2000, S. 646 ff. <647>
363 Vgl. Marshall, IIC 2000, S. 646 ff. <651>
364 U.U. bundesweit: Marshall, IIC 2000, S. 646 ff. <651>
365 Marshall, IIC 2000, S. 646 ff. <649>
366 § 148 dZPO; Marshall, IIC 2000, S. 646 ff. <665>
367 § 140 dPatG

Ist im Falle des noch nicht erteilten Patents zudem noch kein Prüfungsantrag gemäß § 44 dPatG gestellt worden, so hat das Gericht auf Antrag des Beklagten eine Frist zur Stellung dieses Antrages zu setzen. Falls der Patentanmelder innerhalb der gesetzten Frist keinen Prüfungsantrag stellt, kann er in dem Rechtsstreit aus der Anmeldung keine weiteren Rechte geltend machen, die Klage ist abzuweisen.

(b) Der Rechtsschutz des Patentinhabers gegen den Verletzer gemäß koreanischem Recht

Der Patentinhaber ist wie im deutschen Recht berechtigt, Unterlassung der Schutzrechtsverletzung zu verlangen.[368] Hierzu steht ihm – wie auch im deutschen Recht - einstweiliger Rechtsschutz zur Verfügung.[369]

Bei verschuldeter Patentrechtsverletzung kann er auf Schadensersatz klagen. Dabei wird im Unterschied zum deutschen Recht Fahrlässigkeit kraft Gesetzes widerleglich vermutet.[370] Die Schadenshöhe wird zugunsten des Inhabers am Gewinn des Verletzers gemessen, sofern nicht ein höherer Schaden vom Rechtsinhaber, ein niedrigerer vom Verletzer bewiesen wird.[371]

Dem Patentinhaber steht auch bei gegebener Besorgnis künftiger objektiv rechtswidriger Nutzung einer patentierten Erfindung ungeachtet jeglichen Verschuldens des Nutzers ein Unterlassungs-anspruch gegen diesen zu.[372] Ferner kann er ein gerichtliches Beweissicherungsverfahren einleiten.[373]

Der Patentanmelder kann vom Zeitpunkt der Veröffentlichung seines Antrages im Patentblatt[374] zum Zwecke der Wiederherstellung seines Geschäftsrufes[375] die gerichtliche Feststellung erwirken, dass eine Erfindung, die eine dritte

368 Sohn/Jong/Choe, S. 691 ff. <699>; Park, Jang-Won, S. 63; zur Auslegung des Patentanspruchs im Verletzungsprozess: Bezirksgericht Suwon, IIC 2000, S. 447 ff. <450 f.>

369 Park, Jang-Won, S. 65; Hilpert u.a., S. 431

370 Art. 130 kPatG; Park, Jang-Won, S. 66; Hilpert u.a., S. 430

371 Art. 128 kPatG; GRUR Intl. 1990, S. 167 (168); Park, Jang-Won, S. 66; Sohn, Kyung-Han, Patent World 1991, S. 20 ff. <25>; Hilpert u.a., S. 430

372 Park, Jang-Won, S. 63

373 Park, Jang-Won, S. 63 f.

374 Vgl. oben III. 1. b) bb); Sohn, Kyung-Han, Patent World 1991, S. 20 ff. <21>; KIPO, S. 11

375 Ko, Kwang-Ha, KJCompLaw 1983, S. 51 ff. <65>

Person für sich in Anspruch nimmt, zum Bereich seines Patentrechtes gehört,[376] ferner eine schriftliche Ehrenerklärung vom Verletzer verlangen.[377]

Der Verletzungsrechtsstreit kann ausgesetzt werden, falls der Beklagte gegen das Patent eine Nichtigkeitsklage erhebt.[378]

(2) Der Rechtsschutz gegen den unberechtigten Patentanmelder bzw. -inhaber

(a) Der Rechtsschutz gegen den unberechtigten Patentanmelder bzw. -inhaber gemäß deutschem Recht

Bereits im Erteilungsverfahren kann der wahre Berechtigte klageweise im Wege der erfindungsrechtlichen Vindikation vom Patentanmelder verlangen, dass der Anspruch auf Erteilung des Patentes abgetreten wird.[379] Nach der Patenterteilung kann er auf gleichem Wege die Übertragung des erteilten Patents verlangen.[380]

Zur Geltendmachung der genannten Ansprüche ist es erforderlich, dass eine widerrechtliche Entnahme im Sinne des Patentgesetzes vorliegt. Dies ist dann gegeben, wenn der Anmelder aus den Unterlagen des wahren Berechtigten Kenntnis von der Erfindung erlangt und ohne dessen Einwilligung die Anmeldung der Erfindung vornimmt.

Neben der Vindikation, die ein Rechtsmittel gegen die Verletzung des Erfindungsbesitzes darstellt, kann nach der Patenterteilung auf die widerrechtliche Entnahme auch eine Nichtigkeitsklage gestützt werden.[381]

(b) Der Rechtsschutz gegen den unberechtigten Patentanmelder bzw. -inhaber gemäß koreanischem Recht

Die Vindikationsrechte bestehen im koreanischen Recht wie im deutschen. Umgekehrt kann jeder Dritte feststellen lassen, dass seine Erfindung nicht zum Bereich des Patentrechts des Patentinhabers gehört.[382]

---

376 Vgl. Park, Jang-Won, S. 54 f.

377 Art. 131 kPatG; Sohn, Kyung-Han, Patent World 1991, S. 20 ff. <25>; Park, Jang-Won, S. 63, 67

378 Art. 163 Abs. 2 kPatG; siehe auch Bezirksgericht Suwon, IIC 2000, S. 447 ff. <450>

379 § 8 Abs. 1 dPatG

380 § 8 Abs. 2 dPatG

381 §§ 22, 21 Abs. 1 Nr. 3 dPatG

382 Art. 135 kPatG; Park, Jang-Won, S. 55; Hilpert u.a., S. 429 f.; vgl. auch Bezirksgericht Suwon, GRUR Intl. 1999, S. 800 ff. <801>

cc) Strafrechtliche Konsequenzen bei Patentrechtsverletzungen

Die vorsätzliche Patentrechtsverletzung wird im deutschen Recht gemäß § 142 Abs. 1 dPatG mit einer Freiheitsstrafe bis zu drei Jahren, im Falle der Gewerbsmäßigkeit gemäß Abs. 2 mit einer Freiheitsstrafe bis zu fünf Jahren bestraft, was allerdings in der Praxis keine Bedeutung hat.[383]

In Korea wird die vorsätzliche Patentrechtsverletzung mit Freiheitsstrafe bis zu fünf Jahren und mit Geldstrafe bis zu 50 Mio. Won geahndet.[384] Ferner wird die fälschliche Behauptung eines Patentrechtes oder einer Patentanmeldung mit Freiheitsstrafe bis zu drei Jahren oder Geldstrafe bis zu 20 Mio. Won belegt.[385]

2. Der Sortenschutz

In Korea sind Pflanzenzüchtungen und vergleichbare Entwicklungen möglicher Gegenstand des Patentschutzes.[386] In Deutschland hingegen sind diese vom Patentschutz weitgehend ausgeschlossen,[387] allerdings Schutzgegenstand des im Jahre 1968 erlassenen Sortenschutzgesetzes (SSG),[388] dessen Vorgänger das Saatschutzgesetz von 1953[389] war.[390]

a) Gegenstand des deutschen Sortenschutzrechts

Seit der Entscheidung des BGH zur Patentierbarkeit von neuen Züchtungen[391] steht fest, dass diese nicht etwa deswegen vom Patentschutz ausgeschlossen sind, weil sie keine technische Lehre enthalten, sondern weil ihnen in der Regel die Wiederholbarkeit fehlt. Ergebnisse der Züchtungstätigkeit sollten allein durch das SSG geschützt sein.

Das SSG gewährt einer Pflanzensorte dann Schutz, wenn sie unterscheidbar, homogen, beständig, neu und durch eine eintragbare Sortenbezeichnung benannt

383 Marshall, IIC 2000, S. 646 ff. <648>
384 Park, Jang-Won, S. 68; vgl. auch Sohn, Kyung-Han, Patent World 1991, S. 20 ff. <25>; 1000 koreanische Won entsprechen ca. 0,80 Euro, April 2003
385 Park, Jang-Won, S. 70
386 Siehe oben: III. 1. a) (aa) (2)
387 Siehe oben: III. 1. a) (aa) (1)
388 Gesetz über den Schutz von Pflanzensorten vom 20.05.1968, BGBl. 1968 I, S. 429
389 Saatschutzgesetz vom 27.06.1953, BGBl. I 1953, S. 450
390 Deutschland ist der Fassung von 1991 des internationalen Abkommens über den Schutz von Pflanzenzüchtungen (UPOV) beigetreten, GRUR Intl. 1998, S. 821
391 BGH, GRUR 1969, S. 672

ist.[392] Dabei genügt die Pflanze einer Sortenzugehörigkeit dem Kriterium der Unterscheidbarkeit, wenn sie sich wenigstens in einem wichtigen Merkmal von den Pflanzen anderer Sorten, die am Antragstag allgemein bekannt sind, deutlich unterscheidet.[393]

Homogenität liegt dann vor, wenn die Pflanzen einer Sortenzugehörigkeit unter Berücksichtigung der Besonderheiten der Vermehrung in den für die Unterscheidbarkeit wichtigen Merkmalen, von wenigen Abweichungen abgesehen, hinreichend gleich sind.[394]

Die geforderte Beständigkeit zeigt sich in dem Wiederfinden der für die Unterscheidbarkeit wichtigen Merkmale nach der Vermehrung oder dem jeweiligen Vermehrungszyklus.[395] Damit grenzt sich das Sortenschutzrecht, wie bereits erwähnt,[396] vom Patentrecht durch Verzicht auf das Erfordernis der Wiederholbarkeit ab.

Die Neuheit der Sorte ist dann zerstört, wenn die Sorte mehr als ein Jahr vor der Schutzanmeldung im Inland in den Verkehr gebracht wurde.[397] Die Neuheitsschonfrist beträgt beim Inverkehrbringen im Ausland vier Jahre.

Letzte Voraussetzung für den Sortenschutz ist der markenrechtliche Aspekt, dass die Sorte durch eine eintragbare Sortenbezeichnung benannt sein muss.

Anstelle des Offenbarungserfordernisses des Patentrechts genügt hier eine Hinterlegung des Sortenmaterials beim Bundessortenamt. Ferner ist die aus dem Patent- und Gebrauchsmustergesetz bekannte Forderung nach Erfindungstiefe für den Sortenschutz keine Schutzvoraussetzung. Des Weiteren umfasst der Sortenschutz auch reine Entdeckungen (Mutanten).

Der Sortenschutz gewährt dem Ursprungszüchter oder Entdecker der Sorte die alleinigen Verwertungs- und Nutzungsrechte, eine gemeinschaftliche Züchtung oder Entdeckung führt zur gemeinschaftlichen Rechtsinhaberschaft.[398] Als Einschränkung des Nutzungsmonopols mag angesehen werden, dass die Verwendung von Vermehrungsmaterial einer geschützten Sorte für die Züchtung einer neuen Sorte nicht der Zustimmung des Sortenschutzinhabers bedarf.[399]

Der Schutz der Sorte beträgt 25 Jahre, für bestimmte Sorten bis zum Ende des 30. auf die Erteilung folgenden Kalenderjahres.[400]

---

392 § 1 SSG
393 § 3 SSG
394 § 4 SSG
395 § 5 SSG
396 Siehe oben; BGH, GRUR 1969, S. 672
397 § 6 SSG
398 § 8 SSG
399 § 10 SSG
400 § 13 SSG

b) Das Verfahren zur Erlangung des Sortenschutzes

Zur Erlangung des Sortenschutzes ist ein Antrag beim Bundessortenamt erforderlich,[401] der ein förmliches Verwaltungsverfahren eröffnet. Nach Prüfung der formalen Voraussetzungen des Antrages macht das Bundessortenamt den Sortenschutzantrag bekannt.[402] Gegen die Erteilung des Sortenschutzes kann jedermann beim Bundessortenamt schriftliche Einwendungen erheben.[403] Die Einwendungen gegen die Erteilung des Sortenschutzes können nur auf begrenzte Tatbestände gestützt werden, etwa dass die Sorte nicht unterscheidbar, nicht homogen, nicht beständig oder nicht neu sei, dass der Antragsteller nicht berechtigt sei oder dass die Sortenbezeichnung nicht eintragbar sei.[404]

c) Der Rechtsschutz im Sortenschutzrecht

Für den Fall der Verletzung des Sortenschutzrechtes etwa durch Erzeugung oder Inverkehrbringung von Vermehrungsmaterial oder durch Nutzung einer Sortenbezeichnung steht dem Inhaber des Sortenschutzrechts ein verschuldensunabhängiger Unterlassungsanspruch zu.[405]

Daneben kann der Inhaber im Falle von vorsätzlichem oder fahrlässigem Handeln Schadensersatz vom Verletzer geltend machen.[406]

Bei Auseinanderfallen von materieller Berechtigung des Züchters oder Entdeckers und formeller Stellung des Anmelders oder Inhabers sehen §§ 25 Abs. 2 Nr. 2 und Abs. 5 SSG ein der aus dem Patentrecht bekannten erfindungsrechtlichen Vindikation vergleichbares Rechtsinstrument vor.

Ferner kann der Inhaber einer älteren Sortenbezeichnung gegen den Anmelder einer jüngeren Marke nach dem Markengesetz,[407] gegen den Benenner einer jüngeren Sortenbezeichnung nach dem Sortenschutzgesetz[408] vorgehen.

---

401 § 21 ff. SSG
402 § 24 SSG
403 § 25 SSG
404 § 25 Abs. 2 Nr. 1, 2, 3 SSG
405 § 37 Abs. 1 SSG
406 § 27 Abs. 2 SSG
407 § 13 Abs. 2 Nr. 4 dMG
408 § 30 Abs. 2 Nr. 3 SSG

3. Das Gebrauchsmuster

a) Der Gegenstand des Gebrauchsmusterrechts

aa) Der Gegenstand des Gebrauchsmusterrechts nach deutschem Recht

Das Gebrauchsmustergesetz (GebrMG) wurde aus historischen Gründen erlassen. Das deutsche Patentgesetz aus dem Jahre 1877 war nicht für kleinere Erfindungen gedacht, und auch das Geschmacksmustergesetz eignete sich nicht für den Schutz dieser Erfindungen. Das Gebrauchsmusterrecht ist vollständig an die Regeln des Patentgesetzes angepasst, so dass im Wesentlichen auf die Darstellung des Patentrechts verwiesen werden kann und hier in erster Linie einige Grundzüge und Abweichungen zum Patentrecht dargestellt werden.

Ein Gebrauchsmuster schützt Erfindungen, die neu sind, die auf einem erfinderischen Schritt beruhen und gewerblich anwendbar sind.[409]

Dabei muss es sich entsprechend den Regeln des Patentgesetzes vom Stand der Technik als neu abheben.[410] Der Stand der Technik wird dabei ähnlich wie im Patentrecht definiert, allerdings mit dem Unterschied, dass erstens lediglich schriftliche Beschreibungen im In- und Ausland als neuheitsschädlich gelten, mündliche Beschreibungen im Ausland dagegen nicht, dass zweitens wie im koreanischen Patentrecht[411] nur inländische offenkundige Vorbenutzungen die Neuheit zerstören. Eine weitere Besonderheit liegt in der sechsmonatigen Neuheitsschonfrist,[412] die sich auch im koreanischen Patentgesetz findet, die im deutschen Patentgesetz in dieser Form jedoch fehlt. Eine Anmeldung innerhalb dieses Zeitraums nach einer an sich neuheitsschädlichen Beschreibung oder Benutzung durch den Anmelder oder seinen Rechtsvorgänger scheitert nicht an mangelnder Neuheit wegen dieser Vorveröffentlichung.

§ 1 Abs. 1 GebrMG erfordert für die Schutzgewährung bloß das Vorliegen eines erfinderischen Schrittes im Gegensatz zur erfinderischen Tätigkeit, die für ein Patent notwendig ist. Erforderlich ist eine gewisse Erfindungsqualität, die sich nicht nur in einem rein handwerklichen Können dokumentiert. Wie im Patentrecht wird diese Erfindungsqualität durch eine mosaikartige Betrachtung und durch die Heranziehung von Beweiszeichen festgestellt.

Des Weiteren muss die dem Gebrauchsmuster zugrunde liegende Erfindung gewerblich anwendbar sein.[413] Gemäß § 3 Abs. 2 GebrMG ist dies zumindest der

---

409 § 1 dGebrMG
410 § 3 dGebrMG
411 Siehe oben III. 1. a) aa) (2)
412 § 3 Abs. 1 S. 2 dGebrMG
413 § 1 Abs. 1 dGebrMG

Fall, wenn der Gegenstand des Gebrauchsmusters auf irgendeinem gewerblichen Gebiet einschließlich der Landwirtschaft hergestellt und benutzt werden kann.

Der grundlegende Unterschied zum Patentgesetz hinsichtlich des Schutzbereiches besteht darin, dass Herstellungsverfahren und Arbeitsverfahren – im Gegensatz zu Erzeugnissen - vom Gebrauchsmusterschutz ausgenommen sind.[414]

Schließlich unterscheidet sich das Gebrauchsmuster vor allem hinsichtlich der Laufzeit vom Patent. Seine Laufzeit ist auf maximal zehn Jahre begrenzt.[415] Der Gebrauchsmusterschutz dauert zunächst drei Jahre beginnend mit dem Tag, der auf die Anmeldung folgt, und kann durch die Zahlung von Verlängerungsgebühren zunächst um drei Jahre sowie dann zweimal um jeweils zwei Jahre auf höchstens zehn Jahre verlängert werden.

bb) Der Gegenstand des Gebrauchsmusterrechts nach koreanischem Recht

In Korea wird wie im deutschen und im Übrigen auch im japanischen Recht zwischen Patent und Gebrauchsmuster unterschieden. Das Gebrauchsmuster ist für die kleineren Erfindungen geschaffen worden, deren Kreativitätstiefe einen weniger ausgeprägten Grad aufweist, als dies beim Patent erforderlich ist.[416]

Das Gebrauchsmusterrecht ist auch in Korea eng an das Patentrecht gebunden,[417] so dass die Darstellung in knapper Form auf die Besonderheiten beschränkt werden kann.

Im Gegensatz zum koreanischen Patentrecht und auch zum deutschen Gebrauchsmusterrecht ist allein diejenige technische Idee geschützt, die die äußere Form einer Ware betrifft.[418] Gegenstand des Gebrauchsmusterschutzes sind also technische Aspekte der Form und Gestalt von Artikeln sowie von Zusammenstellungen von Sachen, was jeweils keinen hohen Stand an technischer Schöpfung erfordert. Dies hat allerdings zur Folge, dass technische Schöpfungen für Artikel ohne soliden Körper wie z.B. Puder, Flüssigkeit, Gas, Licht, Ton und Energie durch Gebrauchsmuster nicht geschützt werden können.[419]

Die Anforderungen an die Anerkennung eines Gebrauchsmusters als Neuheit sind im Grundsatz streng. Allerdings schaden Gebrauch und Bekanntheit nur dann, wenn sie in Korea auftreten, Veröffentlichungen auch dann, wenn sie im

414 § 2 dGebrMG
415 § 23 dGebrMG
416 Chang, Soo-Kil, KJCompLaw 1976, S. 49 ff. <49>; Park, Jang-Won, S. 79
417 GRUR Intl. 1990, 167 <168>; Park, Jang-Won, S. 78
418 Art. 4 Utility Model Law, Gebrauchsmustergesetz (fortan: GebrMG oder kGebrMG), neueste Fassung in Kraft seit 01.07.1999, vgl. Park, Jang-Won, S. 6, 34; vgl. kOHG GRUR Intl. 1997, S. 277 f.
419 Park, Jang-Won, S. 79

Ausland erfolgen.[420] In Ausnahmefällen können jedoch auch Entwicklungen geschützt werden, die nicht mehr als neu angesehen werden können, weil sie vor der Anmeldung in der Öffentlichkeit offenbart wurden. Dies ist etwa der Fall, wenn die Offenbarung auf Versuchsreihen, wissenschaftlichen Publikationen oder einer Veröffentlichung gegen den Willen des Inhabers beruht oder eine Ausstellung der Erfindung auf einer durch den koreanischen Staat begünstigten Messe stattgefunden hat.[421]

Die Laufzeit eines Gebrauchsmusters beträgt seit Inkrafttreten des revidierten Gebrauchsmusterrechts am 02.07.1999 zehn Jahre von der Antragstellung in Korea an.[422] Eine Verlängerung sieht das Gesetz nicht vor.

b) Das Verfahren zur Eintragung des Gebrauchsmusters

aa) Das Eintragungsverfahren nach deutschem Recht

Die Erteilung eines Gebrauchsmusters bedarf des schriftlichen Antrages.[423] In diesem Antrag sind der Erfindungsgedanke kurz und genau zu bezeichnen, ein oder mehrere Schutzansprüche zu benennen sowie eine Beschreibung, erforderlichenfalls mit Zeichnung, hinzuzufügen, auf die sich die Schutzansprüche beziehen.

Anders als beim Patent findet hinsichtlich der Erfindung nur eine beschränkte Prüfung statt, die sich auf die formelle Ordnungsmäßigkeit der Anmeldung und die absoluten Schutzhindernisse beschränkt. Absolute Schutzhindernisse sind die Anmeldung von Verfahren sowie Pflanzensorten und Tierarten,[424] ferner der Verstoß gegen die öffentliche Ordnung und die guten Sitten.[425]

Das Gebrauchsmuster wird eingetragen, wenn die Prüfung auf formelle Ordnungsmäßigkeit keine Beanstandungen ergibt und keine absoluten Schutzhindernisse vorliegen. Die Wirkung der Eintragung des Gebrauchsmusters ist im Gesetz patentrechtlich formuliert.[426]

Mit dem um eine materielle Prüfung entledigten Verfahren hat das Gebrauchsmusterrecht für den gewerblich Tätigen, der sich um Schutzrechte bemüht, eine wesentliche Bedeutung. Dem Anmelder eines Gebrauchsmusters - wie dem eines Patentes - erwachsen unmittelbar mit der Eintragung Unterlas-

420 Hilpert u.a., S. 432
421 Art. 5 kGebrMG
422 Park, Jang-Won, S. 77
423 § 4 Abs. 2 dGebrMG
424 § 2 Nr. 2 dGebrMG
425 § 2 Nr. 1 dGebrMG
426 Vgl. § 11 dGebrMG mit § 9 dPatG

sungs- und Schadensersatzansprüche. Die Eintragung des Gebrauchsmusters erfolgt wegen Fehlens einer materiellen Prüfung früher als im Patentrecht.[427] Somit kann der Anmelder bei paralleler Gebrauchsmuster- und Patentanmeldung für seine Erfindung bereits kurze Zeit nach der Anmeldung Schutz erhalten, obwohl das Patenterteilungsverfahren geraume Zeit in Anspruch nimmt.

Ferner kann der Anmelder – etwa wenn eine Verletzung bekannt wird - durch das Institut der Abzweigung bis spätestens zwei Monate nach der Erledigung der Patentanmeldung und bis maximal zum Ablauf von zehn Jahren nach dem Anmeldetag des Patentes aus einer schwebenden Patentanmeldung einen Teil der Ansprüche getrennt als Gebrauchsmuster mit dem Anmeldetag und der Priorität der Patentanmeldung schützen lassen.[428] Auf diese Weise erreicht der Inhaber, dass er einen Verletzer mit einem gebrauchsmusterrechtlichen Unterlassungsanspruch zu einem Zeitpunkt verfolgen kann, zu dem das beantragte Patent noch nicht erteilt worden ist.

Im Fehlen der Voraussetzung der materiellen Prüfung bei der Eintragung liegt zwar der Vorteil des Gebrauchsmusters, aber auch sein Nachteil. Im Gegensatz zum Patent, das bei der Erteilung hinsichtlich seiner materiellen Schutzvoraussetzungen überprüft wird, wird beim Gebrauchsmuster die Rechtsbeständigkeit nicht rechtlich vermutet. Erst im Verletzungsprozess oder im Löschungsverfahren stellt sich heraus, ob das Gebrauchsmuster zu Recht eingetragen wurde oder ob es wieder aus dem Register zu löschen ist.[429]

bb) Das Eintragungsverfahren nach koreanischem Recht

Die förmlichen Prozeduren zum Antrag auf Eintragung eines Gebrauchsmusters folgen in Korea in viel weiterem Maße als nach deutschem Recht denen der Patenteintragung.[430] Erwähnenswert ist, dass die dem Gebrauchsmusterrecht an sich fremde substanzielle Prüfung des Anmeldegegenstandes nicht mehr Eintragungsvoraussetzung ist,[431] allerdings zur Vorbeugung von privatrechtlichen Auseinandersetzungen von jedermann beantragt werden kann.[432] Ferner ist von Bedeutung, dass der Gegenstand einer wegen Fehlens der erfinderischen Tiefe

427 § 2 dGebrMG

428 Vgl. § 5 Abs. 1 dGebrMG

429 § 13 i.V.m. § 15 Abs. 1, 3 dGebrMG; vgl. unten III. 3. c) aa)

430 Park, Jang-Won, S. 78; zur „Schnellen Registrierung“ S. 81 f.; zur „Elektronischen Anmeldung“ S. 83; zur „Gleichzeitigen Anmeldung von Patent und Gebrauchsmuster“ S. 86 f.; zu weiteren Anmeldeanforderungen S. 87 f.

431 Kim, Young-Jin, GRUR Intl. 1999, S. 417 ff. <420>

432 Park, Jang-Won, S. 84 f.

abgelehnten Patentanmeldung innerhalb von dreißig Tagen als Gebrauchsmuster angemeldet werden kann.[433]

c) Der Rechtsschutz im Gebrauchsmusterrecht

aa) Der Rechtsschutz nach deutschem Recht

Der Rechtsschutz gegen Entscheidungen des Patentamtes beschränkt sich beim Gebrauchsmuster auf die Ablehnungsentscheidung wegen Formmangels oder Vorliegens der absoluten Schutzhindernisse.[434] Diese Prüfung wird erst im Verletzungsprozess des Inhabers gegen einen Verletzer[435] oder im Löschungsverfahren eines Dritten beim Patentamt durchgeführt.

Im Falle einer Verletzungsklage ist dem beklagten Verletzer vorbehalten, die Einrede der mangelnden Schutzfähigkeit des Gebrauchsmusters im separaten Löschungsverfahren beim Patentamt mit dem Ziel der Vernichtung des Gebrauchsmusters zu erheben oder im Prozess die fehlende Schutzfähigkeit geltend zu machen und so die Klageabweisung zu erreichen. Letzteres hat für den Inhaber den Vorteil, dass nur dem Verletzer gegenüber als dem Beklagten dieses Verfahrens die Unwirksamkeit des Gebrauchsmusters festgestellt wird, während es mit Wirkung gegenüber Dritten in der Gebrauchsmusterrolle verbleibt.

Im Falle, dass Formmängel oder absolute Schutzhindernisse im Verletzungsprozess überprüft werden, übernimmt das ordentliche Gericht im Gebrauchsmusterrecht die entsprechende patentrechtliche Funktion der Einspruchsabteilung des Patentamtes oder des Nichtigkeitssenats des Bundespatentgerichtes. Es kann das Verletzungsverfahren jedoch aussetzen, sobald ein Löschungsverfahren anhängig ist.[436] Die Aussetzung ist anzuordnen, wenn das Verletzungsgericht die Gebrauchsmustereintragung für unwirksam hält.

bb) Der Rechtsschutz nach koreanischem Recht

Der Rechtsschutz im koreanischen Gebrauchsmusterrecht entspricht dem des Patentrechts.

Strafrechtlich sanktioniert Art. 48 kGebrMG Schutzrechtsverletzungen mit Höchststrafen von bis zu fünf Jahren Haft bzw. bis zu 20 Mio. Won, bei Fahrläs-

433 Hilpert u.a., S. 432

434 Vgl. oben III. 3. b) aa)

435 § 13 i.V.m. § 15 Abs. 1, 3 dGebrMG

436 § 19 dGebrMG

sigkeit bis zu 500.000 Won. Die konkrete Verurteilung zu einer solchen Strafe ist nicht bekannt.

4. Das Geschmacksmuster

a) Der Gegenstand des Geschmacksmusterrechts

aa) Der Gegenstand des Geschmacksmusterrechts nach deutschem Recht

Wie bei allen gewerblichen Schutzrechten geht es auch beim Geschmacksmusterrecht darum, die Entwicklungsarbeit, hier die Schaffung einer bestimmten Form, und den sich darauf aufbauenden Markterfolg für den Schöpfer zu schützen. Daher erhält der Schöpfer des Musters oder des Modells das Monopol, dieses ganz oder teilweise nachzubilden.[437] Das Abwehrrecht führt damit nicht zu einem Schutz des Musters oder Modells als solchem, wie dies beim Patent oder Gebrauchsmuster der Fall ist, sondern nur zu einem Schutz vor der Fertigung nach dem Muster oder Modell, das heißt nur zu einem Schutz vor Nachbildung.

Schutzgegenstand des Geschmacksmusterrechts sind zweidimensionale Muster und dreidimensionale Modelle, Farb- und Formgestaltungen, die bestimmt und geeignet sind, das geschmackliche Empfinden des Betrachters, insbesondere dessen Formensinn anzusprechen.

Voraussetzung für die Eigenschaft als Muster oder Modell ist zunächst die Eigentümlichkeit des Erzeugnisses.[438] Das Muster muss Ergebnis einer eigenpersönlichen, form- und farbschöpferischen Tätigkeit sein, die das landläufige, alltägliche, durchschnittliche Können eines mit der Kenntnis des betreffenden Fachgebietes ausgerüsteten Mustergestalters übertrifft[439] und von rein handwerksmäßiger Arbeit abgehoben ist. Ausreichend sind auch Zwischenfabrikate, wenn diese aus wirtschaftlicher Sicht ein verkehrsfähiges, selbständiges Erzeugnis darstellen und so gestaltet sind, dass sie bei ihrer bestimmungsgemäßen Verwendung dem Fertigerzeugnis eine ästhetische Wirkung verleihen.[440] Zur Feststellung dieser Eigentümlichkeit in einer wertenden rechtlichen Beurteilung muss der Betrachter auf den zum Zeitpunkt der Anmeldung vorbekannten Formenschatz zurückgreifen.

---

437 § 1 dGeschMG
438 § 1 Abs. 2 dGeschMG
439 BGH, GRUR 1969, S. 90; BGH, GRUR 1970, S. 547
440 BGH, GRUR 1976, S. 261

Weitere Voraussetzung für die Eigenschaft als Muster oder Modell ist die Neuheit. Hierbei geht es allerdings nicht wie beim Patentrecht um die objektive Neuheit, die allein zum Erlass eines Schutzrechtes berechtigen würde. Andererseits ist aber auch nicht allein der subjektive Neuheitsbegriff des Urheberrechts ausschlaggebend. Für das Geschmacksmusterrecht ist die objektiv-relative Neuheit maßgeblich.[441] Ein Muster ist demgemäß als neu im Sinne des § 1 Abs. 2 GeschMG anzusehen, wenn die seine Eigentümlichkeit begründenden Gestaltungselemente zum Zeitpunkt der Anmeldung inländischen Fachkreisen weder bekannt waren noch bekannt sein konnten.[442] Längst vergessene Muster sind damit ebensowenig neuheitsschädlich wie Muster aus entlegenen Gebieten.

Für die ab 01.07.1988 eingereichten Anmeldungen besteht eine Neuheitsschonfrist von sechs Monaten, innerhalb derer bei der Beurteilung der Neuheit und Eigentümlichkeit die öffentliche Zugänglichmachung des Erzeugnisses außer Betracht bleibt, soweit diese auf den Anmelder oder seinen Rechtsvorgänger zurückzuführen ist und dasselbe Erzeugnis unverändert als Muster oder Modell angemeldet wird.[443]

Auch das Geschmacksmusterrecht schließt einen Schutz aus, wenn die Veröffentlichung des Musters oder Modells oder die Verbreitung einer Nachbildung gegen die öffentliche Ordnung oder die guten Sitten verstößt.[444]

Das Geschmacksmuster steht demjenigen zu, der es geschaffen hat. Mehrere Schöpfer gelten dabei als Mitberechtigte im Sinne der §§ 741 ff. dBGB.

Der Schutz des Geschmacksmusters beträgt zunächst fünf Jahre, beginnend mit dem Tag, der auf die Anmeldung folgt.[445] Die Schutzdauer kann um jeweils fünf Jahre auf höchstens 20 Jahre verlängert werden.

bb) Der Gegenstand des Geschmacksmusterrechts nach koreanischem Recht

In Korea erfüllt das Geschmacksmusterrecht dieselbe Funktion wie in Deutschland, indem es allein das neue Aussehen von Waren, also allein ihr äußeres Erscheinungsbild, schützt. Es befasst sich in Abgrenzung zum Gebrauchsmusterrecht nicht mit technischen Lösungen, sondern mit ästhetischem Empfinden in Bezug auf Form- und Farbgebung eines Gegenstandes.[446] In Abgrenzung zum

441 BGH, GRUR 1978, S. 168
442 BGH, GRUR 1978, S. 168
443 § 7 a dGeschMG
444 § 7 Abs. 2 dGeschMG
445 § 9 Abs. 1 dGeschMG
446 Park, Jang-Won, S. 92; vgl. Hilpert u.a., S. 433; vgl. korean. OHG GRUR Intl. 1997, S. 277 f.

Urheberrecht schützt es auch Werke des Kunstgewerbes, die in massenindustrieller Fertigung geschaffen werden.[447]

Das Geschmacksmustergesetz[448] stellt eine umfassende Regelung zur Verfügung, die das verwandte, vergleichsweise knappe deutsche Geschmacksmustergesetz in der Regelungsdichte übertrifft. Obgleich es einen anderen Regelungsgehalt als das Patentgesetz enthält, ist es weitgehend dem Patentrecht nachgebildet worden.[449]

Als Besonderheit ist erwähnenswert, dass der Anmelder eines Geschmacksmusters zu seinem Schutz verlangen kann, dass es bis zu drei Jahre vom Datum der Eintragung an geheim bleibt (geheimes Gebrauchsmuster).[450] Ferner kann ein Geschmacksmuster, das einem bereits eingetragenen oder angemeldeten Design ähnlich ist, wegen seiner leichten Kopierbarkeit als "ähnliches Geschmacksmuster" eingetragen werden. Sein Schicksal hängt dann von dem ursprünglichen Geschmacksmuster ab.[451]

Soweit mehrere Gegenstände ein aufeinander abgestimmtes Ganzes darstellen, wird dieses insgesamt als ein einheitliches Muster registriert.[452]

Die vom Geschmacksmustergesetz nicht erfassten nicht eingetragenen Schöpfungen werden geschützt durch das Gesetz zur Unterbindung unlauteren Wettbewerbs.[453] Im Schutz dieses Gesetzes stehen sowohl der Verbraucher als auch insbesondere der Konkurrent des Verletzers.

Art. 1 und 2 kUWG enthalten einen weitgefassten Auffangtatbestand, setzen allerdings voraus, dass der verletzte Geschäftsbestandteil, hier das Geschmacksmuster, in Korea als der Geschäftsbestandteil eines anderen Marktteilnehmers weithin bekannt ist.

---

447 Vgl. Korean. OGH, GRUR Intl. 1997, S. 274 f., mit kritischer Anmerkung Ahn, Hyo-Jil, GRUR Intl. 1997, S. 275 ff., der insbesondere den Zweck als Abgrenzungskriterium ablehnt <275>

448 Design Act, Gesetz Nr. 5354, in Kraft seit 01.03.1998, fortan: GeschMG oder kGeschMG

449 Zum Neuheitserfordernis vgl. Hilpert u.a., S. 435, mit Nachweis korean. OGH Entscheidung vom 27.Okt. 1992: Erhaltung der Neuheit durch stillschweigende Verschwiegenheitspflicht des Käufers

450 Art. 13 kGeschMG; Park, Jang-Won, S. 93; Hilpert u.a., S. 436

451 Park, Jang-Won, S. 94

452 Art. 12 kGeschMG; Einzelheiten: Park, Jang-Won, S. 92 f.

453 Unfair Competition Prevention Act (fortan: UWG oder kUWG), Gesetz Nr. 4478 vom 31.12.1991, in Kraft seit 15.12.1992, GRUR Intl. 1996, S. 1035 ff.; Park, Jang-Won, S. 167, 170

Die Schutzfrist für Geschmacksmuster, die vor dem 01.03.1998 angemeldet wurden, beläuft sich auf zehn Jahre, für nach diesem Zeitpunkt angemeldete auf 15 Jahre von der Registrierung an.[454]

b) Das Antragsverfahren im Geschmacksmusterrecht

aa) Das Antragsverfahren nach deutschem Recht

Seit dem 1. Juli 1988 sind Geschmacksmuster zentral beim deutschen Patentamt anzumelden.[455]

Der Schöpfer eines Musters oder Modells muss zur Erlangung des Geschmacksmusterschutzes einen schriftlichen Eintragungsantrag stellen. Es ist eine foto- oder ansonsten grafische Darstellung des Musters oder Modells einzureichen, die diejenigen Merkmale deutlich und vollständig offenbart, für die Geschmacksmusterschutz beantragt wird.[456] Der Antrag kann auch eine Beschreibung des Musters enthalten.[457]

Die Niederlegung eines Beispielsstücks ist nicht erforderlich. Allerdings sind Bilddarstellungen so zu gestalten, dass ihr ästhetischer Gesamteindruck sichtbar wird.[458]

Bereits mit der Antragstellung, die konstitutiv ist, wird Schutz gegen Nachbildung gewährt.[459] Ihre Bekanntmachung im Geschmacksmusterblatt beim Patentamt hat jedoch rein deklaratorischen Charakter.[460]

Es findet wie im Gebrauchsmusterrecht[461] auch beim Geschmacksmuster keine Prüfung der materiellen Schutzvoraussetzungen statt.[462] Dies ist wiederum dem Verletzungsprozess, dem Löschungsantrag oder der Löschungsklage vorbehalten.[463]

Wie bei allen gewerblichen Schutzrechten ist die Inanspruchnahme einer Unionspriorität nach der Pariser Verbandsübereinkunft möglich.[464]

---

454 Park, Jang-Won, S. 102
455 § 7 Abs. 1 dGeschMG
456 § 7 Abs. 3 dGeschMG
457 § 7 Abs. 7 dGeschMG
458 BGH, GRUR 1977, S. 602
459 § 7 Abs. 1 dGeschMG
460 § 8 Abs. 2 dGeschMG
461 Vgl. oben III. 3. b) aa)
462 § 1 Abs. 2 dGeschMG
463 Vgl. unten 4. c) aa)
464 § 7 b dGeschMG

bb) Das Antragsverfahren nach koreanischem Recht

Der Schöpfer eines Musters oder Modells muss auch in Korea zur Erlangung des Geschmacksmusterschutzes einen schriftlichen Eintragungsantrag stellen. Zur Erläuterung des Geschmacksmusteranspruchs reicht es allerdings nicht aus, wenn er lediglich abstrakt oder konzeptionell benannt wird. Im Gegensatz zur Patentanmeldung ist jedoch eine Spezifikation nicht erforderlich, andererseits aber sind Zeichnungen oder Fotografien vorgeschrieben. Muster und dünne, flache Modelle können statt Zeichnungen oder Fotografien im Original vorgelegt werden. Das Belegmaterial begrenzt gleichzeitig die Reichweite des Anspruches.[465]

Hinsichtlich der substantiellen Prüfung befindet sich das koreanische Geschmacksmusterrecht im Umbruch.[466] Bis zum 01.03.1998 wurde stets eine substantielle Prüfung durchgeführt. Seither wird für kurzzyklische Erzeugnisse wie Modeartikel darauf verzichtet (kurzes Anmeldeverfahren). Und für die Zukunft ist mit einer Ausweitung der betroffenen Produktliste[467] zu rechnen, für die das kurze Anmeldeverfahren gilt.[468]

Unter der Voraussetzung, dass das kurze Anmeldeverfahren gewählt wird, können gleichzeitig mit einer ursprünglichen Geschmacksmusteranmeldung weitere neunzehn ähnliche Geschmacksmuster[469] angemeldet werden.[470]

c) Der Rechtsschutz im Geschmacksmusterrecht

aa) Der Rechtsschutz nach deutschem Recht

Die Eintragung eines Musters oder Modells ist grundsätzlich auf Antrag des eingetragenen Inhabers zu löschen.[471] Auf Antrag eines Dritten wird die Eintragung nur dann gelöscht, wenn dieser eine öffentliche Urkunde vorlegt, in der der eingetragene Inhaber auf das Modell verzichtet oder seine Einwilligung in die Löschung des Musters oder Modells erklärt hat.

Die Einwilligung in die Löschung wird durch ein klagestattgebendes Urteil ersetzt. Gründe für eine Löschungsklage sind die fehlende Schutzfähigkeit des eingetragenen Musters oder Modells am Tage der Anmeldung oder die fehlende

465 Park, Jang-Won, S. 97
466 Park, Jang-Won, S. 91
467 Vgl. Park, Jang-Won, S. 95
468 Park, Jang-Won, S. 91
469 Vgl. oben 4. a) bb)
470 Park, Jang-Won, S. 95
471 § 10 c Abs. 1 Nr. 1, 2 dGeschMG

Anmeldeberechtigung des Anmelders. In letzterem Fall kann der Kläger auf entsprechenden Antrag die Priorität der Anmeldung des Nichtberechtigten für seine eigene Anmeldung in Anspruch nehmen, um so die fehlgelaufene Zuweisung des Geschmacksmusterrechtes zu korrigieren.

Auch beim Geschmacksmusterrecht unterteilt sich die Berechtigung des Inhabers in ein positives Benutzungsrecht und ein negatives Verbotsrecht.[472] Das positive Benutzungsrecht sieht allein für den Urheber das Recht vor, das Muster oder Modell ganz oder teilweise nachzubilden.[473]

Im Rahmen des negativen Verbotsrechts bewirkt jedes Nachbilden eines Musters oder Modells in Verbreitungsabsicht einen Anspruch auf Unterlassung des Nachbildens[474] und der Verbreitung der Nachbildung.[475] Eine verbotene Nachbildung liegt auch dann vor, wenn sie durch ein anderes Verfahren als das Originalwerk erstellt, wenn sie in anderen räumlichen Abmessungen oder Farben als das Original hergestellt oder nicht unmittelbar nach dem Original, sondern mittelbar nach einer Nachbildung des Originals geschaffen wurde.[476]

Ein Schadensersatzanspruch setzt Verschulden voraus.[477] Darüber hinaus lässt § 14 a Abs. 2 dGeschMG Ansprüche aus anderen Rechtsgründen, beispielsweise Ansprüche wegen ungerechtfertigter Bereicherung, ausdrücklich zu.

Ein Strafrechtsschutz besteht nicht.

bb) Der Rechtsschutz nach koreanischem Recht

Der Rechtsinhaber kann gemäß Art. 62 GeschMG Unterlassung sowie vorbeugende Maßnahmen von dem Verletzer bzw. potenziellen Verletzer verlangen. Unter letzterem ist etwa die Entfernung von Gegenständen zu verstehen, die zur Ausübung der Verletzungshandlung geeignet sind.[478] Ferner kann er Schadensersatz verlangen, wobei zu Lasten des Verletzers Fahrlässigkeit vermutet wird.[479] Dies gilt selbst dann, wenn der Verletzer ein Geschmacksmuster innehatte, nämlich dann, wenn dieses auf einer Anmeldung ohne substantielle Prüfung[480] beruhte,[481] jedoch nicht im Falle des geheimen Geschmacksmusters.[482]

---

472 § 5 dGeschMG
473 § 1 Abs. 1 dGeschMG
474 § 14 a dGeschMG
475 § 5 Abs. 1 dGeschMG
476 § 5 Abs. 2 Nr. 1-3 dGeschMG
477 § 14 a dGeschMG
478 Art. 62 Abs. 2 kGeschMG
479 Art. 64, 65 kGeschMG
480 Vgl. oben 4. b) bb)
481 Park, Jang-Won, S. 100
482 Art. 65 kGeschMG; Hilpert u.a., S. 437

Verstöße gegen nicht registrierte Geschmacksmuster werden dann nach der Registrierung im Nachhinein schadensersatzpflichtig, wenn die Anmeldung zuvor veröffentlicht worden war.[483] Ansonsten besteht eine Möglichkeit der Kompensation nach dem Gesetz zur Unterbindung unlauteren Wettbewerbs.[484] Die zivilrechtlichen Sanktionen entsprechen im Wesentlichen denen bei Patentverletzungen.[485]

Der Strafrahmen für registrierte wie nichtregistrierte Geschmacksmuster ermöglicht Freiheitsstrafe bis zu drei Jahren und Geldstrafe bis zu 30 Mio. Won[486].

Gegen die Eintragung kann nach der Veröffentlichung in der Geschmacksmustergazette ein Nichtigkeitsverfahren bei der Patentbeschwerdekammer angestrengt werden.[487]

5. Marken und Zeichen

a) Der Gegenstand des Rechts der Marken und Zeichen

aa) Der Gegenstand des deutschen Kennzeichnungsrechts

(1) Das Markenrecht

Der wichtigste Teil des Kennzeichnungsrechts ist das Markenrecht. Es umfasst registrierte Marken, berühmte Marken, international registrierte Marken, geografische Herkunftsangaben, die Ausstattung sowie geschäftliche Bezeichnungen,[488] ferner Kollektivmarken als zugunsten von Unternehmerverbänden geschützte Marken.[489]

Die Marke ist ein Zeichen, das geeignet ist, Waren oder Dienstleistungen eines Unternehmens von denjenigen anderer Unternehmen zu unterscheiden.[490]

Als geschäftliche Bezeichnungen werden Unternehmenskennzeichen, Geschäftsabzeichen und Werktitel markenrechtlich registriert und geschützt.

---

483 Park, Jang-Won, S. 100

484 Unfair Competition Prevention Act (fortan: UWG oder kUWG), Gesetz Nr. 4478 vom 31.12.1991, in Kraft seit 15.12.1992, GRUR Intl. 1996, S. 1035 ff.

485 Hilpert u.a., S. 437

486 Art. 18 kUWG

487 Park, Jang-Won, S. 101

488 § 1 Markengesetz (MG oder dMG) vom 25.10.1994, BGBl. I S. 3082, 1995 I S. 156

489 § 97 dMG

490 § 3 Abs. 1 dMG; Fezer, Einleitung Rdnr. 17

Unternehmenskennzeichnungen sind Kennzeichen, die als Name, Firma oder als besondere Bezeichnung eines Geschäftsbetriebes oder eines Unternehmens benutzt werden. Geschäftsabzeichen sind sonstige zur Unterscheidung bestimmte Zeichen, die innerhalb der beteiligten Verkehrskreise als Kennzeichen des Geschäftsbetriebes gelten.[491] Werktitel sind Namen oder besondere Bezeichnungen von Druckschriften, Film-, Ton-, Bühnen- und sonstigen vergleichbaren Werken.[492]

Bei der Ausstattung handelt es sich um eine Marke im materiellen Sinn, die keiner formellen Registrierung bedarf, sondern die allein durch die Verkehrsgeltung entsteht.[493] Die Ausstattung muss sich als Kennzeichnung für die Herkunft der Ware aus einem bestimmten Geschäftsbetrieb durchgesetzt haben. Gegenstand des Ausstattungsschutzes kann alles sein, was auch Gegenstand einer Marke sein kann.

Seit dem 01. Januar 1995 können nicht mehr nur lediglich zweidimensionale Darstellungen, sondern auch dreidimensionale Gestaltungen einschließlich der Form einer Ware, sofern sie nicht allein durch die Art der Ware bedingt ist, Markenschutz genießen.[494]

Ferner können als Marke heute neben Wörtern und Bildern auch Buchstaben,[495] Zahlen, Hörzeichen sowie sonstige Aufmachungen einschließlich Farben und Farbzusammenstellungen geschützt werden. Damit hat sich auch das Deutsche Markenrecht dem international üblichen weiten Schutzgegenstand angepasst.

Von der Eintragung nach wie vor ausgeschlossen sind jedoch Kennzeichnungen, die keine Unterscheidungskraft besitzen,[496] die ausschließlich aus Herstellungs- und Beschaffenheitsangaben bestehen,[497] Kennzeichnungen, die geeignet sind, den Verbraucher über die Waren oder Dienstleistungen zu täuschen,[498] die gegen die öffentliche Ordnung oder die guten Sitten verstoßen,[499] Staatswappen, Staatsflaggen und andere staatliche Hoheitszeichen,[500] amtliche Prüf- und Gewährzeichen,[501] Wappen, Flaggen und andere Kennzeichnungen

491 § 5 Abs. 2 dMG
492 § 5 Abs. 3 dMG
493 § 4 Nr. 2 dMG; vgl. OLG Frankfurt, GRUR 2000, S. 366 ff.
494 Zur Rechtsprechung s.: Berlit, WiB 1996, S. 621 ff. <622>
495 BPatG, GRUR 1993, S. 742; BGH, NJW 1996, S. 1137; Berlit, WiB 1996, S. 621 f.
496 § 8 Abs. 2 Nr. 1 dMG
497 § 8 Abs. 2 Nr. 2 und 3 dMG
498 § 8 Abs. 2 Nr. 4 dMG
499 § 8 Abs. 2 Nr. 5 dMG
500 § 8 Abs. 2 Nr. 6 dMG
501 § 8 Abs. 2 Nr. 7 dMG

internationaler zwischenstaatlicher Organisationen[502] sowie Kennzeichnungen, deren Benutzung ersichtlich nach sonstigen Vorschriften im öffentlichen Interesse untersagt werden kann.[503]

Der Marke kommt neben der Herkunftsfunktion eine Qualitäts- oder Garantiefunktion zu. Dem Kunden garantiert eine Marke die Qualität, die er bereits früher bei einem entsprechend gekennzeichneten Produkt kennengelernt hat. Beim Folgekauf soll sich der Kunde darauf verlassen können, dass unter derselben Marke Waren mit gleicher Qualität angeboten werden.

§ 3 Abs. 1 MG enthält dementsprechend den Grundsatz, dass Marken zur Unterscheidung der eigenen Waren oder Dienstleistungen von den Waren oder Dienstleistungen anderer Unternehmen dienen sollen.

Die Unterscheidung erfolgt nach der betrieblichen Herkunft. Dieser Herkunftshinweis kann zwar unmittelbar gegeben werden durch Name, Firma oder geschäftliche Bezeichnung. Er kann aber auch mittelbar etwa durch Marken erfolgen, die nur indirekt auf das hinter der Ware stehende Unternehmen hinweisen.

Konstitutives Merkmal der Marke ist daher ihre Unterscheidungskraft.[504] Maßgebend dafür ist die Auffassung der von der Dienstleistung oder Ware angesprochenen Verbraucher. Unterscheidungskraft fehlt der Marke dann, wenn ihr ein beschreibender Begriffsinhalt zugeordnet werden kann oder es sich um ein gebräuchliches Wort der deutschen oder einer bekannten fremden Sprache handelt.[505]

Nicht unterscheidungskräftige Marken[506] können durch eine erfolgreiche Verkehrsdurchsetzung Unterscheidungskraft und damit Herkunftsfunktion gewinnen. Voraussetzung dafür ist, dass ein nicht unerheblicher Teil des Verkehrs die Kennzeichnung als Hinweis auf die Herkunft der Ware aus einem bestimmten Geschäftsbetrieb versteht.[507]

Sollte im umgekehrten Sinne eine Marke sich infolge des Verhaltens oder der Untätigkeit ihres Inhabers im geschäftlichen Verkehr zur üblichen Gattungsbezeichnung der mit dieser Marke gekennzeichneten Waren entwickelt haben, so kann sie wegen Verfalls gelöscht werden.

---

502 § 8 Abs. 2 Nr. 8 dMG

503 § 8 Abs. 2 Nr. 9 dMG

504 § 3 Abs. 1, § 8 Abs. 2 Nr. 1 dMG

505 Berlit, WiB 1996, S. 621 <623>

506 Vgl. etwa Schorrli für Mischgetränk aus Wein und Wasser, BPatGMit 1971, S. 22

507 § 3 Abs. 2 i.V.m. § 8 Abs. 2 Nr. 1, 2, 3 dMG; vgl. BGH, GRUR 1959, S. 599; BGH Z 30, S. 357

Der Schutz der Marke verlangt demgemäß Unverwechselbarkeit.[508] Diese liegt vor, wenn weder durch die Verschiedenheit der Zeichenform noch durch sonstige Abweichungen ausgeschlossen wird, dass der Verkehr der Gefahr einer Verwechselung zwischen zwei Zeichen unterliegt. Die Verwechselungsgefahr wird festgestellt durch eine Gegenüberstellung der eingetragenen Kennzeichnung mit dem Verletzungszeichen. Dabei sind die subjektive Auffassung des Verletzten und eine etwaige Verletzungsabsicht des angegriffenen Benutzers unerheblich.[509]

Vielmehr genügt die objektive Gefahr der Verwechselung. Für deren Feststellung ist wiederum die Auffassung der beteiligten Verkehrskreise, seien es Endverbraucher oder Fachkreise, das entscheidende Kriterium.[510] Im engeren Sinne liegt eine Verwechselungsgefahr dann vor, wenn ein nicht unerheblicher Teil der angesprochenen Verkehrskreise das eine Zeichen für das andere oder das eine als von dem anderen abgeleitet ansieht[511] und so eine Unternehmensidentität angenommen wird.[512]

Im Gegensatz dazu liegt eine Verwechselungsgefahr im weiteren Sinne vor, wenn der Verkehr die gegenüberstehenden Marken und damit auch die dahinter stehenden Unternehmen auseinanderhält, er aber aufgrund der Ähnlichkeit der Marken annimmt, dass zwischen beiden Unternehmen wirtschaftliche oder organisatorische Beziehungen bestehen.[513]

Die Verwechselungsgefahr kann in klanglicher oder bildlicher Hinsicht wie auch nach dem Sinngehalt der Kennzeichnung vorliegen.[514] Dabei sind starke und schwache Marken auseinanderzuhalten. Stark sind solche Marken, die aufgrund besonders charakteristischer Merkmale und gesteigerter Verkehrsgeltung als besonders schutzwürdig gelten. Je bekannter und schutzkräftiger eine Marke ist, desto größer ist die Gefahr für eine jüngere Kennzeichnung, mit ihr verwechselt zu werden.[515] Bei schwachen Zeichen können dagegen schon verhältnismäßig geringe Unterschiede zum Ausschluss der Verwechselungsgefahr genügen.[516]

508 § 14 Abs. 2 Nr. 2 dMG
509 BGH, GRUR 1952, S. 33 <36>
510 BGH, GRUR 1962, S. 241; BGH Z 50, S. 77
511 BGH, GRUR 1959, S. 484
512 BGH Z 34, S. 299
513 BGH Z 14, S. 155
514 Allerdings BPatGMit 1971, S. 111: Gemini - Zwilling
515 BGH, GRUR 1965, S. 601
516 BGH, GRUR 1955, S. 579; BGH, GRUR 1952, S. 419

Erschöpfung des Markenrechts tritt - in der Art vergleichbar mit der Erschöpfung im Patentrecht[517] - durch Inverkehrbringen ein.[518] DieErschöpfung des Markenrechts tritt jedoch nur für den Geltungsbereich des Schutzrechtes ein.[519] Das bedeutet hier, dass die Erschöpfung sich nur auf das Gebiet erstreckt, in dem der Lizenznehmer das Produkt lizenzkonform in den Verkehr gebracht hat. Demgemäß können Re-Import und Parallelimport markengebundener Produkte unterbunden werden.[520]

Die Marke gewährt dem eingetragenen Inhaber vom Anmeldetag an zehn Jahre Schutz.[521] Die Schutzdauer kann durch Zahlung einer Verlängerungsgebühr beliebig oft um jeweils zehn Jahre verlängert werden. Allerdings erlischt der Schutz, wenn die Marke fünf Jahre ab Eintragung oder Abschluss eines Widerspruchsverfahrens nicht genutzt wird.[522]

(2) Weitere Kennzeichen

Neben der formell registrierten Marke, der notorischen Marke und der ohne Eintragungsakt entstehenden Ausstattung umfasst das Kennzeichnungsrecht die in anderen Gesetzen geschützten Rechtspositionen, die zur Kennzeichnung von Unternehmen, Waren oder Dienstleistungen dienen können.[523]

---

517 Vgl. oben 1. a) ee)

518 § 24 dMG; vgl. Art. 7 der Richtlinie 89/104/EWG zur Angleichung der Rechtsvorschriften der Mitgliedstaaten über die Marken vom 21. 12.1988, ABl.EG Nr. L 40/1 vom 11.02.1989; vgl. auch EuGH RIW 1997, S. 78 ff.; Berlit, WiB 1996, S. 621 <626>; vgl. auch OLG Frankfurt, IIC 2000, S. 349 f.; zum Inverkehrbringen im Internet vgl.: Bettinger/Thum, IIC 2000, S. 163 ff., 285 ff.

519 Grundsatz der internationalen Erschöpfung des Zeichenrechts nicht mehr anwendbar: BGH Z 131, S. 308 ff. <313>; vgl. OLG Frankfurt, GRUR 2000, S. 366 ff. <367>; OLG Stuttgart, GRUR Intl. 1998, S 806 f. <807>; BFH GRUR Intl. 2000, S. 780 ff. <782> mit ablehn. Anmerkung Knaak, GRUR Intl. 2000, S. 782 f.; Albert/Heath, IIC 1997, S. 24 ff. <24, 26, 28 f.>; EU-Arbeitsdokument, GRUR Intl. S. 628 ff.; Gaster, GRUR Intl. 2000, S. 571 ff. <575>; Sack, GRUR Intl. 2000, S. 610 ff. <611 ff.>; zur alten Rechtslage: Beier, GRUR Intl. 1996, S. 1 ff. <1, 2> mwN; zum Recht der EU: EuGH, IIC 2000, S. 989 ff.; Ohly, IIC 1999, S. 512 ff. <520 ff., 530>; Cohen Jehoram, IIC 1999, S. 495 ff. <496>; zur innergemeinschaftlichen Genehmigungsfähigkeit der Paralleleinfuhr von Arzneimitteln: EuGH GRUR 2000, S. 349 ff.

520 § 146 dMG; OLG Stuttgart, GRUR Intl. 1998, S 806 f.; BFH, GRUR Intl. 2000, S. 780 ff. <781 f.>

521 § 27 Abs. 1 dMG

522 Benutzungszwang, §§ 25, 26 dMG; Berlit, WiB 1996, S. 621 <627>

523 § 2 dMG

Dies ist zunächst der im bürgerlichen Recht verankerte Namensschutz gemäß § 12 dBGB. Dieser umfasst nicht nur den Namen natürlicher, sondern auch den juristischer Personen, nicht rechtsfähiger Personenvereinigungen sowie Firmen und Geschäftsbezeichnungen.[524] Der Namensschutz nach § 12 dBGB reiht sich in den Kreis der Immaterialgüterrechte ein und wird heute als grundlegende Norm für den zivilrechtlichen Kennzeichnungsschutz verstanden.[525]

Ähnlich dem Namensrecht nach § 12 dBGB ist der Schutz der handelsrechtlichen Firma gemäß §§ 17 ff., 30 dHGB.[526]

Die Gleichstellung aller Kennzeichnungsrechte[527] erfordert eine Rangordnung, die allein durch deren Priorität bestimmt wird.[528] Im Kollisionsfall setzt sich das prioritätsältere Recht als das bessere Recht durch.[529] Die Priorität ergibt sich durch den Zeitpunkt der Entstehung des Kennzeichnungsrechts. § 6 dMG legt diesen Grundsatz auch gesetzlich fest und stellt auf den Anmeldetag bzw. den sonstigen, etwa aufgrund einer ausländischen Anmeldung im Rahmen eines internationalen Vertrages entstandenen Prioritätstag ab.

Für die Bestimmung des Zeitranges des Namensrechts, der Sortenbezeichnung und der geografischen Herkunftsangabe ist wie bei der Ausstattung, der notorischen Marke und der geschäftlichen Bezeichnungen der Zeitpunkt maßgeblich, zu dem das Recht erworben wurde, also etwa der Zeitpunkt, zu dem die erforderliche Verkehrsdurchsetzung vorliegt und nachgewiesen wird. Die Firma nach § 17 ff. dHGB leitet ihren Zeitrang von der befugten Ingebrauchnahme im geschäftlichen Verkehr her.[530]

bb) Der Gegenstand des koreanischen Markenrechts

Wie das alte deutsche Warenzeichengesetz und auch das neue Markengesetz[531] gewährt auch das koreanische Warenzeichen- oder Markengesetz[532] Schutz für Warenzeichen und Dienstleistungsmarken.[533] Darüber hinaus können auch Ge-

524 Palandt-Heinrichs, § 12 Rn. 1 und 10
525 Palandt-Heinrichs, § 12 Rn. 1
526 Zur Unterscheidung vgl. Baumbach/Duden/Hopt, § 17 Rn. 12
527 § 2 dMG
528 BGH Z 19, S. 23; BGH, GRUR 1958, S. 305
529 BGH, GRUR 1985, S. 72
530 Vgl. Baumbach/Duden/Hopt, § 17 Rn. 16 mwN
531 Markengesetz (MG oder dMG) vom 25.10.1994, BGBl. I S. 3082, 1995 I S. 156
532 Trademark Act, fortan: Markengesetz, MG oder kMG; aktuelle Fassung in Kraft seit 01.03.1998, Volltext siehe u.a. GRUR Intl. 1999, S. 511 ff.; siehe auch Park, Jang-Won, S. 107; vgl. auch Kim, Byung-Il, GRUR Intl. 1997, S. 237 ff. <237, FN 3> sowie Kim Byung-Il, IIC 1997, S. 361 ff. <386>
533 Park, Jang-Won, S. 112

schäftszeichen für nicht gewinnorientierte Organisationen[534] und Gemeinschaftsmarken eingetragen werden.[535]

Eintragungsfähig sind wie in Deutschland Wortzeichen, Bildzeichen, dreidimensionale und kombinierte Zeichen.[536] Im Zuge der Angleichung an die Maßgaben des TRIPs-Abkommens ist die Farbe zum markenrechtsrelevanten Unterscheidungsmerkmal geworden.[537]

Das Zeichen muss im koreanischen Handel in Gebrauch sein oder im Begriff stehen, eingeführt zu werden.[538] Eine Verwechslungsähnlichkeit zu in Korea oder im Ausland bekannten (berühmten) Marken darf nicht bestehen.[539] Das Patentamt listet solche bekannten Marken beispielhaft auf.[540]

Weitere Voraussetzung ist der Benutzungswille des Geschäftsinhabers. Ein Benutzungszwang jedoch, wie er in Deutschland gemäß §§ 25, 26 dMG existiert,[541] besteht in Korea in dieser Form nicht. Allerdings kann die nicht genutzte registrierte Marke durch einen Interessenten im Wege des Löschungsverfahrens getilgt werden, wenn sie drei Jahre lang nicht genutzt wurde.[542] Ferner ist für die Verlängerung der Laufzeit erforderlich, dass die Marke in den letzten drei Jahren vor dem Erneuerungsantrag in Korea in Gebrauch war.[543]

Der koreanische Oberste Gerichtshof gewährt im Einzelfall einem koreanischen ausschließlichen Lizenznehmer das Recht, Parallelimporte markengebundener Produkte zu verbieten.[544] Er stellt allerdings Voraussetzungen auf, die eher geeignet sind, das Monopol des ausschließlichen Lizenznehmers zu rechtfertigen als zwischen nationaler und internationaler Erschöpfung des Markenrechts zu unterscheiden, die daher also nicht verallgemeinerungsfähig sind.[545]

Die vom Markengesetz nicht erfassten nicht eingetragenen Marken werden geschützt durch das Gesetz zur Unterbindung unlauteren Wettbewerbs.[546] Der

---

534 Hilpert u.a., S. 439
535 Park, Jang-Won, S. 113
536 Park, Jang-Won, S. 107
537 Cho, Tae-Yeon, S. 7 <11>; Ebenroth u.a., RIW 1994 Beilage, S. 1 ff. <9>; Park, Jang-Won, S. 107
538 Korean. OGH, IIC 1993, S. 530 f.
539 Park, Jang-Won, S. 108; vgl. auch Hilpert u.a., S. 439, 450 f., 461
540 Park, Jang-Won, S. 110
541 Siehe oben III. 5. a) aa) (1) a.E.; Berlit, WiB 1996, S. 621 <627>
542 Park, Jang-Won, S. 113, 128, 133 f.; vgl. auch korean. OGH Entscheidung vom 22.12.1992, IPAsia 1993 Nr. 5, S. 16; eine Zwangslizenz hinsichtlich einer Marke ist ausgeschlossen, vgl. Hilpert u.a., S. 452
543 Vgl. unten!
544 Korean. OGH, IIC 1999, S. 459 f.
545 Korean. OGH, IIC 1999, S. 459 f. <460>
546 Unfair Competition Prevention Act, Gesetz Nr. 4478 vom 31.12.1991, in Kraft seit 15.12.1992, GRUR Intl. 1996, S. 1035 ff.; fortan: UWG oder kUWG; Kim Byung-

Auffangtatbestand der Art. 1, 2 kUWG findet auf Marken ausdrücklich Anwendung und setzt hauptsächlich voraus, dass der verletzte Geschäftsbestandteil, also die Marke, weithin bekannt ist, und zwar gleichzeitig Händlern wie Verbrauchern.[547] Ausdrückliche Beispiele sind neben Waren- und Geschäftsbezeichnungen auch Verpackungen von Waren. Das kUWG schützt überdies Aufmachungen außerhalb des im Markengesetz normierten Umfanges.[548]

Schutzvoraussetzung ist, dass nicht gegen ein Eintragungsverbot nach Artikel 5, 6 kMG verstoßen wird.

Danach sind Freizeichen von der Eintragung ausgeschlossen. Freizeichen sind an sich unterscheidungskräftige Zeichen, die sich bereits im freien Gebrauch einer großen Zahl von nicht miteinander in Verbindung stehenden Gewerbetreibenden befinden. Beispiele sind etwa der Totenkopf für Gift, ferner bloße Zahlen, Buchstaben und beschreibende Angaben, Staatswappen und Hoheitszeichen, das Rote Kreuz, die Olympischen Ringe, ferner ärgerniserregende oder irreführende Zeichen.[549]

Gattungsnamen der Waren, Qualitätsbezeichnungen, Anwendungshinweise, Herkunftsangaben etc. sind mangels hinreichender Unterscheidungskraft nicht eintragungsfähig.[550]

Ein Verstoß gegen gesetzliche Bestimmungen liegt allerdings dann nicht vor, wenn gutgläubig der eigene Name oder eine eigene Bezeichnung verwendet werden und diese mit dem Namen oder der Bezeichnung eines früheren Verwenders identisch sind.[551]

Der Inhaber einer Marke besitzt auch in Korea das alleinige Recht über das für ihn eingetragene Zeichen.[552] Dies schließt das Recht zur Übertragung und zur Nutzungserlaubnis ein.

Die Übertragung des Warenzeichens bedarf, obgleich das Übertragungsverfahren stark vereinfacht wurde, zu ihrer Wirksamkeit der Eintragung in das Warenzeichenregister.[553]

Ebenso muss die Erteilung einer Lizenz zur Nutzung einer Marke beim Patentamt eingetragen werden.[554] Dies ist bei einer ausschließlichen Lizenz Gültig-

---

Il, GRUR Intl. 1997, S. 237 <237, 239 ff.>; Kim Byung-Il, IIC 1997, S. 361 ff. <363 f.>; Park, Jang-Won, S. 111, 167 f., 169 f.; vgl. auch Hilpert u.a., S. 439, 450 f., 461

547 Hilpert u.a., S. 461

548 Kim Byung-Il, GRUR Intl. 1997, S. 237 <240>; Hilpert u.a., S. 450 f.

549 Park, Jang-Won, S. 115 f.

550 Park, Jang-Won, S. 114 f.

551 Art. 13 kUWG

552 Rahn, GRUR Intl. 1978, S. 202 ff. <204>

553 Vgl. Ebenroth u.a., RIW 1994 Beilage, S. 1 ff. <4>; Park, Jang-Won, S. 109, 130

554 Park, Jang-Won, S. 130; Rahn, GRUR Intl. 1978, S. 202 ff. <204 ff.>

keitsvoraussetzung, bei einer nicht-ausschließlichen Lizenz Voraussetzung für die Wirkung auch Dritten gegenüber.[555] Lizenzierbar sind allerdings allein registrierte Marken, nicht also allein zur Registrierung angemeldete, und zwar unabhängig davon, ob eine ausschließliche oder eine einfache Lizenz zur Vergabe ansteht.[556]

Die Laufzeit der Marke beträgt zehn Jahre von der Registrierung an. Nach deren Ablauf kann sie beliebig oft um jeweils zehn Jahre verlängert werden.[557] Für die Verlängerung gilt eine Nachfrist von sechs Monaten.[558]

Ausländische Anbieter finden, sofern ihr Residenzstaat - wie Deutschland - Mitglied der Pariser Konvention ist, gleichen Schutz.[559]

b) Das Registrierungsverfahren im Markenrecht

aa) Das Registrierungsverfahren nach deutschem Recht

Das Verfahren, Schutz für eine Waren- oder Dienstleistungskennzeichnung zu erlangen, wird mit einer schriftlichen Anmeldung zum deutschen Patentamt eingeleitet.

Die Anmeldung muss ein der Klasseneinteilung entsprechendes Verzeichnis der Waren und Dienstleistungen enthalten, für die das Zeichen genutzt werden soll. Diesbezüglich gilt für alle Anmeldungen das 1987 durch das Abkommen von Nizza[560] eingeführte Internationale Klassifizierungssystem. Dies kategorisiert in 34 Waren- und acht Dienstleistungsklassen etwa 8.800 beispielhaft aufgeführte Artikel.[561]

Ferner ist eine deutliche Darstellung des Bildzeichens oder eine Angabe des Wortzeichens erforderlich.[562] Das früher vorgesehene Erfordernis der Angabe des Geschäftsbetriebes, für den das Zeichen angemeldet wird, ist im Vorgriff auf die europäische Harmonisierung entfallen.[563]

Die Marke wird sowohl formell als auch materiell geprüft. In formeller Hinsicht wird untersucht, ob ein Verzeichnis der Waren oder Dienstleistungen und

555 Park, Jang-Won, S. 137; vgl. Hilpert u.a., S. 453
556 Park, Jang-Won, S. 135
557 Art. 42 kMG; Hilpert u.a., S. 446 f.
558 Park, Jang-Won, S. 129
559 Art. 16 kUWG
560 Abkommen von Nizza über die Warenzeichenklassifikation von 1957, Blatt für PMZ 1995, S. 150
561 Rahn, GRUR Intl. 1978, S. 202 ff. <204>
562 §§ 34, 36 dMG
563 Erstreckungsgesetz vom 23.04.1992, BGBl. I, S. 938

eine deutliche Darstellung oder Beschreibung des Zeichens vorliegt.[564] Ferner wird gemäß § 8 dMG auf Eintragungshindernisse hin überprüft.

Die Marke ist aus materiellen Gründen von der Eintragung ausgeschlossen, wenn ihr jegliche Unterscheidungskraft fehlt. Eine Zurückweisung wegen fehlender Unterscheidungskraft kommt wegen der zwingenden Orientierung der Auslegung dieses Begriffs an der EG-Markenrechtsrichtlinie nur in eindeutigen Fällen in Betracht.[565]

Die Marke ist darüber hinaus von der Eintragung ausgeschlossen, wenn das Bedürfnis besteht, das Zeichen freizuhalten.[566]

Ist festgestellt, dass die Anmeldung den Anforderungen entspricht und kein Eintragungshindernis vorliegt[567], so wird die angemeldete Marke in das Markenregister eingetragen.

Das Deutsche Patentamt nimmt allerdings keine Überprüfung einer Markenanmeldung dahingehend vor, ob bereits früher eine identische oder verwechselungsfähige Marke von einem anderen Markeninhaber angemeldet wurde. Trotz der bereits bestehenden Registrierung einer Marke wird diese in identischer Form für einen anderen Anmelder in die Rolle eingetragen. Die Prüfung eines solchen älteren Rechtes wird allein dessen Inhaber nach Bekanntmachung der Anmeldung im Rahmen eines Widerspruchsverfahrens überlassen.[568] Der Widerspruch kann sich gegen die Eintragung insgesamt richten, kann sich aber auch auf einzelne der im Verzeichnis aufgeführten Waren oder Dienstleistungen beschränken.

Für eine internationale Registrierung ist es erforderlich, dass binnen einer Frist von nur vier Monaten nach Anmeldung bereits die internationale Eintragung bewirkt wird. Das Verfahren zur Erlangung des Schutzes von Marken im Einklang mit dem Madrider Markenabkommen ist in §§ 107 ff. dMG geregelt.

bb) Das Registrierungsverfahren nach koreanischem Recht

Auch nach koreanischem Recht muss ein Warenzeichen grundsätzlich eingetragen sein, um wirksam zu werden.[569] Für den Betreiber einer noch schwebenden Anmeldung besteht vom Tag der Anmeldung an allein das Recht auf Ersteintragung.[570] Bei einer koreanischen Anmeldung innerhalb von sechs Monaten nach

564 §§ 34, 36 dMG
565 Berlit, WiB 1996, S. 621 <623> mwN
566 Vgl. BGH NJW 1995, S. 1752; Berlit, WiB 1996, S. 621 <623>
567 § 37 dMG
568 §§ 42, 43 dMG; vgl. unten c) aa) (2)
569 Park, Jang-Won, S. 110
570 Rahn, GRUR Intl. 1978, S. 202 ff. <204>; Park, Jang-Won, S. 110, 113

Anmeldung in einem Mitgliedsstaat der Pariser Konvention wird zugunsten des Anmelders die frühere Priorität der ausländischen Anmeldung zu Grunde gelegt.[571]

Der Eintragung gehen Anmeldung, formelle und materielle Prüfung sowie gegebenenfalls ein Einspruchsverfahren voraus.[572]

Im Antrag, der über einen koreanischen Patentanwalt einzureichen ist,[573] sind die Waren zu bezeichnen, für die die Marke eingetragen werden soll. Ferner ist eine Abbildung der Marke beizugeben, im Falle einer bunten Bildmarke in dreizehnfacher Ausfertigung.[574]

Seit dem 01.03.1998 ist für alle Anmeldungen das 1987 durch das Abkommen von Nizza[575] eingeführte Internationale Klassifizierungssystem auch in Korea verbindlich.[576] Dies kategorisiert in 34 Waren- und 8 Dienstleistungsklassen etwa 8.800 beispielhaft aufgeführte Artikel.[577]

Bis zum 01.03.1998 konnte eine Warenzeichenanmeldung Waren nur in einer Klasse kennzeichnen.[578] Ferner wies das damalige koreanische Warenklassifizierungssystem trotz der enthaltenen 65 Klassen nur eine sehr geringe Anzahl von Artikeln auf.[579]

c) Der Rechtsschutz bei Markenverletzungen

aa) Der Rechtsschutz nach deutschem Recht

(1) Privatrechtlicher Schutz

Das Markenrecht verleiht seinem Inhaber ein positives Benutzungsrecht und ein negatives Verbotsrecht. Allein der Markeninhaber ist berechtigt, Waren der angemeldeten Art oder ihre Verpackung oder Umhüllung mit der Marke zu versehen, die so bezeichneten Waren in Verkehr zu bringen sowie die Marke auf An-

---

571 Park, Jang-Won, S. 114, 122

572 Kim Byung-Il, GRUR Intl. 1997, S. 237 ff. <237, FN 6>; vgl. unten c) bb) (2)

573 Park, Jang-Won, S. 120

574 Park, Jang-Won, S. 121, 123

575 Abkommen von Nizza über die Warenzeichenklassifikation von 1957, Blatt für PMZ 1995, S. 150; Park, Jang-Won, S. 108, 117, 121

576 Park, Jang-Won, S. 108, 117, 121

577 Rahn, GRUR Intl. 1978, S. 202 ff. <204>; Park, Jang-Won, S. 118 f.

578 Park, Jang-Won, S. 121

579 53 Warenklassen, 12 Dienstleistungsklassen; Park, Jang-Won, S. 117; vgl. Rahn, GRUR Intl. 1978, S. 202 ff. <204>

kündigungen, Preislisten und Geschäftsbriefen, Empfehlungen, Rechnungen oder dergleichen anzubringen.[580]

Der Inhaber einer Marke kann von jedem Dritten die Unterlassung der Nutzung der Marke verlangen.[581] Der Unterlassungsanspruch setzt Verschulden nicht voraus. Es genügt die Nutzung der Marke auf der Ware,[582] wenn Begehungs- oder Wiederholungsgefahr vorliegt.

Sollte der Verletzer schuldhaft gehandelt haben, ist er dem Inhaber der Marke oder darüber hinaus zum Ersatz des Schadens verpflichtet.[583] Der Inhaber kann den ihm entstandenen Schaden entsprechend dem entgangenen Gewinn oder entsprechend dem Gewinn des Verletzers berechnen oder eine angemessene Lizenzgebühr fingieren. Daneben steht der Anspruch auf Herausgabe einer eingetretenen ungerechtfertigten Bereicherung nach § 812 dBGB.[584]

Der Inhaber der handelsrechtlichen Firma wird insbesondere durch den Unterlassungsanspruch gegen den unbefugten Gebrauch geschützt.[585] Schadensersatzansprüche zugunsten des Firmeninhabers ergeben sich aus den allgemeinen Vorschriften.[586]

Der Beklagte eines Unterlassungs- oder Schadensersatzprozesses kann nach Ablauf der Benutzungsschonfrist die mangelnde Benutzung durch den Inhaber[587] wie auch die Erschöpfung der Rechte[588] und die Verwirkung der Ansprüche des Inhabers rügen,[589] etwa im Falle der geduldeten Fremdnutzung.

Der wegen einer Markenrechtsverletzung angegangene Dritte kann ferner darauf hinweisen, dass er nur seinen eigenen Namen nutzt, lediglich auf Merkmale oder Eigenschaften der Ware hinweisen will oder die Marke nutzt, um auf Zubehör oder Ersatzteile oder eine eigene Dienstleistung hinzuweisen.[590] Ferner ist die Feststellung der Nichtverletzung einer geschützten Marke zulässig.[591]

580 § 14 dMG
581 §§ 14, 15 dMG
582 BGH, GRUR 1955, S. 484
583 § 14 Abs. 6, § 15 Abs. 5 dMG
584 BGH, GRUR 1987, S. 524
585 § 37 Abs. 2 dHGB
586 § 15 iVm § 5 Abs. 2 dMG, § 823 dBGB
587 § 25 dMG
588 § 24 dMG
589 § 21 dMG
590 § 23 dMG; vgl. ferner unten (2) a. E.
591 LG München, GRUR Intl. 2000, S. 783 ff.

(2) Schutz gegen Entscheidungen des Deutschen Patentamtes

Eine Entscheidung des Deutschen Patentamts kann durch Widerspruch angegriffen werden. Auf den Widerspruch hin entscheidet es, ob zwei Marken übereinstimmen. Falls das Amt zu dem Ergebnis kommt, dass eine Übereistimmung nicht vorliegt, wird der Widerspruch zurückgewiesen, sonst wird die eingetragene Marke ganz oder teilweise gelöscht.[592]

Ferner finden vor dem Patentamt Löschungsverfahren wegen absoluter Schutzhindernisse statt.[593] Diese absoluten Schutzhindernisse liegen dann vor, wenn die Marke entgegen § 3 dMG vom Gegenstand her von vornherein gar nicht schutzfähig war, wenn entgegen § 7 dMG die Voraussetzung an die Inhaberschaft nicht vorlag oder die absoluten Schutzhindernisse nach § 8 dMG nicht berücksichtigt wurden. Ferner ist eine Marke zu löschen, wenn der Inhaber auf diese Marke verzichtet.[594] Auch der Ablauf der Schutzdauer ohne Verlängerung führt zur Löschung des Markenschutzes.[595]

Die Eintragung einer Marke kann auch dann gelöscht werden, wenn der Anmelder bei der Anmeldung bösgläubig war.[596] Darüber hinaus kann das Patentamt eine eingetragene Marke auf Antrag aber auch wegen Verfalls löschen.[597] Damit ist es dem Patentamt möglich, die Marke bei fünfjähriger Nichtbenutzung, bei Umwandlung in eine Gattungsbezeichnung oder wegen täuschender Nutzung zu löschen.[598] Der Antrag auf Löschung kann von jedermann gestellt werden. Die Löschung wegen absoluter Schutzhindernisse kann aber nicht mehr verlangt werden, wenn seit dem Tag der Eintragung zehn Jahre verstrichen sind.[599]

Vom patentamtlichen Löschungsverfahren ist das gerichtliche Löschungsverfahren zu unterscheiden. Das gerichtliche Löschungsverfahren bietet zum Teil Rechtsschutz für die gleichen Inhalte wie das patentamtliche Verfahren. Nach § 55 dMG kann im selben Umfang, wie bereits für das Verfahren vor dem Patentamt beschrieben, jede Person wegen Verfalls[600] die Löschung einer Marke einklagen. Darüber hinaus eröffnet § 55 dMG aber auch dem Inhaber der älteren Rechte die Klagemöglichkeit auf Löschung der Marke. Als solche älteren Rechte definiert § 51 dMG die Rechte im Sinne der §§ 9 - 13 dMG.

592 § 43 Abs. 2 dMG
593 § 54 dMG
594 § 48 dMG
595 § 47 Abs. 6 dMG
596 § 50 Abs. 1 Nr. 4 dMG
597 § 53 dMG
598 § 49 Abs. 1, Abs. 2 Nr. 1 und Nr. 2 dMG
599 § 50 dMG
600 § 49 dMG

Der Beklagte eines zivilrechtlichen Unterlassungs- oder Schadensersatzprozesses kann im Wege der Widerklage auf Löschung des Zeichens wegen Verfalls[601] oder wegen des Bestehens älterer Rechte[602] die geltend gemachte Marke beseitigen. Auf diese Weise können die Nichtbenutzung der letzten fünf Jahre, das Umwandeln zur Gattungsbezeichnung, der etwaige täuschende Charakter aufgrund der Benutzung, die fehlenden Voraussetzungen hinsichtlich der Inhaberschaft und die älteren Rechte gemäß der §§ 9 - 13 dMG im Dienste des zivilrechtlichen Verfahrens geltend gemacht werden.

bb) Der Rechtsschutz nach koreanischem Recht

(1) Privatrechtlicher Schutz

Rechtsschutz wird nicht nur für identische, sondern auch für ähnliche Warenzeichen sowie bei direkten und indirekten Schäden gewährt. Der Unterlassungsanspruch ist wie bei Patentverletzungen verschuldensunabhängig, der Schadensersatzanspruch hingegen wird nur bei Vorsatz oder Fahrlässigkeit gewährt. Das Verschulden wird allerdings vermutet.[603] Es besteht die Möglichkeit einstweiligen Rechtsschutzes.[604]

Hinsichtlich der vom Warenzeichengesetz nicht erfassten nicht eingetragenen Warenzeichen entsprechen die zivilrechtlichen Sanktionen bei Wettbewerbsverstößen nach dem kUWG[605] im Wesentlichen denen bei Patentverletzungen.

Der ausschließliche Lizenznehmer genießt neben dem Inhaber die selbe Aktivlegitimation für Unterlassungs- und Schadensersatzklagen.[606]

(2) Öffentlich-rechtlicher Schutz

Innerhalb von 30 Tagen nach der Bekanntmachung der Warenzeicheneintragung kann gegen diese von jedermann Einspruch erhoben werden.[607] Gegen den Zurückweisungsbeschluss des Prüfers kann gemäß Art. 16 kMG innerhalb weiterer

601 § 49 dMG
602 § 51 dMG
603 Park, Jang-Won, S. 131, 132; Hilpert u.a., S. 446
604 Hilpert u.a., S. 445
605 Hilpert u.a., S. 446
606 GRUR Intl. 1990, S. 167 <168>; Hilpert u.a., S. 454
607 Art. 17 Abs. 3 kMG, Art. 84 ff. kPatG; Rahn, GRUR Intl. 1978, S. 202 ff. <204>; Park, Jang-Won, S. 125

30 Tage das quasigerichtliche Beschwerdeverfahren bei der Patentbeschwerdekammer eingeleitet werden.[608]

Hinsichtlich einer zu Unrecht eingetragenen Marke kann – auch nach Ablauf der Schutzdauer - durch einen Interessenten wie auch von Amts wegen durch das Patentamt ein Ungültigkeitsverfahren (Nichtigkeitsverfahren) mit Wirkung ex tunc angestrengt werden.[609]

Ferner kann ein Löschungsbegehren unter anderem nach dreijähriger Nichtbenutzung der Marke beantragt werden.[610] Der Inhaber trägt die Beweislast für die Nutzung des Warenzeichens.[611] Derjenige, der erfolgreich das Löschungsbegehren betrieben hat, hat innerhalb von drei Monaten nach Rechtskraft der Löschung das vorrangige Recht, eine der gelöschten ähnliche Marke eintragen zu lassen.[612]

Verschleiert der Lizenznehmer bei der Nutzung des angemeldeten Warenzeichens Produktqualität oder Herkunft, so kann das Warenzeichen gelöscht werden.[613]

(3) Strafrechtlicher Schutz

Im Gegensatz zur deutschen Rechtslage können nach koreanischem Strafrecht auch bei Verletzungen eingetragener Warenzeichen Gefängnisstrafen bis zu fünf Jahren oder Geldstrafen bis zu 20 Mio. Won verhängt werden.[614]

Bei nicht eingetragenen Marken ermöglicht der Strafrahmen Freiheitsstrafen bis zu drei Jahren und Geldstrafen bis zu 30 Mio. Won.[615]

6. Der Urheberrechtsschutz

Die wirtschaftliche Bedeutung des Urheberrechts ist vor allem in den westlichen Industriestaaten sehr groß und nimmt damit inzwischen auch in Korea stetig zu. Die Anzahl der Verletzungen ist enorm hoch.

---

608 Quasigerichtlich, vgl. Rahn, GRUR Intl. 1978, S. 202 ff. <204>; Park, Jang-Won, S. 132

609 Park, Jang-Won, S. 133; Hilpert u.a., S. 443

610 Park, Jang-Won, S. 113; Hilpert u.a., S. 444

611 GRUR Intl. 1990, S. 167 <168>

612 GRUR Intl. 1994, S. 644; Park, Jang-Won, S. 114; vgl. anders Hilpert u.a., S. 445 und korean. OGH, Entscheidung vom 28.07.1993, Kim & Chang Bulletin 1993 Nr. 3, S. 3

613 Ebenroth u.a., RIW 1994 Beilage, S. 1 ff. <4>

614 Art. 66 kMG; Umtauschkurs siehe Fußnote 384

615 Art. 18 kUWG

Bei Rückkaufgeschäften spielt das Urheberrecht allerdings eher eine sekundäre Rolle, nämlich soweit Technologie schriftlich und grafisch festgehalten und kaufmännisches Wissen übertragen wird. Das Urheberrecht hat darüber hinaus jedoch unmittelbaren Einfluss auf das Computerprogrammschutzrecht.[616] Es wird daher hier insgesamt neben den gewerblichen Schutzrechten gleichberechtigt dargestellt.

a) Der Gegenstand des Urheberrechts

aa) Der Gegenstand nach deutschem Recht

Das Urheberrecht ist als Immaterialgüterrecht wie die gewerblichen Schutzrechte als absolutes Ausschließlichkeitsrecht ausgestaltet. Es verleiht ein positives Nutzungsrecht sowie als negatives Verbotsrecht die Möglichkeit, Dritte von der Nutzung des Urheberrechtes auszuschließen.

Gegenstand des Urheberrechts ist das Werk als immaterielles Gut. Dieses immaterielle Gut ist von der Verkörperung, in der das Werk zu finden ist, beispielsweise dem Bild, Buch oder Schriftstück, zu unterscheiden. Wer ein Bild etwa käuflich erwirbt, wird zwar Eigentümer der Werkverkörperung, erhält aber nicht das Recht, von dem darin verkörperten Werk seinerseits abbildende Verkörperungen herzustellen, diese zu verbreiten oder zu veröffentlichen.

Obwohl das Urheberrecht das immaterielle Werk und nicht seine Verkörperung schützt, ist Gegenstand des Schutzes aber auch nicht die bloße Idee des Werkes unabhänging von der körperlichen Ausgestaltung. Vielmehr schützt es den in der tatsächlichen Werkverkörperung gefundenen immateriellen Ausdruck des Werkes.[617]

Voraussetzung für den Schutz eines Werks durch das Urheberrechtsgesetz ist eine persönlich-geistige Schöpfung. Das Werk muss Ergebnis individuellen geistigen Schaffens sein. Dabei kommt auch Werken von geringerem schöpferischen Wert Urheberschutz zu.

Als Werk kommen Schöpfungen der Literatur, Wissenschaft und Kunst in Betracht.[618] Die gesetzliche Aufzählung in § 2 Abs. 1 dUrhG ist beispielhaft und führt die wichtigsten und typischen Kategorien von Werken auf, so dass neu entstehende Werkarten ohne weiteres unter den Schutz des Urheberrechtsgesetzes fallen.

---

616 Vgl. unten III. 7. a)

617 BGH, GRUR 1979, S. 464; allerdings BGH, IIC 2000, S. 1050 ff. <1051> auf Grundlage Art. 6 Abs. 1 Berner Übereinkunft in der Fassung von Rom

618 § 1 dUrhG

Bearbeitungen eines Werkes wie etwa Übersetzungen, die ihrerseits eigene persönlich-geistige Schöpfungen des Bearbeiters sind, werden unbeschadet des Urheberrechts am bearbeiteten Werk wie selbständige Werke geschützt.[619]

Ferner können auch Sammlungen von Werken Urheberschutz genießen, wenn ihre Auslese oder Anordnung eine persönlich-geistige Schöpfung darstellt.[620] Dem Urheberrechtsschutz entzogen sind allerdings amtliche Werke.[621]

Urheber eines Werks ist dessen Schöpfer.[622] Haben mehrere Personen ein Werk gemeinsam geschaffen, ohne dass sich ihre Anteile gesondert verwerten ließen, so gelten sie als Miturheber des Werkes.[623] Haben mehrere Urheber ihre Werke zu einer gemeinsamen Verwertung miteinander verbunden, so kann der einzelne Urheber von den anderen die Einwilligung zur Veröffentlichung, Verwertung und Änderung der verbundenen Werke verlangen. Änderungen des Werkes sind nur mit Einwilligung aller Miturheber zulässig. Diese darf jedoch nicht wider Treu und Glauben verweigert werden.

Gemäß § 10 dUrhG gilt zugunsten dessen, der auf den Vervielfältigungsstücken eines erschienenen Werkes oder auf dem Original eines Werkes der bildenden Künste als Urheber bezeichnet ist, bis zum Beweis des Gegenteils als Urheber.

Das Urheberrecht gewährt vermögensrechtliche und persönlichkeitsbezogene Befugnisse. Die vermögensrechtlichen Befugnisse werden als Verwertungsrechte bezeichnet. Nur diese sind im Wege der Lizenzierung übertragbar.[624]

Zu den Verwertungsrechten gehört das Vervielfältigungsrecht, das Verbreitungsrecht und das Ausstellungsrecht.[625] Ferner ist die Befugnis, das Werk in unkörperlicher Form öffentlich wiederzugeben, ein Verwertungsrecht. Es umfasst insbesondere das Vortrags-, das Aufführungs- und das Vorführungsrecht, das Senderecht, das Recht der Wiedergabe durch Bild- und Tonträger sowie das Recht der Wiedergabe von Rundfunksendungen.[626]

Neben diesen Verwertungsrechten der körperlichen und unkörperlichen Wiedergabe sind auch die Bearbeitungs- und Umgestaltungsrechte zu erwähnen.[627]

---

619 § 3 dUrhG; allerdings ist nach BGH, IIC 2000, S. 1050 ff. <1051> die Ersterscheinung einer Übersetzung bei Nichtveröffentlichung des Originals wie die Ersterscheinung des Originals zu werten

620 § 4 dUrhG

621 § 5 dUrhG

622 § 7 dUrhG

623 § 8 dUrhG, BGH, GRUR 1994, S. 39

624 Ebenroth u.a., RIW 1994 Beilage, S. 1 ff. <5>

625 § 15 Abs. 1 dUrhG

626 § 15 Abs. 2 dUrhG

627 § 23 dUrhG

Ferner ist das Urheberpersönlichkeitsrecht wesentlicher Bestandteil des Urheberrechts. Dieses umfasst zunächst das Recht des Urhebers zu bestimmen, ob und wie sein Werk zu veröffentlichen ist.[628] Ferner ist es dem Urheber vorbehalten, den Inhalt seines Werks öffentlich mitzuteilen oder zu beschreiben.[629] Auch ist eine Vollübertragung auf einen anderen unter Lebenden nicht zulässig.[630]

Des Weiteren hat er das persönliche Recht zu bestimmen, ob das Werk mit seiner Urheberbezeichnung versehen wird.[631] Schließlich steht ihm zu, eine Entstellung oder eine Beeinträchtigung seines Werkes zu verbieten, die geeignet ist, seine berechtigten geistigen oder persönlichen Interessen am Werk zu gefährden.[632]

Bei Filmwerken allerdings ist der Persönlichkeitsschutz des Urhebers gegen Entstellung insoweit beschränkt, als der Urheber nur eine grobe Beeinträchtigung seiner Werke oder Leistungen verbieten kann.[633]

Als weiteren Ausfluss des Urheberpersönlichkeitsrechts hat der Urheber das Recht, vom Besitzer des Originals oder eines Vervielfältigungsstückes zu verlangen, dass ihm das Original oder Vervielfältigungsstück zugänglich gemacht wird, soweit es zur Herstellung von weiteren Vervielfältigungsstücken oder der Bearbeitung des Werkes erforderlich ist.[634]

Das Urheberrecht findet gemäß § 45 dUrhG eine Schranke im Recht zur Vervielfältigung von Werken zur Verwendung in Verfahren vor Gerichten, Schiedsgerichten oder Behörden. Weiterhin wird die Vervielfältigung oder Verbreitung von Teilen von urheberrechtlich geschützten Werken in Sammlungen für Kirchen-, Schul- oder Unterrichtsgebrauch zugelassen.[635] Schulen sowie Einrichtungen der Lehrerbildung und der Lehrerfortbildung dürfen einzelne Vervielfältigungstücke von Werken, die innerhalb einer Schulfunksendung gesendet werden, durch Übertragung der Werke auf Bild- oder Tonträger herstellen.[636]

Gemäß § 48 dUrhG ist die Vervielfältigung und Verbreitung von Reden über Tagesfragen in Zeitungen, Zeitschriften und anderen Informationsblättern ebenso wie die Vervielfältigung, Verbreitung oder öffentliche Wiedergabe von Reden

---

628 § 12 Abs. 1 dUrhG
629 § 12 Abs. 2 dUrhG
630 Vgl. § 29 S. 2 dUrhG
631 § 13 dUrhG
632 § 14 dUrhG; RG Z 79, S. 397; BGH, GRUR 1982, S. 607
633 § 93 dUrhG
634 § 25 dUrhG
635 § 46 dUrhG
636 § 47 dUrhG

vor staatlichen, kommunalen oder kirchlichen Organen zulässig. § 61 dUrhG sieht eine Zwangslizenz zur Herstellung von Tonträgern vor.

Ferner ist die Wiedergabe ohne Erwerbszweck[637] sowie die Vervielfältigung für den privaten und sonstigen eigenen Gebrauch[638] zulässig.

Die Beschränkungen des Urheberrechtes aus den §§ 45-63 dUrhG sind aufgrund ihres Ausnahmecharakters eng auszulegen.[639]

Für die meisten der zuvor beschriebenen Benutzungsformen ist dem Urheber eine angemessene Vergütung zu zahlen. Ferner steht ihm das Recht zu, bei jedem Veräußerungsvorgang eines Originals vom Veräußerer einen Anteil von 5 % des Veräußerungserlöses zu verlangen, wenn an diesem Vorgang ein Kunsthändler oder Versteigerer als Erwerber, Veräußerer oder Vermittler beteiligt ist.[640] Für das Vermieten und Verleihen von Werkstücken steht dem Urheber schließlich auch ein Vergütungsanspruch zu.[641]

Die durch die Verbreitung der Werkverkörperung einschließlich des immateriellen Werkes erfolgte Erschöpfung der urheberrechtlichen Rechtsposition an dem Werk erstreckt und beschränkt sich auf die Verbreitung allein dieser Verkörperung.[642] Eine Weiterveräußerung der einmal berechtigt in Verkehr gebrachten Werkverkörperung ist somit statthaft, eine Vervielfältigung hingegen nicht.

Das Urheberrechtsgesetz enthält ferner Regeln über die dem Urheberrecht verwandten Schutzrechte. Damit soll eine Leistung geschützt werden, die der schöpferischen Leistung eines Urhebers ähnlich ist. Das sind die Leistungsschutzrechte der ausübenden Künstler,[643] der Hersteller von Tonträgern,[644] der Sendeunternehmen[645] und der Filmhersteller[646].

Das Urheberrecht erlischt 70 Jahre nach dem Tod des Urhebers.[647] Zu diesem Zeitpunkt erlöschen sowohl die Verwertungsrechte als auch die persönlichkeitsbezogenen Befugnisse des Urhebers. Sind mehrere Schöpfer Urheber im Sinne von § 8 dUrhG, so erlischt das Urheberrecht 70 Jahre nach dem Tod des längstlebenden Urhebers.[648] Soweit es sich um anonyme oder pseudonyme Werke

---

637 § 52 dUrhG
638 § 53 dUrhG
639 BGH Z 50, S. 147
640 § 26 dUrhG
641 § 27 dUrhG
642 § 17 Abs. 2 dUrhG
643 §§ 73 ff. dUrhG
644 §§ 85 f. dUrhG
645 § 87 dUrhG
646 §§ 88 ff. dUrhG
647 § 64 Abs. 1 dUrhG
648 § 65 dUrhG

handelt, erlischt das Urheberrecht 70 Jahre nach der Veröffentlichung des Werkes.

bb) Der Gegenstand nach koreanischem Recht

Das koreanische Urhebergesetz[649] zielt darauf ab, die Rechte von Urhebern in Übereinstimmung mit öffentlichen Interessen und der Entwicklung der nationalen Kultur zu schützen und zu erweitern.

Das Urhebergesetz schützt über literarische und wissenschaftliche Werke hinaus auch Werke der darstellenden Kunst.[650] Übersetzungen und andere Veränderungen des Ursprungswerks werden wie im deutschen Recht als sekundäre literarische Werke geschützt, bedürfen allerdings ihrerseits der Genehmigung des Urhebers des Ursprungswerkes.[651] Ebenso finden Zusammenstellungen literarischer Werke Schutz, sofern Auswahl und Sammlung kreativer Natur sind.[652] Der Bereich des Urheberrechts umschließt ferner Film-, Rundfunk-, Fernseh-, Tonband- und Schallplattenaufnahmen.[653]

Das koreanische Urheberrecht teilt die Rechte des Autors vergleichbar mit dem deutschen Recht in persönliche Rechte[654] und Eigentumsrechte[655] ein. Beide Aspekte des Urheberrechts beginnen mit der Vollendung des Werkes unabhängig von allen Formalitäten.[656]

Die persönlichen Rechte umfassen unter anderem die Rechte auf Veröffentlichung, auf Aufnahme des Namens des Autors auf seinem Werk und auf Aufrechterhaltung der Einheit von Titel, Inhalt und Form seiner Darstellung.[657]

Die Eigentumsrechte gewähren Befugnisse zur Vervielfältigung, zur Aufführung, zur Sendung, zur Ausstellung, zur Verbreitung, zur Verleihung[658], außerdem zur Herstellung der bereits erwähnten sekundären literarischen Werke wie etwa der Übersetzung, ferner zu jeder sonstigen Benutzung des Werkes.[659]

649 Copyright Act, neue Fassung in Kraft seit 01.07.1996, fortan: UrhG oder kUrhG
650 Zur Abgrenzung zum Gebrauchsmusterschutz vgl.: Korean. OGH, GRUR Intl. 1997, S. 274 f. mit kritischer Anmerkung Ahn, Hyo-Jil, GRUR Intl. 1997, S. 275 ff., der insbesondere den Zweck als Abgrenzungskriterium ablehnt <275>
651 Hilpert u.a., S. 448
652 Vgl. Park, Jang-Won, S. 144 f.
653 Vgl. Park, Jang-Won, S. 144
654 Art. 11 ff. kUrhG
655 Art. 16 ff. kUrhG
656 Art. 10 Abs. 2 kUrhG; siehe unten b) bb); Park, Jang-Won, S. 145 f.
657 Park, Jang-Won, S. 146
658 GRUR Intl. 1994, S. 644; Park, Jang-Won, S. 146; vgl. Katzenberger, GRUR Intl. 1995, S. 447 ff. <465>
659 Art. 16 kUrhG; Ebenroth u.a., RIW 1994 Beilage, S. 1 ff. <5>

In Art. 61 ff. kUrhG werden Rechte, die an das eigentliche Urheberrecht angrenzen, gewährt (fortan: angrenzende Rechte).[660] Danach hat beispielsweise ein Schauspieler neben seinem Anspruch auf Vergütung für die Sendung seiner Darbietung im Rundfunk das Recht, die Vorführung auf Schallplatte oder Tonband aufzunehmen.[661]

In Anbetracht der Tatsache, dass ein literarisches Werk nicht nur die Schöpfung eines individuellen Schriftstellers, sondern auch das Resultat eines gemeinschaftlichen Vermächtnisses menschlicher Kultur und Kommunikation ist, sowie aufgrund konfuzianischer Grundsätze im Rechtsverständnis[662] gibt das Gesetz eine klare Definition von erlaubnisfreiem Gebrauch von Urheberrechten. So ist wie im deutschen Recht die Reproduktion literarischer Werke für interne Zwekke der Gesetzgebung, Rechtsprechung und Verwaltung gestattet.[663]

Ferner ist die Veröffentlichung literarischer Werke in Schultextbüchern[664] und als Prüfungsgrundlage[665] unbedenklich. Daneben sind Zitate aus literarischen Werken für Nachrichten[666], Kritik, Erziehung und Forschung[667] erlaubt.[668]

Die Nutzung literarischer Werke für Rundfunk und nicht kommerzielle Aufführungen[669] sowie schließlich die Reproduktion literarischer Werke für den internen bzw. persönlichen Gebrauch[670], zum Gebrauch durch Büchereien unter den Voraussetzungen des Art. 28 kUrhG sowie in Blindenschrift[671] genießen ebenfalls dieses Privileg.

Mit Genehmigung des Ministeriums für Kultur und Information und nach Hinterlegung einer angemessenen Gebühr kann eine Person in bestimmten in Art. 47 bis 50 kUrhG aufgeführten Fällen ein literarisches Werk auch ohne Zustimmung des Inhabers des Urheberrechts nutzen (Zwangslizenz). Die Fälle betreffen sowohl die Nichterreichbarkeit des Rechtsinhabers als auch das Fehlen einer Einigung über die Verwertung des Rechtsgutes durch einen Interessenten.

Das Gesetz sieht eine Auswahl von Hilfsmitteln vor, um der Tendenz zu gemeinschaftlicher Urheberschaft entgegenzuwirken, welche den eigentlichen Inhaber eines Urheberrechts oft verdeckt. Danach soll das Urheberrecht an einem

660 GRUR Intl. 1994, S. 644
661 Art. 63 kUrhG
662 Vgl. oben II. 1. b)
663 Art. 22 kUrhG; Park, Jang-Won, S. 146 f.
664 Art. 23 kUrhG
665 Art. 29 kUrhG
666 Art. 24 kUrhG
667 Art. 25 kUrhG
668 Park, Jang-Won, S. 147
669 Art. 26 kUrhG
670 Art. 27 kUrhG
671 Art. 30 kUrhG

Werk, das von mehr als zwei Autoren verfasst wurde, durch einen Kompromiss unter den Urhebern geklärt werden.[672] Ferner steht das Urheberrecht eines literarischen Werks, welches von einem Mitarbeiter einer Gesellschaft in Ausübung seiner Dienstpflichten produziert wurde, der Gesellschaft zu.[673]

In Fällen visueller Produkte (Film, Video, Fernsehen), die die Teilnahme zahlreicher Personen an der Produktion voraussetzen, soll der Produzent die Rechte zur Reproduktion, Verteilung und Verwertung im Rundfunk besitzen, falls nichts anderes vereinbart wurde. Die persönlichen Rechte hingegen sollen bei den Abgebildeten liegen.

Um die Verwaltung von Urheberrechten sowie die zeitraubenden und kostspieligen Verhandlungen des Urheberrechtsinhabers mit dem Benutzer zu bewältigen, können besondere Agenturen ermächtigt werden. Diese Agenturen bedürfen der Bestätigung durch das Kultusministerium.[674]

Die Eigentumsrechte werden 50 Jahre über den Tod des Inhabers hinaus gewährleistet.[675] Die persönlichen Rechte hingegen werden über den Tod des Autors hinaus zwar grundsätzlich so gewährt, als lebte er noch, allerdings mit der pragmatischen Einschränkung, dass die freie Nutzung solange nicht beschränkt ist, wie die Würde des Autors nicht übel beleumundet wird.[676]

Das Urhebergesetz gewährt literarischen Werken von Ausländern grundsätzlich in gleichem Umfang Schutz, wie Produktionen von Inländern geschützt werden. Dies gilt nicht für Mitschnitte für Rundfunkzwecke bei Life-Aufführungen von Ausländern[677]. Ferner gilt dies nicht, wenn die Behandlung der Erzeugnisse von Koreanern im Heimatland des betreffenden Ausländers nicht gewährleistet ist.[678] Letzteres ist in Deutschland jedoch unproblematisch.

b) Die Entstehung von Urheberrechten

aa) Die Entstehung von Urheberrechten nach deutschem Recht

Das Urheberrecht entsteht ohne Registrierungsverfahren oder andere formelle Begleitumstände. Damit besteht eine Verwandtschaft zum Namensschutz nach § 12 BGB wie auch zum Firmenschutz.[679]

---

672 Art. 15 kUrhG
673 Art. 9 kUrhG
674 Art. 78 kUrhG
675 Art. 36 Abs. 1 kUrhG; Park, Jang-Won, S. 149
676 Art. 14 Abs. 2 kUrhG
677 Park, Jang-Won, S. 143
678 Art. 3 kUrhG
679 Vgl. oben 5. a) aa) (1)

bb) Die Entstehung von Urheberrechten und ihre Registrierung nach koreanischem Recht

Gleiches wie im deutschen Recht gilt auch in Korea. Das Urheberrecht wird mit der Erschaffung des Werks ohne jede Formalität wirksam.[680] Allerdings bietet eine Registrierung zusätzlichen Schutz. Denn gemäß Art. 52 UrhG kann sich der Inhaber oder ein anderer Berechtigter auf die Begründung, Übertragung, Veränderung, Löschung oder Beschränkung des Verpfändungsrechts ohne Registrierung des Urheberwerkes nur inter partes berufen.[681]

Eintragungsfähig im koreanischen Urheberrechtsregister sind unter anderem die Vererbung, die individualsukzessive Übertragung, die Veränderung und die Rücknahme der Übertragung sowie das Erlöschen von Rechten,[682] ferner auf Antrag des Autors sein wirklicher Name in Fällen anonymer oder pseudonymer Werke,[683] darüber hinaus die Daten der Erschaffung, der ersten Veröffentlichung und der Vollendung, des Weiteren die Verpfändung und die Wiederherstellung gelöschter Eintragungen.[684]

c) Der Rechtsschutz im Urheberrecht

aa) Der Rechtsschutz nach deutschem Recht

Wie bereits erörtert, entsteht das Urheberrecht ohne jedes Anmelde- oder Registrierungsverfahren allein dadurch, dass der Urheber ein schützenswertes Werk mit der erforderlichen Schöpfungshöhe schafft. Daher besteht auch kein formalisiertes Verfahren zur Löschung des Urheberrechtes. Im Verletzungsprozess muss das zuständige Gericht positiv feststellen, ob dem Urheber das behauptete Urheberrecht zusteht oder nicht.

Urheberrechtsverletzungen berechtigen den Schutzrechtsinhaber dazu, vom Verletzer sowohl Unterlassung als auch Schadensersatz zu verlangen.[685] Für den Unterlassungsanspruch ist Wiederholungsgefahr oder Erstbegehungsgefahr Voraussetzung, wobei schon Vorbereitungshandlungen genügen.[686] Der Verletzte kann darüber hinaus die Vernichtung oder Überlassung der Vervielfältigungs-

---

680 Art. 10 kAbs. 2 UrhG; Park, Jang-Won, S. 145 f.
681 Park, Jang-Won, S. 150
682 Art. 18 Durchführungsverordnung (Enforcement Decree) zum kUrhG i.V.m. Verordnung des Kultusministeriums; Park, Jang-Won, S. 150
683 Art. 51 Abs. 1 UrhG; Park, Jang-Won, S. 150
684 Art. 18 DV zum kUrhG i.V.m. VO Kultusministerium (siehe FN 682)
685 § 97 dUrhG
686 BGH Z 42, S. 118

stücke verlangen.[687] Dieses Recht erstreckt sich auch auf die Vernichtung oder Überlassung von Vorrichtungen zur Vervielfältigung.[688] Schuldhaftes Handeln ist nur für den Schadensersatzanspruch erforderlich.

Das dUrhG enthält selbst Straftatbestände, nämlich in den §§106, 108, 108a dUrhG.[689] Diese werden durch die Tatbestände des Betrugs,[690] der Untreue,[691] der Begünstigung,[692] der Strafvereitelung,[693] der Urkundenfälschung,[694] der Strafbaren Werbung,[695] der Geschäftlichen Verleumdung,[696] des Geheimnisverrats[697] sowie der Verbreitung von Bildern[698] ergänzt.[699]

bb) Der Rechtsschutz nach koreanischem Recht

Der Inhaber kann wie im deutschen auch im koreanischen Recht bei Verletzungen Unterlassung,[700] bei Gefährdungen vorbeugende Maßnahmen verlangen.[701] Er kann ferner Herausgabe der durch Rechtsverletzungen erlangten Produkte von etwaigen Verletzern fordern.[702] Das Gericht kann dem Rechtsinhaber eine Sicherheitsleistung auferlegen.[703]

Des Weiteren kann er Schadensersatz vom schuldhaft handelnden Schädiger beanspruchen,[704] und zwar als Anhaltspunkt der Höhe nach orientiert an dem Gewinn des Schädigers.[705]

Als Verletzungshandlung gilt auch der Besitz von Produkten für Zwecke des Vertriebs in der Kenntnis, dass die Herstellung solcher Produkte die Urheberrechte Dritter verletzt hat.[706]

---

687 § 98 dUrhG
688 § 99 dUrhG
689 Braun, CR 1994, S. 726 <729>
690 § 263 dStGB
691 § 266 dStGB
692 § 257 dStGB
693 § 258 dStGB
694 § 267 dStGB
695 § 4 dUWG
696 § 15 dUWG
697 §§ 17 ff. dUWG
698 § 33 KunstUrhG
699 Braun, CR 1994, S. 726 <730>
700 Sohn/Jong/Choe, S. 691 ff. <699>
701 Art. 91 Abs. 1 kUrhG
702 Art. 91 Abs. 2 kUrhG
703 Park, Jang-Won, S. 152
704 Art. 93 Abs. 1 kUrhG
705 Art. 93 Abs. 2, 3 kUrhG; Park, Jang-Won, S. 152
706 GRUR Intl. 1994, S. 644; Park, Jang-Won, S. 151

Für die Geltendmachung von Urheberrechtsansprüchen sind die ordentlichen Gerichte zuständig. Ferner besteht die Möglichkeit des schiedsgerichtlichen Verfahrens bei dem Copyright Review Arbitration Committee.[707] Gemäß Art 91 Abs. 4 UrhG besteht die Möglichkeit gerichtlichen einstweiligen Rechtsschutzes.

Im Bereich des Strafrechts ist Geldstrafe für Verletzungen von Urheberrechten von bis zu 30 Mio. Won und Gefängnisstrafe bis zu drei Jahren oder eine Kombination hieraus angedroht.[708] Zusätzlich ist in den Fällen, in denen ein Mitglied oder Angestellter einer juristischen Person oder ein Angestellter einer natürlichen Person eine Verletzungshandlung in Ausübung einer Dienstpflicht begeht, neben dem Täter auch die juristische Person bzw. der Arbeitgeber für die Zahlung der Geldstrafe verantwortlich.[709]

7. *Computerprogrammschutz*

a) *Der Gegenstand des Computerprogrammschutzrechtes*

aa) *Das Computerprogrammschutzrecht als Teil des Urheberrechts im deutschen Recht*

Seit Einführung der §§ 69 a ff. dUrhG ist die Rechtsprechung des BGH, die den Schutz von Computerprogrammen dem Patentrecht zuwies, obsolet.[710] Durch die aufgrund der Richtlinie des Rates der Europäischen Union über den Rechtsschutz von Computerprogrammen[711] erfolgte Änderung des deutschen Urhebergesetzes[712] ist der Computerprogrammschutz nunmehr klar in den Urheberschutz einbezogen worden.

Die vorgenannte Richtlinie sieht vor, dass die Mitgliedstaaten bestimmte Mindestregelungen treffen, um in allen Mitgliedstaaten einen annähernd gleichen Schutz für Computersoftware zu erreichen.

Die Richtlinie schützt in erster Linie die Interessen der Autoren, nimmt andererseits aber auch bestimmte Handlungen wie zum Beispiel die Herstellung von Sicherungskopien oder die bestimmungsgemäße Benutzung der Software vom Zustimmungsrecht des Urhebers aus.

---

707 Park, Jang-Won, S. 151

708 Art. 98 kUrhG; Park, Jang-Won, S. 150; Umtauschkurs siehe Fußnote 384

709 Art. 103 kUrhG

710 BGH, GRUR 1985, S. 1041; BGH, GRUR 1991, S. 449; allerdings Tauchert, IIC 2000, S. 812 ff. <816> mwN; vgl. oben III. 1. a) aa) (1)

711 Richtlinie 91/250/EWG des Rates vom 14.05.1991, ABl.EG Nr. L 122, S. 42

712 §§ 69 a ff. dUrhG

Entsprechend ist in der nationalen Umsetzung der Richtlinie gemäß § 69 e dUrhG die Zustimmung des Rechtsinhabers zur Vervielfältigung des Codes und zur Übersetzung der Codeform im Sinne des § 69 c Nr. 1 und 2 dUrhG nicht erforderlich, wenn Vervielfältigung und Übersetzung unerlässlich sind, um die erforderlichen Informationen zur Herstellung der Interoperabilität eines unabhängig geschaffenen Computerprogrammes mit anderen Programmen zu erlangen.

Computerprogramme werden gemäß § 69 a Abs. 3 dUrhG geschützt, wenn sie individuelle Werke in dem Sinne darstellen, dass sie das Ergebnis der eigenen geistigen Schöpfung ihres Urhebers sind. Ästhetische und qualitative Kriterien sind nicht anwendbar. Im Wesentlichen finden gemäß § 69 a Abs. 4 dUrhG auf Computerprogramme die für Sprachwerke geltenden urheberrechtlichen Bestimmungen Anwendung.

Besondere Erwähnung finden sollte die Vorschrift des § 69 b Abs. 1 dUrhG, gemäß der der Arbeitgeber an dem Computerprogramm, das sein Arbeitnehmer in Wahrnehmung seiner Aufgaben oder nach Anweisung geschaffen hat, ohne weitere Vergütung ein ausschließliches Recht zur Ausübung aller vermögensrechtlichen Befugnisse hat. Auf die Urheberschaft des Arbeitnehmers weist die Urheberbezeichnung hin. Diesem bleibt überlassen, ob sein Werk unter seinem Namen, ohne Namensnennung oder unter einem Pseudonym erscheint.

bb) Der Computerprogrammschutz nach koreanischem Recht

Das Gesetz zum Schutz von Computerprogrammen[713] betrifft einen speziellen Bereich des Urheberrechts.[714] Es wurde im Dezember 1986 beschlossen und am 1. Juli 1987 in Kraft gesetzt. Seine hier zu Grunde gelegte Fassung trat am 01.01.1999 in Kraft. Es schützt Programme, die seit dem Inkrafttreten des Gesetzes geschaffen wurden,[715] und entfaltet keine rückwirkende Kraft.[716]

Das Computerprogrammschutzgesetz definiert seinen Schutzgegenstand, das Computerprogramm, als einen Satz von Anweisungen und Befehlen, die unmittelbar oder mittelbar in Computern oder ähnlichen Anlagen, die die Fähigkeit zur Datenverarbeitung haben, zur Herbeiführung eines bestimmten Ergebnisses verwendet werden.[717] Die Definition schließt Programme zur Abarbeitung von Datenbanken und Videospielen auf dem Bildschirm mit ein.

---

713 Computer Program Protection Act, fortan: CPG

714 Vgl. Park, Jang-Won, S. 144, 157; zur Patentierbarkeit von Computerhardware: Park, Jang-Won, S. 11

715 Anhang zum CPG, Abs. 1

716 Anhang zum CPG, Abs. 2

717 Art. 2 Nr. 1 CPG; Lee, Tae-Hee, Software Protection 1991, S. 5 f. <5>; Park, Jang-Won, S. 158

Unbeschadet des dem ursprünglichen Programm gewährten Schutzes sind ferner abgeleitete neue Programme, die durch Bearbeitung sämtlicher oder eines beträchtlichen Teils der Befehlsfolgen eines ursprünglichen Programms hergestellt werden, nach Art. 5 CPG schutzfähig. Dagegen schließt Art. 4 CPG in Anwendung der Unterscheidung zwischen schutzfreier Idee und schutzfähigem Ausdruck eines Werkes auf Computerprogramme Programmiersprachen, Programmstruktur und Algorithmus vom Urheberrechtsschutz aus.[718]

Das CPG räumt dem Urheber eines Computerprogramms entsprechend allgemeiner urheberrechtlicher Grundsätze sowohl Persönlichkeits- als auch Vermögensrechte ein.

Gemäß Art. 8 i.V.m. Art. 9-11 CPG umfasst das Programmurheberpersönlichkeitsrecht die Befugnis des Urhebers zu entscheiden, ob er das Programm Dritten freigeben will[719] und ob es mit seiner Urheberbezeichnung versehen werden soll,[720] ferner darüber, welche Bezeichnung zu verwenden ist. Auch steht dem Urheber der Schutz vor Entstellung des Werkes zu.[721]

Das urheberrechtliche Recht auf Wahrung der Unversehrtheit des Werkes erfährt bei begrenzten Änderungen am Computerprogramm insoweit eine Ausnahme, als diese entweder für die effizientere Nutzung auf einem bestimmten Computer oder dafür notwendig sind, dass ein nur auf einem bestimmten Computer laufendes Programm auch auf einem anderen genutzt werden kann.[722]

Falls der Berechtigte einem Dritten ein Programm übertragen oder geliehen hat, wird bis zum Beweis des Gegenteils durch Vorlage eines entsprechenden Vertrages vermutet, dass er auch die Freigabe für Handlungen erteilt hat, die das Urheberpersönlichkeitsrecht betreffen.[723] Dies soll den fortlaufenden informellen Austausch von Programmen begünstigen.

Als Vermögensrechte stehen dem Urheber das Recht auf Vervielfältigung, Bearbeitung, Übersetzung, Verbreitung und Veröffentlichung des Werkes zu,[724] ferner auf Nutzung, Wiedergabe, Veränderung, Vertrieb und Veröffentlichung.[725] Der Urheber kann diese Rechte gemäß Artikel 14, 16 CPG ganz oder teilweise einem Dritten überlassen oder eine Lizenz zur Nutzung des Programms einräumen.

---

718 Sohn/Jong/Choe, S. 691 ff. <693>; Lee, Tae-Hee, Software Protection 1991, S. 5 f. <5>; Park, Jang-Won, S. 158

719 Art. 9 CPG

720 Art. 10 CPG

721 Art. 11 CPG

722 Sohn/Jong/Choe, S. 691 ff. <697>

723 Art. 9 Abs. 2 CPG

724 Art. 8 Abs. 1 CPG

725 Lee, Tae-Hee, Software Protection 1991, S. 5 f. <5>

Dementsprechend stellt nicht nur die gewerbliche Nutzung eines Vervielfältigungsstücks eine Verletzung dar,[726] sondern auch die Einfuhr von Programmkopien zur gewerblichen Verbreitung im Inland, wenn deren Vervielfältigung im Inland eine Urheberrechtsverletzung darstellen würde.[727]

Darüber hinaus kann der Programmurheber sein Vermögensrecht abtreten[728] und Dritten die Nutzung erlauben.[729] Das Recht auf Abtretung gemäß Art. 14 CPG setzt jedoch eine Registrierung voraus.[730]

Unterlizenzierungen und Übertragungen der Rechte des Lizenznehmers sind ohne Einverständnis des Lizenzgebers nicht möglich.[731]

Auf Antrag eines Nutzungsinteressenten kann das Wissenschafts- und Technologieministerium gemäß Artikel 17 CPG eine Zwangslizenz erteilen, wenn der Urheber des Programms trotz zumutbarer Anstrengung des Betroffenen nicht gefunden werden kann. Dabei regelt das Ministerium auch die gesetzlichen Lizenzgebühren und legt dem Nutzer Bedingungen auf, die zum Schutz der Rechte des nicht identifizierten Urhebers notwendig erscheinen.

Gemäß Artikel 18 CPG kann ein Programmurheber dritten Endanwendern die Lizenzierung dann nicht ohne sachlichen Grund verweigern, wenn er einmal das Programm zur Vermarktung freigegeben und tatsächlich Lizenzen daran vergeben hat. Die Verpflichtung aus dem Monopol wird also stärker gewichtet als das Schutzbedürfnis des Urhebers.

Artikel 12 CPG erkennt als Ausnahmetatbestand den freien Gebrauch des sonst urheberrechtlich geschützten Programms in einer Reihe von Fällen an, etwa in Gerichtsverfahren, zu Lehr- und Ausbildungszwecken oder zu privaten Zwecken an abgegrenzten Orten wie der Privatwohnung.[732] Dies entspricht dem deutschen Recht.[733] Als Spezialregelung für den Computerprogrammschutz ist das Recht zur Herstellung von Sicherungskopien anzusehen,[734] das dem rechtmäßigen Nutzer einer Programmkopie einschließlich dem Lizenznehmer die Herstellung eben einer Sicherungskopie unter der Auflage einräumt, diese bei Beendigung seines Nutzungsrechts zu vernichten.[735]

---

726 Sohn/Jong/Choe, S. 691 ff. <697>
727 Art. 26 CPG
728 Art. 14 CPG
729 Art. 16 CPG
730 Art. 24 Nr. 1 CPG; vgl. unten b) bb)
731 Lee, Tae-Hee, Software Protection 1991, S. 5 f. <6>
732 Lee, Tae-Hee, Software Protection 1991, S. 5 f. <5>
733 Siehe oben III. 7. a) aa)
734 Art. 13 CPG
735 Sohn/Jong/Choe, S. 691 ff. <697 f.>

Die Wirkung von Programmurheberrechten erstreckt sich seit Inkrafttreten der Gesetzesänderung zum 01.07.1996 auf den Zeitraum von 50 Jahren, beginnend im Folgejahr des Erstveröffentlichungsjahres, bis zu dieser Gesetzesänderung beginnend mit der Erstellung des Programms.[736] Ein Programmurheberrecht wird gelöscht, wenn dessen Inhaber ohne Erben oder eingesetzte Nachfolger verstorben ist und seine Rechte entsprechend den Vorschriften des koreanischen Zivilgesetzbuches an den Staat zurückfallen.[737] Gleiches gilt, falls eine juristische Person oder sonstige Organisation, die Programmurheberrechte besitzt, aufgelöst wird.[738]

Programme von Ausländern werden gemäß Art. 3 CPG im Rahmen der seit dem 1. Oktober 1987 in Kraft gesetzten Universal Copyright Convention wie Inländerprogramme geschützt.[739] Computerprogramme von Ausländern mit Erstellungsdatum vor dem 01.07.1987, die bis dahin nicht dem Schutz des CPG unterlagen, sind unabhängig von ihrem Erstellungsdatum seit Inkrafttreten der revidierten Fassung am 01.07.1996 im Schutzbereich.[740]

Darüber hinaus erstreckt sich der Inländerschutz auf Programme, die von ausländischen juristischen Personen, deren Hauptbüro in Korea liegt, hergestellt wurden. Des Weiteren genießen solche Programme Inländerschutz, die zuerst in Korea veröffentlicht wurden. Dazu zählen fiktiv auch solche Programme, die in der Republik Korea innerhalb von 30 Tagen nach der Erstveröffentlichung im Ausland bekanntgemacht wurden.[741]

b) Die Entstehung von Computerprogrammschutzrechten

aa) Die Entstehung nach deutschem Recht

Computerprogrammschutzrechte entstehen wie Urheberrechte ohne Registrierungsverfahren oder andere formelle Begleitumstände.[742]

---

736 Lee, Tae-Hee, Software Protection 1991, S. 5 f. <5>; Park, Jang-Won, S. 159
737 Art. 20 Nr. 1 CPG
738 Art. 20 Nr. 2 CPG
739 Lee, Tae-Hee, Software Protection 1991, S. 5 f. <5>
740 Park, Jang-Won, S. 159
741 Lee, Tae-Hee, Software Protection 1991, S. 5 f. <6>
742 Vgl. oben III. 6. b) aa)

bb) Die Entstehung nach koreanischem Recht

Programmurheberrechte werden mit dem Zeitpunkt der Erstellung des Programms wirksam, ohne dass es einer Registrierung bedarf.[743]

Die Registrierung dient allerdings dem Gutglaubensschutz. Ferner soll sie die rechtlichen Aspekte für die Übertragung, Änderung und Belastung des Programmurheberrechts an Dritte klären.[744] Gemäß Art. 24 CPG kann sich der Inhaber oder ein anderer Berechtigter auf die individualsukzessive Übertragung wie auch auf Verfügungsbeschränkungen hinsichtlich des Programmurheberrechts, ferner auf die Begründung, Übertragung, Veränderung, Löschung oder Beschränkung des Verpfändungsrechts ohne Registrierung des Programms nicht berufen.[745]

Zugunsten eines eingetragenen Programmes wird zum einen vermutet, dass es zu dem auf der Eintragung angezeigten Stichtag erstellt wurde.[746] Zum anderen gilt die Vermutung der Fahrlässigkeit zu Lasten eines potenziellen Verletzers.[747]

Die Registrierung für Computerprogramme wird beim Ministerium für Wissenschaft und Technologie unter gleichzeitiger Bekanntmachung in der Programmgazette durchgeführt.[748] Die beteiligten Beamten sind hierbei zur Verschwiegenheit verpflichtet.[749] Der Bewerber auf Eintragung eines Programms muss dem Ministerium ein Exemplar seines Programmes vorlegen[750]. Außerdem muss er gemäß Art. 21 Abs. 1 CPG innerhalb eines Jahres nach Erstellung des Programms[751] den Namen oder Titel des Programms, die Staatsangehörigkeit sowie den wirklichen Namen und den Wohnsitz des Autors, das Datum der Fertigstellung und eine kurze Erklärung des Programms eintragen lassen.

743 Art. 8 Abs. 2 CPG; Lee, Tae-Hee, Software Protection 1991, S. 5 f. <5>; Park, Jang-Won, S. 158

744 Lee, Tae-Hee, Software Protection 1991, S. 5 f. <5>; Art. 24 Nr. 1 CPG

745 Lee, Tae-Hee, Software Protection 1991, S. 5 f. <5>; entspricht kUrhG

746 Art. 22 Abs. 2 CPG

747 Siehe unten c) bb)

748 Art. 21 Abs. 3, 4 CPG

749 Art. 23 CPG

750 Art. 22 CPG

751 Lee, Tae-Hee, Software Protection 1991, S. 5 f. <5>

c) Rechtsschutz

aa) Der Rechtsschutz nach deutschem Recht

Gemäß § 69 lit. f) dUrhG kann der Rechtsinhaber von dem Eigentümer oder Besitzer verlangen, dass alle rechtswidrig hergestellten, verbreiteten oder zu rechtswidrigen Verbreitung bestimmten Vervielfältigungsstücke vernichtet werden.

Gemäß § 69 lit. f) Abs. 2 dUrhG ist vorgenannte Bestimmung auch anwendbar auf Mittel, die allein dazu bestimmt sind, die unerlaubte Beseitigung oder Umgehung technischer Programmschutzmechanismen zu erleichtern. Ansonsten richtet sich der Rechtsschutz nach den allgemeinen urheberrechtlichen Vorschriften.[752]

bb) Der Rechtsschutz nach koreanischem Recht

Typische Verletzungshandlungen gegen Computerprogrammschutzrechte sind unberechtigte Freigabe, Veröffentlichung, Änderung, Übersetzung, Verteilung von Programmen sowie jede Art der Änderung oder Verschleierung des wirklichen Namens des Autors.[753] Gleiches gilt für das Führen einer Reproduktion eines von einem anderen geschaffenen Programms als eigenes Werk, der Ausdruck eines noch nicht freigegebenen Programms, die Übersetzung aus einer Programmiersprache in eine andere sowie die Änderung eines Quellenprogramms in ein Objektprogramm.

Ferner wird die Einfuhr eines Programmes mit dem Ziel des Vertriebes in Korea als Verletzung angesehen, wenn die Herstellung desselben in Korea eine Verletzung darstellen würde.[754]

Als Rechtsbehelf gegen Rechtsverletzungen steht dem Inhaber ein Anspruch auf Unterlassung der Verletzung und vorbeugende Maßnahmen gegen die Verletzung zu,[755] und zwar schon bei Gefahr einer Verletzung.[756] Darüber hinaus kann er die Vernichtung von Gegenständen verlangen, die mittels des Programmes hergestellt wurden bzw. mit deren Hilfe Verletzungen vorgenommen wurden oder werden sollen.[757]

---

752 Vgl. oben III. 6. c) aa)
753 Arg. ex Art. 8-11 CPG
754 Art. 26 Nr. 1 CPG; Lee, Tae-Hee, Software Protection 1991, S. 5 f. <5>
755 Art. 25 Abs. 1 CPG; Lee, Tae-Hee, Software Protection 1991, S. 5 f. <5>
756 Art. 26 CPG
757 Art. 25 Abs. 2 CPG; Lee, Tae-Hee, Software Protection 1991, S. 5 f. <6>

Des Weiteren gewährt Art. 27 CPG einen Anspruch auf Schadensersatz. Die Höhe wird nach dessen Wahl an der Höhe des Nutzens des Verletzenden[758] oder an der Höhe des Schadens des Inhabers gemessen.[759] Zusätzlich kann der Inhaber die Zahlung einer marktüblichen Lizenzgebühr bzw. des Programmpreises verlangen.[760]

Der Schadensersatzanspruch ist zwar verschuldensabhängig, allerdings wird die Fahrlässigkeit der Unkenntnis des Urheberrechts gesetzlich vermutet, wenn das verletzte Programm im Programmregister eingetragen war.[761] Ist dies nicht der Fall, obliegt dem Endabnehmer eine mittelbare Erkundigungspflicht in den Fällen, in denen er Grund zur Annahme hatte, dass es sich um eine Raubkopie handelt.[762]

Für die Verletzung der Vermögens- wie der Urheberpersönlichkeitsrechte ist kumulativ eine Geldstrafe bis zu 30 Mio. Won und eine Freiheitsstrafe bis zu drei Jahren vorgesehen.[763]

8. Der Halbleiterschutz

a) Der Gegenstand des Halbleiterschutzrechts

aa) Der Gegenstand des Halbleiterschutzrechts nach deutschem Recht

Die Europäische Richtlinie zum Halbleiterschutz[764] schreibt vor, dass die einzelnen Mitgliedstaaten Vorschriften zum Halbleiterschutz einführen müssen, wobei diesen die Art der Umsetzung dieser Vorgabe überlassen bleibt. Der deutsche Gesetzgeber ist dieser Vorgabe durch das Halbleiterschutzgesetz[765] nachgekommen. Die EG-Richtlinie beruht weitgehend auf dem amerikanischen Semi-Conductor Chip Protection Act von 1984, die deutsche Umsetzung ist darüber hinaus am Gebrauchsmustergesetz orientiert.

---

758 Art. 27 Abs. 3 CPG; Lee, Tae-Hee, Software Protection 1991, S. 5 f. <6>

759 Art. 27 Abs. 4 CPG

760 Lee, Tae-Hee, Software Protection 1991, S. 5 f. <6>

761 Art. 27 Abs. 2 CPG; vgl. oben b) bb); Park, Jang-Won, S. 158; Lee, Tae-Hee, Software Protection 1991, S. 5 f. <5>

762 Park, Jang-Won, S. 158; Lee, Tae-Hee, Software Protection 1991, S. 5 f. <5>

763 Art. 34 Abs. 1 CPG; Umtauschkurs siehe Fußnote 384

764 Richtlinie des Rates (87/54/EWG) über den Rechtsschutz der Topografien von Halbleitererzeugnissen vom 16.12.1986, ABl.EG 1987/54 L 24/36 vom 27.01.1987

765 Gesetz über den Schutz der Topografien von mikroelektronischen Halbleitererzeugnissen vom 22.10.1987, BGBl. I S. 2294; fortan: HSG oder dHSG

Gemäß § 1 Abs. 1 dHSG werden dreidimensionale Strukturen von mikroelektronischen Halbleitererzeugnissen sowie selbständig verwertbare Teile davon und die Darstellung ihrer Herstellung geschützt. Der Schutz erstreckt sich jedoch nicht auf die den Halbleitererzeugnissen zugrundeliegenden Entwürfe, Verfahren, Systeme und Techniken, ferner nicht auf die auf dem Halbleiter gespeicherten Informationen.[766] Er erstreckt sich vielmehr auf die jeweilige Anordnung vorhandener Schaltkreistechnik zur Lösung individueller Probleme.

Gemäß § 1 Abs. 1 dHSG muss das Halbleitererzeugnis eine Eigenart aufweisen, die so definiert ist, dass die Topografie als Ergebnis geistiger Arbeit keine bloße Nachbildung einer anderen und nicht alltäglich sein darf.[767]

Berechtigter ist derjenige, der die Topografie geschaffen hat.[768] Bei Auseinanderfallen von materieller Berechtigung an einer Topografie und eingereichter Anmeldung besteht ein besonderer Vindikationsanspruch, der den patentrechtlichen Vorschriften folgt.[769]

Allein der Inhaber der Topografie ist befugt, diese zu verwerten.[770] Jedem Dritten ist es verboten, die Topografie nachzubilden, das in der Topografie enthaltene Halbleitererzeugnis anzubieten, in Verkehr zu bringen oder zu verbreiten oder zu diesen Zwecken einzuführen.[771] Im Gegensatz zum Patentgesetz wird allerdings das Gebrauchen und Besitzen der Topografie vom Verbot nicht erfasst.

Gemäß § 6 Abs. 2 dHSG erstreckt sich die Wirkung des Schutzes der Topografie nicht auf Handlungen, die im privaten Bereich zu nicht geschäftlichen Zwecken vorgenommen werden,[772] auf Nachbildungen der Topografie zum Zweck der Analyse oder der Ausbildung[773] oder auf die geschäftliche Verwertung einer Topografie, die das Ergebnis einer Analyse ist und selbst eine zusätzliche Eigenart im Sinne von § 1 Abs. 2 dHSG aufweist.[774]

Eine Besonderheit zugunsten des gutgläubigen Erwerbers sieht § 6 Abs. 3 dHSG vor, nämlich dass dieser die erworbene Topografie ohne Zustimmung ihres Inhabers verwerten kann. Eine solche Regelung ist sonst im System des gewerblichen Rechtsschutzes nicht zu finden.

---

766 § 1 dHSG
767 § 1 Abs. 2 dHSG
768 § 2 dHSG
769 § 7 dHSG i.V.m. § 8 dPatG
770 § 6 Abs. 1 dHSG
771 § 6 dHSG
772 § 6 Abs. 2 Nr. 1 dHSG
773 § 6 Abs. 2 Nr. 2 dHSG
774 § 6 Abs. 2 Nr. 3 dHSG

Der Schutz der Topografie beginnt grundsätzlich mit ihrer Anmeldung.[775] Dabei ist ausreichend, wenn die Topografie zunächst ungeschützt verwertet und dann innerhalb von zwei Jahren nach Verwertungsbeginn beim deutschen Patentamt angemeldet wird.[776]

Dies stellt eine Ausnahme im gewerblichen Rechtsschutz dar, da damit eine Kombination von tatsächlichen Handlungen und formellem Verfahren vorgesehen ist. Durch diese alternative Regelung hat der Anmelder die Möglichkeit, sich entweder mit einer Anmeldung Schutz zu sichern und dann mit der Verwertung zu beginnen oder zunächst mit der Verwertung zu beginnen, ohne sich im Gegensatz zum Patentgesetz seiner Schutzmöglichkeiten zu begeben.

Der Topografienschutz endet mit Ablauf des 10. Kalenderjahres nach dem Jahr des Schutzbeginns.[777] Dies entspricht der Regelung im Gebrauchsmustergesetz, das einen ebensolangen Schutz vorsieht.[778]

bb) Der Gegenstand des Halbleiterschutzrechts nach koreanischem Recht

Das Halbleiterschutzgesetz[779] regelt im Gegensatz zum Gebrauchsmustergesetz, das auch auf Halbleiter Anwendung findet, nicht den Schutz des äußeren, optischen Erscheinungsbildes. Im Gegensatz zum Patentgesetz regelt es auch nicht den Schutz technischer Weiterentwicklungen. Vielmehr umfasst der Schutzbereich die Anordnung (Layout) von technisch dem hergebrachten Standard entsprechenden Halbleitern in einem Chip, wobei die jeweilige Anordnung zur Lösung eines speziellen Problems führt.[780]

Das Recht kann übertragen[781] sowie einfach oder auschließlich lizenziert[782] werden.

Die Schutzdauer beträgt 10 Jahre vom Zeitpunkt der Eintragung an, jedoch nicht länger als zehn Jahre vom Tag der ersten gewerblichen Verwertung oder 15 Jahre vom Tag der Schöpfung des Layouts an.[783]

775 § 5 Abs. 1 dHSG
776 § 5 Abs. 1 Nr. 1 dHSG
777 § 5 Abs. 2 dHSG
778 Vgl. oben 3. a) aa)
779 Semi-Conductor Protection Act (fortan: HSG oder kHSG) v. 08.12.1992, durch Präsidentialverordnung am 01.09.1993 vorzeitig in Kraft gesetzt; vgl. Hilpert u.a., S. 438
780 Vgl. Park, Jang-Won, S. 163
781 Ebenroth u.a., RIW 1994 Beilage, S. 1 ff. <5>
782 Art. 10, 12 kHSG; Ebenroth u.a., RIW 1994 Beilage, S. 1 ff. <5>
783 Hilpert u.a., S. 438

b) Die Registrierung

aa) Die Registrierung nach deutschem Recht

Das deutsche Halbleiterschutzgesetz sieht in §§ 3, 5 Abs. 1 Nr. 2 dHSG die Anmeldung von Topografien beim deutschen Patentamt vor. Die formalen Einzelheiten hinsichtlich Antrag, Zeichnung und Beschreibung beruhen auf den Vorgaben der Europäischen Richtlinie zum Halbleiterschutz.[784]

Soweit die Anmeldung den gesetzlichen Anforderungen entspricht, verfügt das Patentamt die Eintragung der Topografie in die dazu vorgesehene Rolle.[785] Das Patentamt prüft dabei weder die Berechtigung des Anmelders noch die Richtigkeit der in der Anmeldung angegebenen Tatsachen. Entsprechend den Vorschriften des Gebrauchsmustergesetzes[786] ist die Eintragung in die Rolle konstitutiv. Folgerichtig verweist das Halbleiterschutzgesetz auf die Vorschriften des Gebrauchsmustergesetzes hinsichtlich Eintragung und Bekanntmachung.[787]

bb) Die Registrierung nach koreanischem Recht

Das Register zum Schutz von Halbleiter-Layouts wird beim Patentamt geführt. Voraussetzung für die Registrierung ist Originalität des Layouts. Sie muss spätestens zwei Jahre nach der ersten gewerblichen Nutzung beantragt werden. Die Registrierung durch den berechtigten Inhaber führt zum zehnjährigen ausschließlichen Nutzungsrecht am Layout des Halbleiterchips sowie an weiteren Enderzeugnissen, allerdings mit Wirkung erst vom Zeitpunkt der Registrierung an. Die Schutzperiode ist jedoch auf zehn Jahre von der ersten gewerblichen Nutzung an und auf fünfzehn Jahre seit Schaffung des Layouts begrenzt.[788]

Ausländer können das Schutzrecht hinsichtlich in Korea geschaffener Anlage- und Schaltpläne wie Inländer erlangen, indem sie die Topografie anmelden und gewerblich nutzen.[789]

Im Ausland geschaffene Schalt- und Anlagepläne ausländischer Personen werden auf der Grundlage der Verbürgung der Gegenseitigkeit geschützt. Insoweit wird der Rechtsschutz auf Angehörige von Staaten beschränkt, in denen die Anlage- und Schaltpläne von Koreanern geschützt sind. Für im Ausland lebende Rechtsinhaber stellt das Gesetz das Erfordernis der Bestellung eines Inlandsver-

784 Richtlinie vom 16.12.1986, ABl.EG 1987/54 L 24/36
785 § 4 dHSG
786 Vgl. oben 3. b) aa)
787 § 4 Abs. 2, 3 dHSG
788 Park, Jang-Won, S. 163 f.
789 Art. 7 kHSG; Ebenroth u.a., RIW 1994 Beilage, S. 1 ff. <5>

treters für die Einlegung von Rechtmitteln gegen behördliche Verfügungen im Rahmen des Registrierungsverfahrens auf.[790]

c) Der Rechtsschutz

aa) Der Rechtsschutz nach deutschem Recht

Das Deutsche Patentamt löscht die Registrierung einer Topografie, soweit gegen ihren Inhaber ein Anspruch auf Löschung besteht.[791] Dieser Anspruch auf Löschung kann von jedermann geltend gemacht werden. Löschungsgründe sind mangelnde Schutzfähigkeit der Topografie,[792] mangelnde Berechtigung des Anmelders[793] und Nichtbefolgung der Zweijahresfrist nach der ersten geschäftlichen Verwertung[794].

Dem Inhaber der Topografie stehen die bekannten zivilrechtlichen Ansprüche bei Verletzung eines gewerblichen Schutzrechtes zu. Dies sind der Unterlassungsanspruch, der keine schuldhafte Handlung, sondern nur Wiederholungs- und Erstbegehungsgefahr voraussetzt, der Schadensersatzanspruch, der zumindest fahrlässiges Handeln erfordert, und der Bereicherungsanspruch nach § 812 dBGB. Statt des Schadensersatzes in voller Höhe kann das Gericht im Falle lediglich leichter Fahrlässigkeit des Verletzers eine Entschädigung festsetzen, die zwischen dem Schaden des Verletzten und dem Vorteil liegt, der dem Verletzer erwachsen ist.[795]

bb) Der Rechtsschutz nach koreanischem Recht

Art. 35, 36 HSG gewähren dem Inhaber der Topografie einen Unterlassungsanspruch, der keine schuldhafte Handlung, sondern nur Wiederholungs- und Erstbegehungsgefahr voraussetzt, ferner einen Schadensersatzanspruch, der zumindest fahrlässiges Handeln erfordert, und schließlich einen Bereicherungsanspruch.

790 Ebenroth u.a., RIW 1994 Beilage, S. 1 ff. <5>
791 § 7 Abs. 1 HSG
792 § 8 Abs. 1 Nr. 1 dHSG i.V.m. § 1 dHSG
793 § 8 Abs. 1 Nr. 2 dHSG i.V.m. § 2 Abs. 3 - 6 dHSG
794 § 8 Abs. 1 Nr. 3 dHSG i.V.m. § 5 Abs. 1 Nr.1 dHSG
795 § 9 dHSG

9. *Der Schutz von Know-how und Geschäftsgeheimnissen gemäß koreanischem Recht*

a) *Erläuterung des Gegenstandes*

Die Übertragung von Know-how hat für den internationalen Technologietransfer stetig an Bedeutung gewonnen. In den internationalen Abkommen gibt es keine Definition des Begriffs Know-how. In der Praxis wird darunter die Summe allen technischen Wissens, aller Erfahrungen und aller Produktionsgeheimnisse verstanden.[796]

Know-how gehört nicht zum Bereich der Schutzrechte. Seine rechtliche Position ist nicht annähernd gesichert. Vielmehr besteht ein Schutz lediglich ausnahmsweise, und zwar soweit Gesetze einen Regelungsgehalt haben, der Know-how teilweise abdeckt. Diesbezüglich ist hier die Rechtslage in Korea von Interesse, dem Residenzstaat des Technologienehmers.

Der Schutz von Know-how wurde in Korea früher von einer zivilrechtlichen Haftung nicht erfasst, da die unberechtigte Nutzung von fremdem Know-how aufgrund der restriktiven zivilrechtlichen Voraussetzungen keine unerlaubte Handlung darstellte.[797]

Heute allerdings kann Know-how Gegenstand eines Technologieeinfuhrvertrages sein.[798] Ferner ist Know-how im koreanischen HGB[799] anerkannt als Sacheinlage bei Berechnung des Stammkapitals einer Gründungsgesellschaft.[800]

Der Schutz von Know-how vor unrechtmäßiger Verwendung erfolgt nunmehr im Wesentlichen als Schutz von Geschäftsgeheimnissen nach dem Gesetz zur Unterbindung unlauteren Wettbewerbs.[801] Dieses Gesetz ist subsidiär zu allen Gesetzen im Bereich des gewerblichen Rechtsschutzes im weiteren Sinne.

Der Begriff Geschäftsgeheimnis umfasst jedes technische oder organisatorische Wissen, das erstens hilfreich bei Produktion und Verkauf und sonstigen Geschäftsentfaltungen ist, zweitens der Öffentlichkeit durch erhebliche Anstrengungen verborgen blieb, und schließlich eigenständigen wirtschaftlichen Wert

---

796 Ebenroth u.a., RIW 1994 Beilage, S. 1 ff. <4>

797 Ebenroth u.a., RIW 1994 Beilage, S. 1 ff. <4>

798 Ko, Kwang-Ha, KJCompLaw 1983, S. 51 ff. <67, 71>

799 Gesetz Nr. 5053 vom 29.12.1995, in Kraft seit 01.10.1996

800 Ko, Kwang-Ha, KJCompLaw 1983, S. 51 ff. <71>

801 Unfair Competition Prevention Act (fortan: UWG oder kUWG), Gesetz Nr. 4478 vom 31.12.1991, in Kraft seit 15.12.1992, GRUR Intl. 1996, S. 1035 ff.; Kim Byung-Il, GRUR Intl. 1997, S. 237 ff. <237, 239>; Kim Byung-Il, IIC 1997, S. 361 ff. <375 f.>; Kim Byung-Il, IIC 1999, S. 403 ff.; Ebenroth u.a., RIW 1994 Beilage, S. 1 ff. <4>; Park, Jang-Won, S. 167, 170; Hilpert u.a., S. 450 f.

hat.[802] Es braucht weder neu zu sein noch über erfinderische Tiefe zu verfügen.[803]

Die Verletzung von Geschäftsgeheimnissen ist gesetzlich in sechs Klassen eingeteilt, von denen zwei von übergeordneter Bedeutung sind, nämlich die Unlautere Aneignung[804] und der Vertraulichkeitsbruch.[805]

Inwieweit einen Lizenznehmer die gesetzliche Haftung nach dem kUWG bereits in der Vertragsanbahnungsphase trifft, ist umstritten.[806]

b) Der Rechtsschutz

Gegen Verletzungshandlungen besteht ein Unterlassungsanspruch, daneben ein Anspruch auf Beschlagnahme von Waren, die unter Verletzung von Know-how enthaltenden Betriebs- und Geschäftsgeheimnissen hergestellt wurden, ferner ein Anspruch auf die Zerstörung von Gegenständen und Einrichtungen, die bei der Verletzung benutzt wurden, sowie ein Anspruch auf jede andere notwendige Maßnahme einschließlich der Wiederherstellung des Geschäftsrufs (Goodwill).[807] Darüber hinaus besteht ein Anspruch auf Schadensersatz gemäß Art. 11 kUWG, der Verschulden voraussetzt.[808]

Der im kUWG normierte Strafrechtsschutz betrifft seit der Gesetzesänderung im Jahre 1999 auch die Verletzung von Geschäftsgeheimnissen insbesondere durch ehemalige Mitarbeiter sowie im Wege der Industriespionage.[809] Die Freiheitshöchststrafe beträgt fünf Jahre, die höchste Geldstrafe 50 Mio. Won.[810]

---

802 Art. 2 Nr. 2 kUWG; Park, Jang-Won, S. 168; Kim Byung-Il, IIC 1999, S. 403 ff. <404>

803 Kim Byung-Il, IIC 1999, S. 403 ff. <405>

804 Kim Byung-Il, IIC 1999, S. 403 ff. <407 f.>; Kim Byung-Il, IIC 1997, S. 361 ff. <376>

805 Kim Byung-Il, IIC 1999, S. 403 ff. <408 f.>; Kim Byung-Il, IIC 1997, S. 361 ff. <376>

806 Ebenroth u.a., RIW 1994 Beilage, S. 1 ff. <4> mwN

807 Art. 10 kUWG; Kim Byung-Il, IIC 1999, S. 403 ff. <412 f., 415>; Kim Byung-Il, IIC 1997, S. 361 ff. <381>; GRUR Intl. 1992 S. 318

808 Kim Byung-Il, IIC 1999, S. 403 ff. <414>

809 Kim Byung-Il, IIC 1999, S. 403 ff. <416 f.>

810 Kim Byung-Il, IIC 1999, S. 403 ff. <417>; Umtauschkurs siehe Fußnote 384

3. Abschnitt: Überblick über die auf Lizenzproduktabnahmeverträge anwendbaren Rechtsnormen

Dieser Abschnitt führt in das private und öffentliche Recht ein, das den Gestaltungsrahmen des Lizenzproduktabnahmevertragswerkes einerseits in Form von zwingenden Normen mit der Folge der Unwirksamkeit bestimmter Vertragsklauseln bestimmt, das andererseits abdingbares, für den Fall der fehlenden oder unwirksamen Regelung subsidiär geltendes Recht setzt.

I. Internationales Privatrecht, Gerichtszuständigkeit und Schiedsgerichtsbarkeit

1. Internationales Privatrecht

a) Deutsches Internationales Privatrecht

Gemäß deutschem Internationalen Privatrecht unterliegt die Entscheidung, welcher Rechtsordnung ein Vertrag unterliegt, der Absprache der Parteien.[811] Dabei ist es auch zulässig, das Recht eines Drittlandes zu wählen.[812]

Bezüglich des Zustandekommens und der Wirksamkeit der Einigung über das anzuwendende Recht wird in Art. 27 Abs. 4 EGBGB auf Art. 31 Abs. 1 EGBGB verwiesen. Demgemäß beurteilen sich Zustandekommen und Wirksamkeit einer Rechtswahlvereinbarung nach dem Recht, das anzuwenden wäre, wenn die Rechtswahlvereinbarung wirksam wäre, also dem Vertragsstatut. Lediglich für die Frage, ob das Verhalten einer Partei als Zustimmung zur Rechtswahl bewertet werden soll, kann sich diese Partei gemäß Art. 27 Abs. 4 i.V.m. Art. 31 Abs. 2 EGBGB auf das Recht ihres gewöhnlichen Aufenthaltsortes berufen.

Eine Grenze der Rechtswahl bildet der Ordre Public. Gemäß Art. 6 EGBGB ist eine ausländische Rechtsnorm - trotz Rechtswahl oder kollisionsrechtlicher Zuordnung - nicht anzuwenden, wenn ihre Anwendung zu einem Ergebnis führte, das mit wesentlichen Grundgedanken des deutschen Rechts und den ihnen

---

811 Art. 28 Abs. 1, S. 1 EGBGB

812 An, Choon-Soo, S. 52 f.

zugrundeliegenden Gerechtigkeitsvorstellungen in so starkem Widerspruch steht, dass dies aus deutscher Sicht unerträglich scheint.[813]

Zusammenhängende Vertragsteile müssen nicht unbedingt demselben Recht unterstehen. Das ergibt sich etwa aus Art. 28 Abs. 1, S. 2 EGBGB, wonach ein Teil eines Vertrages einem anderen Recht unterstehen kann, wenn er sich vom Rest des Vertrages trennen lässt. Dies gilt gleichermaßen für Vertragswerke, deren Teile in separaten Urkunden festgehalten werden, wie auch für Verträge, die in einer einheitlichen Urkunde niedergeschrieben sind.

Dementsprechend können die Parteien im Falle der Rechtswahl den Lizenzvertrag und den Produktabnahmevertrag getrennt anknüpfen.[814]

Bei Fehlen einer wirksamen Rechtswahl ist im Bereich des Schuldrechts nach deutschem Internationalen Privatrecht die Rechtsordnung anzuwenden, mit dem das Rechtsgeschäft die engste Verbindung aufweist.[815] Das ist nach der Vermutung des Art. 28 Abs. 2, S. 2 EGBGB die Rechtsordnung des Landes, in dem die Partei, welche die vertragstypische Leistung zu erbringen hat, ihren gewöhnlichen Aufenthalt hat. In Ausnahmefällen kann bei einem engeren Zusammenhang mit einem anderen Staat auch etwas anderes gelten.[816]

Die vertragstypische Leistung ist beim Kaufvertrag die Leistung des Verkäufers, beim Werkvertrag die des Werkunternehmers. Beim Lizenzproduktabnahmevertrag ist maßgeblich zu unterscheiden, ob das Vertragswerk einheitlich zu betrachten ist oder der Lizenzvertrag und der Produktabnahmevertrag getrennt zu behandeln sind.

Bei einheitlicher Betrachtung des Lizenzproduktabnahmevertrages ist die Bestimmung der vertragstypischen Leistung nicht pauschal möglich. Die Leistung des Lizenzgebers steht nicht zwingend im Vordergrund. Ein Indiz für den Vorrang des Lizenz- bzw. Teillieferungsvertrages ist allerdings, wenn ein Teil der erworbenen Technologie in Devisen vergütet wird,[817] weil der wirtschaftliche Wert des Produktabnahmeteilvertrages dann geringer ist. Gleiches gilt, wenn die Verpflichtung des Lizenzgebers, einseitig Produkte des Lizenznehmers abzunehmen, im Vordergrund steht. Steht die Lieferpflicht des Lizenznehmers etwa im Sinne einer reinen Lizenzfertigung nach Bedarf des Lizenzgebers durch

813 BGH Z 22, S. 162 ff. <166>; BGH Z 50, S. 370 ff. <375>; BGH Z 75 S. 32 ff. <43>; BGH, NJW 1988, S. 2173 ff. <2174>

814 Vgl. An, Choon-Soo, S. 40 mwN; Sandrock-Sandrock/Steinschulte, Rn. A 96 ff.; der BGH hat die Teilverweisung im hier interessanten Bereich für zulässig erachtet, BGH Z 40, S. 320 ff. <323>; BGH, AWD 1970, S. 31; BGH, DB 1968, S. 844; BGH Z 57, S. 337 ff. <338>; BGH, IPRax 1981, S. 93 ff. <94>

815 Art. 28 Abs. 1, S. 1 EGBGB

816 Art. 28 Abs. 5 EGBGB

817 Fülbier, S. 33

den Lizenznehmer im Vordergrund, unterliegt der Vertrag dem (hier koreanischen) Heimatrecht des Lizenznehmers.

Bei getrennter Betrachtung der einzelnen Bestandteile des Lizenzproduktabnahmevertrages hingegen ist die Bestimmung der vertragstypischen Leistung eindeutig. Auf Lizenzvergabe und Teilelieferung ist deutsches Recht anzuwenden. Die eigentliche Produktabnahme hingegen unterliegt dementsprechend dem Recht des Heimatstaates des Gegenverkäufers, hier also des koreanischen Lizenznehmers.

Rahmen- und Vorverträge genießen eine Sonderstellung. Sie sind grundsätzlich selbständig anzuknüpfen. Die Anknüpfung richtet sich ebenfalls nach der vertragstypischen Leistung. Das kann beim Lizenzproduktabnahmevor- oder -rahmenvertrag die einseitige Abnahmeverpflichtung des Lizenzgebers sein, so dass nach Art. 28 Abs. 2, S. 1 EGBGB dessen Heimatrecht gilt.

Das Eigentumsrecht unterliegt grundsätzlich der lex rei sitae,[818] das Deliktsrecht dem Tatortrecht.[819]

Unabhängig vom Schuldstatut kann infolge einer Sonderanknüpfung deutsches oder koreanisches Wirtschaftsrecht anzuwenden sein. Die Beachtung der in Betracht kommenden öffentlich-rechtlichen Vorschriften richtet sich nach dem jeweils anzuwendenden Kollisionsrecht. Bei einer Streitentscheidung nach deutschem Kollisionsrecht ist gemäß Art. 34 EGBGB unabhängig vom Schuldstatut deutsches öffentliches Recht zu beachten, soweit es den Sachverhalt zwingend regelt.[820] Darüber hinaus kann ausländisches öffentliches Recht zur Anwendung kommen.[821]

b) Koreanisches Internationales Privatrecht

Nach koreanischem Internationalen Privatrecht, vornehmlich nach § 9 des koreanischen Gesetzes über das Internationale Privatrecht (fortan: IPRG),[822] unterliegt das Vertragsstatut, also Form, Zustandekommen und Wirkung einer Vereinbarung, in erster Linie dem von den Parteien gewählten Recht. Hilfsweise ist die am Ort des Vertragsabschlusses geltende Rechtsordnung maßgeblich.[823] In

818 § 43 Abs. 1 EGBGB; vgl. Lehr, RIW 2000, S. 747 ff. <748>

819 Zur internationalen Anwendung deutschen Produkthaftungsrechts im Falle der Inverkehrbringung in Deutschland vgl. OLG Düsseldorf, RIW 2000, S. 874 ff. <875>; ferner von Hein, RIW 2000, S. 820 ff. <822 f., 824 ff.>

820 MüKo-Martiny, nach Art. 34 Anh. II, Rn. 6; zum Devisenrecht vgl. unten IX. 1.

821 Art. 6 EGBGB; siehe zur Anwendung ausländischer Devisenvorschriften: MüKo-Martiny, nach Art. 34 Anh. II, Rn. 9, 14 f.

822 Gesetz Nr. 966 vom 15.01.1962

823 Lex loci contractus, §§ 9, 10 IPRG

beiden genannten Fällen sind Rechtsordnungen dritter, unbeteiligter Staaten möglich.[824]

Voraussetzung der Rechtswahl durch Vereinbarung ist, dass ein übereinstimmender Wille der Parteien vorliegt, der auf die Anwendung einer bestimmten Rechtsordnung gerichtet und von außen her erkennbar ist.[825]

Dabei ist umstritten, nach welchem Recht das Zustandekommen und die Wirksamkeit der Rechtswahl als spezielles Rechtsgeschäft beurteilt werden sollen. Eine Mindermeinung plädiert für das von den Parteien in Aussicht genomme Recht (Vertragsstatut), wobei die rechtliche Bewertung des Verhaltens einer Partei jedoch nach dem Recht ihres gewöhnlichen Aufenthaltsortes zu bewerten sei.[826] Die koreanische herrschende Meinung unterstellt beide Fragen allerdings der lex fori.[827]

Da die Rechtswahl nicht auf den Fall der ausdrücklichen Willenserklärung beschränkt wird, reicht auch der konkludente Parteiwille aus.[828] Über die Frage, ob für einen Verweisungsvertrag der Parteiwille ausdrücklich geklärt werden muss oder ob eine konkludente Willenserklärung ausreicht, entscheidet grundsätzlich das Kollisionsrecht des Forums.[829] Dies entspricht der Regelung des Art. 27 Abs. 1 S. 2 des deutschen EGBGB.

Fehlt ein Parteiwille, so ist nicht wie im deutschen Recht auf den Schwerpunkt des Vertragsinhaltes, auf die charakteristische Leistung, abzustellen; vielmehr ist das Recht des Handlungsortes maßgebend.[830] § 11 Abs. 1 IPRG definiert als Handlungsort den Ort, von dem aus die Willenserklärung abgeben wird. Bei Verträgen gilt nach § 11 Abs. 2 S. 1 IPRG als Handlungsort der Ort, von dem aus das Angebot abgegeben wurde, im Falle der Nichtkenntnis dieses Ortes der Ort, in dem der Anbieter seinen Wohnsitz hat.[831]

Auch nach koreanischem Recht sind die teilweise Rechtswahl und die seltenere Vertragsspaltung mit der Maßgabe zulässig, dass Zustandekommen einerseits und Rechtswirkung eines Vertrages andererseits jeweils nach einem anderen Recht beurteilt werden. Gleiches gilt für die Vereinbarung verschiedener Rechtsordnungen für den Fall, dass Lizenzvertrag und Produktabnahmevertrag

---

824 An, Choon-Soo, S. 52 f.

825 An, Choon-Soo, S. 15

826 Lee, H.-J., Internationales Privatrecht, 2. Aufl., Seoul 1985, zitiert nach An, Choon-Soo, S. 55; wie im deutschen Recht, vgl. oben 1. a)

827 An, Choon-Soo, S. 55 mwN

828 An, Choon-Soo, S. 23

829 An, Choon-Soo, S. 17 mwN

830 An, Choon-Soo, S. 18; vgl. zum deutschen Recht oben 1. a)

831 § 11 Abs. 2 S. 2 IPRG; An, Choon-Soo, S. 99

in einem Vertragswerk abgeschlossen werden, aber von eben unterschiedlichen Rechtsordnungen beurteilt werden sollen.[832]

Mit der Rechtswahl durch die Parteien wird die gewählte Rechtsordnung - zumindest für den betroffenen Vertragsteil - als Ganzes zur Anwendung berufen. Alle anderen Rechtsordnungen sind grundsätzlich einschließlich ihrer unabdingbaren Bestimmungen unanwendbar. Die Parteien können sich mit der Rechtswahl jedoch nicht allen zwingenden Bestimmungen entziehen. Verbindlich bleiben unabhängig von ihrer Zugehörigkeit zum Vertragsstatut die international zwingenden Normen, die sich regelmäßig dem öffentlichen Recht zuordnen lassen.[833]

In Betracht kommen sowohl zwingende Vorschriften wirtschaftspolitischen Gehaltes wie zum Beispiel Ein- und Ausfuhrbestimmungen, Preis- und Devisenvorschriften und Vorschriften des Kartellrechts als auch sozialpolitische Vorschriften zum Schutz Einzelner wie zum Beispiel Mieterschutzvorschriften, Vorschriften zum Schutz der Erwerber von Eigenheimen etc.[834]

Allerdings ist nach ständiger Rechtsprechung[835] ein Vertrag, der ohne Genehmigung nach dem Devisengesetz abgeschlossen wurde, privatrechtlich gültig, obwohl der Verstoß gegen die Genehmigungspflicht mit Strafe sanktioniert ist, und damit keine zwingende Norm im hier fraglichen Sinne.

Hinsichtlich der Anwendung ausländischen zwingenden Rechts hat der koreanische Oberste Gerichtshof (OGH) noch keine Entscheidung getroffen.[836] Auch mit der Norm des § 5 IPRG zum Ordre public hat er sich kaum beschäftigt.[837]

Im Internationalen Sachenrecht gilt grundsätzlich das Recht des Ortes, an dem sich die Sache befindet (lex rei sitae). Dies gilt auch für dingliche Erwerbs- und Verlusttatbestände.[838] Dabei handelt es sich um einen imperativen Grundsatz. Ein in Deutschland bestellter Eigentumsvorbehalt beurteilt sich hinsichtlich

832 Vgl. An, Choon-Soo, S. 40, 43 mwN

833 An, Choon-Soo, S. 58

834 Zur Anwendung ausländischer zwingender Normen in Deutschland siehe An, Choon-Soo, S. 60 ff.; zur Anwendung deutschen öffentlichen Rechts von koreanischen Gerichten siehe An, Choon-Soo, S. 77; zum Devisenrecht siehe unten IX. 1. und 2.

835 Vgl. An, Choon-Soo, S. 81 unter Hinweis auf OGH-Rechtsprechung vor Inkrafttreten des Gesetzes zum Schutz ausländischer Investitionen vom 24 Mai 1999, siehe unten VIII. 1.

836 An, Choon-Soo, S. 82

837 Vgl. An, Choon-Soo, S. 86 f. mit Hinweis auf Familiengericht Seoul 1979, deu 2574, sowie Familiengericht Seoul 1983, deu 209; schuldvertragliche Entscheidungen liegen nicht vor, An, Choon-Soo, S. 87

838 Lex rei sitae, § 12 IPRG

seines weiteren Schicksals gemäß dem ausländischen, hier dem koreanischen Recht, wenn die Sache in den Geltungsbereich koreanischer Gesetze gebracht wird.[839]

2. *Internationale Gerichtszuständigkeit und Schiedsgerichtsbarkeit*

a) *Deutsches Recht*

Über die prozessuale Wirkung der Gerichtsstandsvereinbarung entscheidet allein das örtliche Prozessrecht des Gerichtsstandes. Die formelle Zulässigkeit der Gerichtsstandsvereinbarung und ihre prozessuale Wirkung sind rein prozessrechtliche Fragen. Hierbei gilt der Grundsatz, dass jeder Staat seine eigene Prozessordnung anwendet. Demnach bestimmt allein das deutsche Prozessrecht, wann deutsche Gerichte eine internationale Prorogation anzunehmen haben.[840]

Demgegenüber ist fraglich, nach welchem Recht das Zustandekommen und die materielle Wirksamkeit der Gerichtsstandsvereinbarung beurteilt werden sollen. Der BGH sieht in der Gerichtsstandsvereinbarung einen materiellrechtlichen Vertrag, dessen Zustandekommen nach dem bürgerlichen Recht beurteilt wird. Demnach gelten für die internationale Gerichtsstandsvereinbarung die allgemeinen Regeln des Internationalen Privatrechts,[841] und zwar das Vertragsstatut.[842] Dies gilt insbesondere für eine vor dem Prozess getroffene Gerichtsstandsvereinbarung, da diese nicht zu den Prozesshandlungen gehört.[843]

Für deliktsrechtliche Problemstellungen stellt sich die international-zivilprozessrechtliche Frage, in welchem Land Klage wegen einer Rechtsgutsverletzung erhoben werden soll.[844] Durch das europäische Gerichtsstand- und Vollstreckungsabkommen in Zivil- und Handelssachen vom 21.09.1968 (fortan: EuGVÜ) ist hinsichtlich des Verletzungsortes normiert worden, dass sowohl im

839 Stumpf-Fichna, S. 273 ff. <276>

840 Sandrock-Jung/Sandrock, Rn. E 15, 24 mwN; OLG Köln, RIW 1997, S. 233 f. <233, 234>

841 BGH Z 49, S. 384 ff. <386 f.>; BGH NJW 1971, S. 323 ff. <324>; BGH Z 57, S. 72 ff. <74>; BGH, NJW 1983, S. 2772; BGH, NJW 1986, S. 1438 f.; BGH, NJW 1987, S. 1145; OLG Hamburg, RIW 1986, S. 462 ff. <463>; OLG Köln, RIW 1997, S. 233 f. <233, 234>

842 Art. 27 ff. EGBGB, BGH Z 23, S. 198 ff. <200>; BGH Z 40, S. 320 ff. <322 f.>; OLG Hamburg, RIW/AWD 1979, S. 482 ff. <483>; OLG Köln, RIW 1997, S. 233 f. <234>

843 BGH Z 49, S. 384 <386>

844 Ulmer, S. 15

Sitzstaat des Verletzers als auch vor dem Gericht des Ortes verklagt werden kann, in dem das Schadensereignis eingetreten ist.

Auch hinsichtlich der Verletzung von gewerblichen Schutzrechten stellt sich die international-zivilprozessrechtliche Frage, in welchem Land Klage wegen einer Rechtsgutsverletzung erhoben werden soll. Das Recht des Schutzlandes stimmt mit der lex fori nur dann überein, wenn die Klage wegen Rechtsverletzung im Schutzland erhoben wird. Bejaht man aber die internationale Zuständigkeit der Gerichte, auch über Eingriffe in ausländische Rechte zu entscheiden, so decken sich lex fori und das Recht des Schutzlandes nicht.[845]

Ansonsten sieht Art. 16 Nr. 4 EuGVÜ für gewerbliche Schutzrechte eine ausschließliche Zuständigkeit vor. Art. 16 Nr. 4 besagt, dass für Klagen, welche die Eintragung oder die Gültigkeit von Patenten, Warenzeichen, Mustern und Modellen sowie ähnlichen Rechten, die einer Registrierung oder Hinterlegung bedürfen, zum Gegenstand haben, die Gerichte des Vertragsstaates ausschließlich zuständig sind, in dessen Hoheitsgebiet die Registrierung oder Hinterlegung beantragt oder vorgenommen worden ist oder aufgrund eines zwischenstaatlichen Übereinkommens als vorgenommen gilt.[846]

Die Zuständigkeit der nationalen Gerichte kann durch eine schriftliche Schiedsvereinbarung ausgeschlossen werden.[847] Für die Bundesrepublik Deutschland und die Republik Korea gilt das New Yorker UN-Übereinkommen über die Anerkennung und Vollstreckung ausländischer Schiedssprüche.[848] Dieses Übereinkommen regelt etwa in Art. 2 Abs. 2 die Form, in Art. 5 Abs. 1 lit. a) das auf die Schiedsvereinbarung anzuwendende Recht, und in Art. 5 Abs. 1 lit. d) das auf das Schiedsverfahren anzuwendende Recht. Das Abkommen sichert ferner die Vollstreckung ausländischer Schiedssprüche.[849]

b) Koreanisches Recht

Hinsichtlich der Zuständigkeit koreanischer Gerichte bestimmen §§ 6, 9 Zivilprozessgesetz,[850] dass Ausländer in den dort aufgeführten Fällen vor koreanischen Gerichten verklagt werden können.

Grundsätzlich überträgt die Rechtsprechung bei vermögensrechtlichen Streitigkeiten die Systematik der inländischen Gerichtsstände auf das Recht der inter-

---

845 Vgl. Ulmer, S. 17
846 Ulmer, S. 17
847 §§ 1029 Abs. 2, 1026 ZPO
848 Vom 10.06.1958, BGBl. 1961 II, S. 121, Inkrafttreten bekannt gemacht: BGBl. 1973 II, S. 972 f.
849 Vgl. etwa BGH, RIW 2000, S. 874; vgl. ferner § 1061 Abs. 1 ZPO
850 Gesetz Nr. 547 vom 04.04.1960, fortan: ZPG

nationalen Zuständigkeit. Im Schrifttum allerdings ist umstritten, ob die für die Bestimmung des inländischen Gerichtsstandes maßgeblichen Kriterien auch die internationale Zuständigkeit begründen oder ob hierfür zusätzliche Verbindungen der Rechtsstreitigkeit mit dem Forumsstaat zu fordern sind.[851]

Das innerstaatliche Zuständigkeitsrecht erkennt in § 6 ZPG für alle vermögensrechtlichen Ansprüche einschließlich solcher aus gesetzlichen Schuldverhältnissen den Gerichtsstand des Erfüllungsortes an.

Für die Bestimmung des Gerichtsstandes im Falle der unerlaubten Handlung gelten Handlungs- und Erfolgsort gleichermaßen als Ort der unerlaubten Handlung.[852] Für die Produzentenhaftung fordert das Schrifttum zum Teil, dass der Ort des Schadenseintritts für den Gläubiger vorhersehbar sein muss. Andernfalls seien zumindest die sonstigen Bindungen zwischen dem beklagten Hersteller und dem Forumsstaat bzw. die Leichtigkeit einer Einlassung für den Beklagten im Forumsstaat zu berücksichtigen.[853]

Gleichermaßen gilt auch für die internationale Zuständigkeit bezüglich unbeweglicher Sachen, juristischer Personen und Insolvenzverfahren,[854] dass die Gerichte am Wohnsitz oder Aufenthaltsort des Beklagten entsprechend der örtlichen Zuständigkeit[855] auch international zuständig sind. Hierbei ist der Begriff des Aufenthaltsortes ähnlich dem des gewöhnlichen Auftenthaltes im deutschen Recht zu verstehen. Dem entspricht bei Handelsgesellschaften oder juristischen Personen die örtliche[856] wie internationale Zuständigkeit am Ort ihrer wichtigsten Niederlassung oder ihres wichtigsten Büros. Überdies wird eine internationale Zuständigkeit am Ort sonstiger Niederlassungen oder Büros überwiegend dann angenommen, wenn die Klage mit dem Geschäftsbetrieb dieser Niederlassung oder dieses Büros im Zusammenhang steht.

Ob ein Gerichtsstand des Vermögens nicht nur örtlich,[857] sondern auch international anzuerkennen ist, wird im Schrifttum überwiegend restriktiv beurteilt und an weitere Voraussetzungen geknüpft, etwa an einen hinreichenden Inlands-

---

851 Stiller 1073-4, 1073-6, 1073-8 f.; darüber hinaus beachtet das Schrifttum das Übereinkommen über die gerichtliche Zuständigkeit und Vollstreckung gerichtlicher Entscheidungen in Zivil- und Handelssachen vom 27.09.1968, BGBl. 1972 II, S. 774, sowie den Entwurf für einen Vertrag über die gerichtliche Zuständigkeit und die Vollstreckung ausländischer Entscheidungen in Zivil- und Handelssachen vom 26.04.1966

852 Vgl. zum deutschen Recht oben 2. a)

853 Stiller 1073-5

854 Vgl. Stiller 1073-4

855 § 2 ZPG

856 § 4 ZPG

857 § 9 ZPG

bezug des Vermögens oder einen Zusammenhang zwischen dem Vermögensgegenstand und der streitigen Forderung.

Bei Streitigkeiten, welche die amtliche Eintragung gewerblicher Schutzrechte oder vergleichbarer Rechte betreffen, die ihrerseits eine Eintragung oder Hinterlegung voraussetzen, sind die Gerichte des Staates ausschließlich zuständig, in dem die Eintragung beantragt oder die Hinterlegung erfolgt ist. Dies gilt nicht für privatrechtliche Patentverletzungs- oder Lizenzstreitigkeiten.[858]

Gerichtsstände, die allein an den Ort des Vertragsschlusses oder an die Nationalität des Gläubigers oder an eine vorübergehende Anwesenheit des Beklagten anknüpfen, werden nicht anerkannt.[859]

Gerichtsstandsvereinbarungen werden grundsätzlich auch im Bereich der internationalen Zuständigkeit anerkannt.[860] Es darf allerdings keine abweichende ausschließliche internationale Zuständigkeit umgangen werden.[861] Gleiches gilt auch für die Forumswahl durch rügelose Einlassung.[862]

Die Gerichtsstandsvereinbarung wird in Korea einheitlich als Prozessvertrag angesehen. Dabei wird anerkannt, dass die Fragen nach dem Zustandekommen und der materiellen Wirksamkeit der Gerichtsstandsvereinbarung nach dem bürgerlichen Recht und damit auch nach dem Internationalen Privatrecht beurteilt werden sollen.[863]

Ein Urteil eines deutschen ordentlichen Gerichts ist in Korea nicht ohne Vollstreckungsurteil eines inländischen Gerichts vollstreckbar, da insofern die Gegenseitigkeit nicht verbürgt ist.[864] Vielmehr bemisst sich die Anerkennung und Vollstreckung ausländischer Entscheidungen nach den Regeln der §§ 203, 476 und 477 ZPG. Völkerrechtliche Verträge auf diesem Gebiet fehlen hingegen.

Formelle Voraussetzung für die Zwangsvollstreckung aus dem Urteil eines ausländischen Gerichts ist nach § 476 Abs. 1 ZPG, dass ihre Zulässigkeit durch Vollstreckungsurteil des koreanischen Gerichts ausgesprochen ist. Klage auf Erlass des Vollstreckungsurteils ist beim zuständigen Gericht zu erheben.[865] Der Prozess läuft nach den allgemeinen Regeln.[866]

858 Stiller 1073-4 mwN
859 Stiller 1073-6
860 Stiller 1073-6
861 LG für Zivilsachen Seoul, E. v. 21.10.1981 - 81 Gahab 949, zitiert nach Stiller, 1073-6
862 Vgl. Art. 27 ZPG
863 An, Choon-Soo, S. 166
864 Stumpf/Fichna/Dircks, 1986, S. 265
865 § 476 Abs. 2 ZPG
866 An, Choon-Soo, S. 176

Das rechtskräftige Urteil eines ausländischen, also auch eines deutschen Gerichts ist gemäß § 203 ZPG für vollstreckbar zu erklären, wenn erstens das ausländische Gericht international zuständig war. Zweitens muss dem unterlegenen Beklagten, soweit er koreanischer Staatsangehöriger ist, die das Verfahren eröffnende Ladung anders als öffentlich zugestellt worden sein. Wenn es hieran fehlt, muss er sich alternativ auf das Verfahren rügelos eingelassen haben. Drittens darf das ausländische Urteil nicht gegen den koreanischen Ordre Public verstoßen.

§ 477 Abs. 1 ZPG schreibt vor, dass das Vollstreckungsurteil ohne Prüfung der Gesetzmäßigkeit der ausländischen Entscheidung zu erlassen ist. Demgemäß darf das koreanische Gericht nicht nachprüfen, ob das ausländische Verfahren ordnungsgemäß war oder ob das ausländische bzw. inländische Recht richtig angewandt wurde. Eine Ausnahme gilt für die Prüfung der Vereinbarkeit mit dem inländischen Ordre Public.[867]

Im Zusammenhang mit dem Verbot der sachlichen Nachprüfung ist im Schrifttum umstritten, ob in dem Verfahren der Vollstreckbarkeitserklärung eine nach dem Erlass des ausländischen Urteils eingetretene Einrede und Einwendung wie etwa die Erfüllung oder die Aufrechnung geltend gemacht werden kann. Nach der herrschenden Meinung ist dies zulässig. Der Umstand, dass die Berücksichtigung der nachträglich eingetretenen Tatsachen mit der Richtigkeit der ausländischen Entscheidung nichts zu tun hat, verstoße nicht gegen das Verbot der Nachprüfung.[868]

Gemäß § 107 Abs. 1 ZPG haben Kläger, die weder einen Wohnsitz noch ein Büro oder eine Niederlassung in Korea unterhalten, auf Antrag des Beklagten Prozesskostensicherheit für das Vollstreckungsverfahren zu leisten.

Durch eine schriftliche Schiedsvereinbarung kann die Zuständigkeit nationaler staatlicher Gerichte gemäß New Yorker UN-Übereinkommen über die Anerkennung und Vollstreckung ausländischer Schiedssprüche[869] ausgeschlossen werden.[870]

Die Schiedsvereinbarung wird im koreanischen Schrifttum einheitlich als materiell-rechtlicher Vertrag über eine prozessuale Beziehung qualifiziert. Auch die Rechtsprechung hat diesbezüglich klargestellt, dass hinsichtlich des Zustandekommens und der materiellen Wirksamkeit der Schiedsvereinbarung die allgemeinen Kollisionsnormen gelten.[871] Das hat zur Folge, dass das auf die

867 An, Choon-Soo, S. 177
868 An, Choon-Soo, S. 177
869 Vom 10.06.1958, Inkrafttreten bekannt gemacht: BGBl. 1973 II, S. 972 f.
870 Vgl. insgesamt Sohn / Jong / Choe, S. 691 ff. <705>
871 An, Choon-Soo, S. 169 mwN

Schiedsvereinbarung anzuwendende Recht nach den allgemeinen Regeln des IPRG bestimmt wird.

Es ist jedoch zu beachten, dass Korea von den beiden Vorbehaltsmöglichkeiten gemäß Art. 1 Abs. 3 des New Yorker Übereinkommens, dem Territorialitäts- und dem Handelssachenvorbehalt, Gebrauch gemacht hat. Demzufolge wird dieses Übereinkommen nur auf solche Schiedssprüche angewandt, die in einem anderen Vertragsstaat über die nach koreanischem Recht als Handelssachen anzusehende Streitigkeiten ergangen sind.[872]

Soweit ein ausländischer Schiedsspruch keinem Staatsvertrag unterfällt, kann dieser nach allgemeiner Ansicht auch auf der Grundlage des inländischen Rechts anerkannt und vollstreckt werden. Hierbei ist streitig, ob die Anerkennung und Vollstreckung in diesem Fall wie bei inländischen Schiedssprüchen gemäß Art. 12, 14 Schiedsgesetz[873] oder wie bei ausländischen Urteilen analog §§ 203, 476, 477 ZPG erfolgt.

II. Koreanisches Eigentums-, Pfand- und Mobiliarhypothekenrecht als Instrumente zur Kreditsicherung

Grundsätzlich garantiert die Rechtsordnung Südkoreas im Gegensatz zu Nordkorea Privateigentum an beweglichen Sachen und an Grundstücken.[874]

Aus Sicht des Lizenzgebers, der mit seiner Technologie Teile an den Lizenznehmer liefert, ist von Interesse, zu welchem Zeitpunkt er Rechte an seinen Teilen verliert. Dabei ist davon auszugehen, dass er Volleigentümer der Teile bleibt, solange diese nicht endgültig an den Lizenznehmer übergeben worden sind. Diesbezüglich ist ferner davon auszugehen, dass die endgültige Übergabe – ungeachtet einer Regelung hinsichtlich der Gefahrtragung bei Versand - nicht stattfinden wird, bevor die Teile in den räumlichen Geltungsbereich des koreanischen Rechts gelangt sind. Folglich ist festzustellen, dass der Lizenzgeber frühestens Rechtspositionen einbüßt, wenn koreanisches Eigentumsrecht Gültigkeit hat.[875] Dies allein ist also hier von Interesse.

Hinsichtlich der Eigentumsverhältnisse an den vom Lizenznehmer hergestellten Produkten wird ferner davon ausgegangen, dass sie nach koreanischem Recht in seinem Eigentum entstehen. In diesem Falle ist davon auszugehen, dass darin verarbeitete Teile des Lizenzgebers untergeordneter Natur sind und sie

872 Stiller 1073-11
873 Gesetz Nr. 1767 vom 16.03.1966
874 Kim, Byung-Ki, S. 159 f.
875 Lex rei sitae, vgl. oben I. 1. b), zur deutschen Rechtslage I. 1. a); Lehr, RIW 2000, S. 747 ff. <748>

somit spätestens mit Einbau auf den Lizenznehmer übergehen. In diesem Fall können die Produkte in Korea dem erwerbenden Lizenzgeber nach Ablauf einer theoretischen Sekunde endgültig oder zu Sicherungszwecken vorläufig übereignet werden.

Andernfalls könnten die vom Lizenznehmer hergestellten Produkte unmittelbar mit ihrer Entstehung Eigentum des auftraggebenden Lizenzgebers werden, ohne zwischenzeitlich Eigentum des Lizenznehmers zu sein. Hieran ist zu denken, wenn die im Produkt des Lizenznehmers verarbeiteten Teile des Lizenzgebers wesentlicher Natur sind. In diesem Fall wird der Lizenzgeber bereits mit der Entstehung der Produkte in Korea Eigentümer. Maßnahmen der Kreditsicherung sind dann nicht erforderlich. Hinsichtlich solcher Produkte, die an einen Dritten veräußert werden sollen, ist an kommissionsgeschäftähnliche oder vertretungsrechtliche Regelungen zu denken.

Für diese Fälle soll hier das koreanische Eigentumsrecht im angemessenen Rahmen dargestellt werden. Der Fall, dass die Produkte außer Landes gebracht werden und erst nach deutschem Recht in das Eigentum des erwerbenden Lizenzgebers übergehen, soll hier unerörtert bleiben. Der Lizenzgeber hat mit der Lizenzvergabe und gegebenenfalls mit der Teilelieferung vorgeleistet. Ein Kreditsicherungsbedürfnis des Lizenznehmers existiert folglich nicht. Wegen des Vorleistungscharakters der Lizenzvergabe und der Teilelieferung des Lizenzgebers wird dieser dann auch unmittelbar Volleigentümer an den zu ihm gelieferten Produkten. Ein weiteres Kreditsicherungsbedürfnis des Lizenzgebers kann, selbst wenn es besteht, nicht durch die für ihn, sondern allenfalls durch für einen anderen Abnehmer hergestellte Produkte gestillt werden.

1. Der Grundsatz des Eigentumsüberganges mit Übergabe der Sache und seine Ausnahmen

Die Übertragung eines dinglichen Rechts an einer beweglichen Sache wird nach koreanischem Recht grundsätzlich durch Einigung und Übergabe an den Erwerber wirksam.[876] Das begründet sich damit, dass ebenso wie im deutschen Recht zwischen dem Kausalgeschäft und der dinglichen Erfüllungshandlung unterschieden wird. Diese Trennung zeigt sich sehr deutlich in § 563 kBGB, worin klar zum Ausdruck kommt, dass der bloße Vertragsabschluss keinen Eigentumswechsel herbeiführt. Dabei gilt ein bloßes Zurverfügungstellen nicht in jedem Fall als Übergabe.

876 § 188 Abs. 1 kBGB

Tritt der Verkäufer bei der Übertragung des dinglichen Rechts an einer im Besitz eines Dritten befindlichen Sache dem Käufer den Anspruch auf Herausgabe der Sache gegen den Dritten ab, so gilt die Sache ausnahmsweise als dem Käufer übergeben.[877] Hier ist insbesondere an den Herausgabeanspruch gegen Spediteur, Reeder oder Frachtführer zu denken.

Ferner ist auch die Übertragung durch bloße Einigung zwischen Verkäufer und Käufer wirksam, wenn sich der Käufer bereits im Besitz der Sache befindet.[878] Und schließlich kann unter besonderen Voraussetzungen Volleigentum auch dann übertragen werden, wenn die Sache im Besitz des Schuldners bleibt.[879]

2. *Pfandbestellung, Mobiliarhypothek und Übereignung zu Sicherungszwecken mit Fertigstellung des Produktes*

Bewegliche Sachen können zur Sicherung von Forderungen verpfändet werden.[880] Das setzt nach koreanischem Recht voraus, dass Besitz an der Sache auf den Gläubiger oder einen dritten Treuhänder übertragen wird.[881]

Eine solche Besitzübernahme zugunsten des Gläubigers bereits am Herstellungsort setzt allerdings eine Präsenz des Gläubigers voraus.[882] Von einer Betriebsstätte etwa ist hier tatsächlich jedoch nicht auszugehen. Ihre Errichtung bedeutete einen vergleichsweise hohen Aufwand und ihre Existenz brächte u.a. steuerliche Nachteile mit sich. Denkbar wäre die Besitzübernahme durch einen in Korea ansässigen Treuhänder.

Der Gläubiger kann sich aus dem Pfandgut, hier also aus dem Lizenzprodukt, wegen seiner Forderung nur im Wege der öffentlichen Versteigerung befriedigen. Hierbei dürfte es regelmäßig an einem Markt fehlen, so dass der Gläubiger allenfalls selbst das Lizenzprodukt ersteigern kann, um sich teilweise zu befriedigen. Dabei ist jedoch zu bedenken, dass das Sicherungsgut regelmäßig Bestandteil des für andere Abnehmer bestimmten Kontingents des Lizenznehmers sein wird, der eigene Bedarf des Lizenzgebers an sich bereits gedeckt ist.

---

877 § 190 kBGB

878 § 188 Abs. 2 kBGB

879 § 189 kBGB; vgl. unten 2. „Yangdo Dambo“; Nam, Yoon-Sam, S. 115; Choi, Myung-Gu, S. 190

880 Nam, Yoon-Sam, S. 96; Park, Young-Bok, S. 9 f., §§ 320 bis 328 kBGB sehen ferner ein dingliches Zurückbehaltungsrecht vor, das in der Praxis aber keine nennenswerte Bedeutung hat, vgl. Nam Yoon-Sam, S. 96, FN 10

881 § 330 kBGB

882 § 188 Abs. 2 kBGB

Verliert das Sicherungsgut vor der Pfandreife erheblich an Wert, kann der Gläubiger alternativ die Wiederherstellung des ursprünglichen Zustandes des Sicherungsgutes oder zusätzliche Sicherheiten verlangen, wenn der Schuldner die Verschlechterung des Sicherungsgutes zu vertreten hat, ihm also ein Verschulden vorzuwerfen ist.[883]

Sollen die Besitzverhältnisse bei der Sicherungsbestellung nicht verändert werden, so kommt für gesetzlich im Einzelnen bestimmte Gegenstände eine Mobiliarhypothek in Betracht.[884] Mit einer solchen können gewerbliche und industrielle Einrichtungen wie etwa Maschinen gesondert belastet werden, und zwar ohne das dazugehörige Betriebsgrundstück. Die Bestellung des Rechts erfordert zu seiner Wirksamkeit die Eintragung in das von den unteren Gerichten geführte Pfandregister. Die Belastung kann nur auf einen bestimmten Geldbetrag lauten und ist akzessorisch zur gesicherten Forderung.[885]

Ein verbreitetes und für den Lizenzgeber sinnvolles Kreditsicherungsmittel ist das inzwischen von Gesetzgebung und Rechtsprechung anerkannte "Yangdo Dambo",[886] eine Art Vollrechtsübereignung zu Sicherungszwecken.[887] Dem Gläubiger wird dabei zur Sicherung seiner Forderung Volleigentum an Sachen des Schuldners übertragen, die allerdings im Besitz des Schuldners bleiben.[888] Der Gläubiger ist schuldrechtlich verpflichtet, die im Besitz des Schuldners befindlichen Sachen an diesen zurückzuübereignen, wenn die gesicherte Forderung erlischt.[889]

Diese Art von Übereignung wurde ursprünglich von der Rechtsprechung aufgrund der Handelspraxis ohne besondere gesetzliche Grundlage entwickelt. Sie vollzieht sich ohne jeden Publizitätsakt und bedarf auch keiner besonderen Registrierung.[890] Sie muss allerdings in der für die Übertragung des Vollrechts vorgeschriebenen Form vorgenommen werden.[891]

---

883 Vgl. §§ 362 ff. kBGB; Stumpf-Fichna, S. 273 ff. <274 f.>

884 Vgl. §§ 3, 14 Fabrikhypothekengesetz; ferner Bergwerke gemäß § 5 Berghypothekengesetz; Baumgruppen gemäß § 1 Baumgesetz; des Weiteren Schiffe, Eisenbahnen u.ä., Stumpf-Fichna, S. 273 ff. <275>; Park, Young-Bok, S. 10 ff., Nam, Yoon-Sam, S. 96

885 Lee, Sun-Chol, ZVglRWiss 1983, S. 208 ff. <211, 212 ff.>

886 Nam, Yoon-Sam, S. 97, 111; daneben sind in der Praxis üblich auch das Maedo Dambo, Nam, Yoon-Sam, S. 97, und das Gadunggi Dambo, Nam, Yoon-Sam, S. 97, 111

887 Vgl. Choi, Myung-Gu, S. 190

888 Choi, Myung-Gu, S. 190

889 Nam, Yoon-Sam, S. 99

890 Nam, Yoon-Sam, S. 112

891 Vgl. oben 1.; ferner Nam, Yoon-Sam, S. 115

Obwohl der Sicherungsgläubiger die Stellung eines Volleigentümers erlangt, erhält er im Konkurs des Schuldners kein Aussonderungsrecht, sondern ein bloßes Absonderungsrecht.[892]

Hinsichtlich der Rückübereignungspflicht ist beim Lizenzproduktabnahmevertrag dahingehend zu unterscheiden, ob die konkreten Produkte des Lizenznehmers für den Lizenzgeber oder einen anderen Abnehmer bestimmt sind. Eine vorübergehende Vollübereignung mit Rückübereignungspflicht kommt dann in Betracht, wenn die Produkte für einen anderen Kunden des Lizenznehmers bestimmt sind, dieser also sinnvollerweise nach Erfüllung der Forderung des Lizenzgebers wieder verfügungsberechtigter Eigentümer des besagten Kontingents an Lizenzprodukten wird.

Im Falle der Vollrechtsübertragung an den Gläubiger mit ursprünglicher Rückübertragungspflicht ist im Übrigen im Falle der letztendlich notleidenden Forderung zur Verwertung und damit zur Befriedigung des Sicherungsnehmers ein formelles Versteigerungsverfahren nur dann erforderlich, wenn der Lizenznehmer das Sicherungsgut nicht freiwillig herausgibt.

Sind die Produkte des Lizenznehmers letztlich sämtlich für den Lizenzgeber bestimmt, ist eine Vollübereignung zum frühen Zeitpunkt ohne Rückübereignungspflicht sinnvoll.[893]

3. Eigentumsvorbehalt

Eine Vorschrift über den Eigentumsvorbehalt existiert im koreanischen Recht nicht. Dennoch existiert das Rechtsinstitut des Eigentumsvorbehaltes für bewegliche wie im Übrigen auch für unbewegliche Sachen.[894] Das begründet sich ähnlich wie im deutschen Recht damit, dass ein Rechtsgeschäft gemäß § 147 Abs. 1 kBGB unter eine aufschiebende Bedingung gestellt werden kann, so dass es erst mit dem Eintritt der Bedingung wirksam wird.

Ein Eigentumsvorbehalt wird wie im deutschen Recht etwa im Zusammenhang mit einem Kauf- oder Werkvertrag vereinbart, bei dem sich der Verkäufer oder Werkunternehmer, also etwa der Teile liefernde Lizenzgeber, das Eigentum an der Kaufsache bis zur vollständigen Erbringung der Gegenleistung, also - um im Beispiel zu bleiben - bis zur Lieferung der Lizenzprodukte, vorbehält.[895] Zu

892 Nam, Yoon-Sam, S. 115; anders noch Choi, Myung-Gu, S. 190
893 Vgl. oben 1.
894 Choi, Myung-Gu, S. 138
895 Choi, Myung-Gu, S. 142, 171

seiner Gültigkeit brauchen keine besonderen Formvorschriften und keine Registereintragungen beachtet zu werden.[896]

Der Erwerber erwirbt also das Eigentum am Gegenstand erst bei vollständiger Erbringung der Gegenleistung. Dabei ist umstritten, ob er zuvor eine dingliche Anwartschaft erwirbt.[897] Hierauf kommt es dann an, wenn ein Dritter das Anwartschaftsrecht vor Erstarkung zum Vollrecht erwerben oder pfänden will.

Bejaht man die Anwartschaft, ergibt sich die Frage, ob eine Vereinbarung zwischen dem Verkäufer und dem Käufer über ein Verbot der Übertragung des Anwartschaftsrechts an einen Dritten diesen tangiert. Die Literatur ist diesbezüglich geteilter Auffassung. Ein Teil bejaht die Wirksamkeit einer solchen Vereinbarung dem Dritten gegenüber.[898]

Der die Wirksamkeit verneinende Teil der Literatur hebt hervor, dass sich die Verfügungsmöglichkeit über das dingliche Anwartschaftsrecht bereits aus § 149 kBGB ergebe. Eine schuldrechtliche Vereinbarung allein könne das sachenrechtliche Verfügungsrecht des Dritten nicht beeinflussen.[899]

Allerdings ist zu beachten, dass auch nach dieser Ansicht die Rechtsposition des Verkäufers an der Sache nicht tangiert wird. Denn die Erstarkung des Anwartschaftsrechts zum Vollrecht hängt auch, wenn sich die Sache in den Händen des Dritten befindet, vom Eintritt der Bedingung der vollständigen Kaufpreiszahlung ab. Wegen des Verzuges einer Ratenzahlung etwa kann auch nach Übertragung des dinglichen Anwartschaftsrechts noch vom Vertrag zurückgetreten werden.[900]

In der Praxis hat der Vorbehaltskauf für reine Handelsgeschäfte wenig Bedeutung erlangt. Sein Anwendungsbereich ist auf Abzahlungsgeschäfte im Bereich der Verbrauchsgüter mit privaten Endabnehmern beschränkt.[901]

---

896 Stumpf-Fichna, S. 273 ff. <273>
897 Choi, Myung-Gu, S. 155 mwN; der Streit bleibt hier unerörtert
898 Choi, Myung-Gu, S. 155 mwN
899 Der Streit bleibt hier unerörtert
900 Choi, Myung-Gu, S. 155
901 Jo, Bong-Je, S. 136

III. Forderungsabtretung und Bürgschaft als Instrumente zur Kreditsicherung

1. Forderungsabtretung

Forderungsabtretungen können Bedeutung erlangen als Sicherungsmittel im Zusammenhang mit verlängertem Eigentumsvorbehalt[902] bzw. einer Weiterverkaufsklausel bei vorheriger besitzerhaltender Übereignung mit Sicherungszweck.[903]

Im koreanischen BGB wird die Forderungsabtretung in den §§ 449 bis 452 geregelt. Eine Forderung kann gemäß § 449 kBGB durch formlosen Abtretungsvertrag von einem Gläubiger auf einen anderen übertragen werden, und zwar ohne Zustimmung oder eine sonstige Beteiligung des Schuldners.[904] Die Lage des Schuldners darf durch die Abtretung nicht verschlechtert werden.[905]

Voraussetzung allerdings dafür, dass die Abtretung einer Forderung auch einem zunächst unbeteiligten Vierten entgegengehalten werden kann, ist neben der Anzeige an den Schuldner auch dessen Zustimmung zum Abtretungsvertrag zwischen altem und neuem Gläubiger. Sowohl Anzeige als auch vor allem die Zustimmung sind formbedürftig, und zwar dergestalt, dass sie durch Aushändigung einer zum Beweis der Abtretung dienenden öffentlich beglaubigten Urkunde erfolgen.[906]

Wie im deutschen Recht kann eine Forderung nicht abgetreten werden, wenn die Abtretung ihrer Natur nach unzulässig ist.[907] Dies ist dann der Fall, wenn der Gläubigerwechsel eine Änderung der Forderung mit sich bringen würde, die Forderungserfüllung in unveränderter Form also nur dem ursprünglichen Gläubiger gegenüber bewirkt werden kann. Beispiele hierfür sind etwa die Forderung auf Gebrauchsüberlassung[908] oder auf eine Dienstleistung[909]. Derartige Forderungen können jedoch abgetreten werden, wenn der Schuldner zustimmt.[910]

Die Vorausabtretung künftiger Forderungen ist nach herrschender Ansicht zulässig, soweit sie nicht gegen die guten Sitten oder die Sozialordnung[911] ver-

902 Vgl. oben II. 3.
903 Vgl. oben II. 2.
904 Korean. OGH 1961, 4294 Minsang, S. 112, zitiert nach Jo, Bong-Je, S. 105
905 Jo, Bong-Je, S. 106
906 § 450 Abs. 2 kBGB; vgl. auch Jo, Bong-Je, S. 118
907 § 449 Abs. 1, S. 2 kBGB
908 § 610 Abs. 2 kBGB
909 § 657 Abs. 1 kBGB
910 Jo, Bong-Je, S. 110
911 § 103 kBGB

stößt. Die Rechtslehre ist sich ferner einig, dass der Inhaberwechsel im Zeitpunkt der Entstehung der Forderung stattfindet. Hierbei kann es entscheidend sein, ob die Forderung unmittelbar in der Person des Zessionars oder zunächst in der Person des Zedenten entsteht und damit erst nach einer logischen Sekunde kraft der früher getroffenen Verfügung auf den Zessionar übergeht.

Dabei muss es darauf ankommen, ob die Voraussetzungen für die Abtretung gemäß § 450 kBGB vor dem Entstehen der abgetretenen Forderung erfüllt gewesen sind. Voraussetzung für die Abtretung ist die an konkreten Tatsachen festzumachende Bestimmbarkeit der künftigen Forderung zur Zeit der Abtretung. Liegt diese vor, so ist von einem zugriffsfreien Direkterwerb auszugehen.[912]

Unter Globalzession wird die Abtretung aller gegenwärtigen und zukünftigen Forderungen des Schuldners zu Sicherungszwecken an den Gläubiger verstanden. In der Praxis spielt sie - anders als in Deutschland - keine Rolle.[913]

2. Bürgschaft

Die Bürgschaft ist nach koreanischem Recht ein Vertrag, durch den sich der Bürge gegenüber dem Gläubiger verpflichtet, für die Erfüllung der Verbindlichkeit eines Schuldners einzustehen.[914]

Gemäß § 437 S. 2 kBGB ist die Einrede der Vorausklage ausgeschlossen, wenn der Bürge hierauf verzichtet, was bei der Handelsbürgschaft eines Vollkaufmanns in der Regel anzunehmen ist.[915] Die Bürgschaft ist akzessorisch.[916]

IV. Gefahrübergang

1. Das Recht des Gefahrüberganges gemäß UN-Kaufrecht als Bestandteil des deutschen Rechts

Am 01.01.1989 trat das Übereinkommen der Vereinten Nationen vom 11.04.1980 über Verträge über den internationalen Warenkauf[917] für die damaligen Unterzeichnerstaaten in Kraft. In Deutschland allerdings wurde es erst am

---

912 Jo, Bong-Je, S. 127 f.
913 Jo, Bong-Je, S. 134
914 § 428 kBGB
915 § 57 Abs. 2 kHGB; vgl. Park, Young-Bok, S. 51
916 Park, Young-Bok, S. 95; Choi, Myung-Gu, S. 172
917 Fortan: UN-Kaufrecht; in Verbindung mit der Angabe von Artikeln: CISG (Convention on Contracts for the International Sale of Goods)

01.01.1991 in Kraft gesetzt. Die Haager Übereinkommen wurden mit Wirkung zum 31.12.1990 gekündigt.[918]

Das aktuelle UN-Kaufrecht findet zunächst Anwendung, wenn die Sitzstaaten beider Parteien Mitglied des Übereinkommens sind,[919] was bei Korea jedoch nicht der Fall ist.[920] Allerdings ist es einschlägig als Spezialrecht für grenzüberschreitende Rechtsvorgänge, sobald das deutsche wie auch das koreanische Internationale Privatrecht deutsches Recht für anwendbar erklären.[921]

Das UN-Kaufrecht regelt die Gefahrtragung hauptsächlich im Kapitel "Übergang der Gefahr".[922] Gemäß den hier festgehaltenen Vorschriften trägt der Käufer - also in Bezug auf Teile der Lizenznehmer, bezüglich der Lizenzprodukte der Lizenzgeber - die Leistungsgefahr, also die Gefahr des zufälligen Unterganges einer Kaufsache und das damit verbundene Erlöschen seines Rechts auf Leistung, wenn der Verkäufer von seiner Verpflichtung zur Leistung oder von seiner Schadensersatzpflicht wegen Nichterfüllung bzw. wegen einer Leistungsstörung etc. frei ist.

Das ist der Fall, wenn die Erbringung der geschuldeten, aber noch nicht erbrachten Leistung ohne Verschulden des Schuldners nachträglich objektiv unmöglich wird.[923] Zusätzliche Voraussetzung beim Gattungskauf, der im Anwendungsbereich des UN-Kaufrechts im Vordergrund steht, ist die Konkretisierung der Ware, das heißt, die eindeutige Zuordnung der Ware zu einem bestimmten Kaufvertrag.

Den Kaufpreis kann der Verkäufer aber nicht verlangen, wenn die objektive Unmöglichkeit noch zu einem Zeitpunkt eintritt, zu dem er die Preisgefahr trägt, also die Gefahr des Erlöschens des Rechts auf Zahlung etwa des Kaufpreises oder des Werklohns. Geht die Ware hingegen nach Übergang der Preisgefahr auf den Käufer unter, ist der Verkäufer von seinen Pflichten befreit, während der Käufer den Kaufpreis zahlen muss.[924]

Art. 66 CISG bestimmt grundlegend zur Preisgefahr, dass der Untergang oder die Beschädigung der Ware nach dem Zeitpunkt des Gefahrübergangs den Käufer nur dann von der Kaufpreiszahlungspflicht befreit, wenn Untergang oder Beschädigung auf eine Handlung oder Unterlassung des Verkäufers zurückzuführen sind. Daraus folgt, dass er von der Zahlungspflicht nicht befreit ist, wenn der Untergang oder die Beschädigung zufällig erfolgt.

---

918 Schlechtriem-Schlechtriem, Einleitung, S. 29

919 Piltz, RIW 1999, S. 897 <898>; Stumpf, RIW 1999, S. 411 <412>

920 Stumpf, RIW 1999, S. 411 <413>; Schlechtriem-Schlechtriem, Anhang I, S. 923 f.

921 Piltz, RIW 1999, S. 897 <898>

922 Art. 66 - 70 CISG

923 Art. 79 CISG; zur Systematik ausführlicher: Rathjen, RIW 1999, S. 561 ff. <561>

924 Schlechtriem-Hager, Art. 66 CISG Rn. 7 a

Im Folgenden wird kurz dargestellt, zu welchen Zeitpunkten bei zufälligem Untergang oder zufälliger Beschädigung die Preisgefahr beim Verkäufer verbleibt bzw. auf den Käufer übergeht.

Art. 67 CISG betrifft den Fall, dass die Vertragspflichten auch die Versendung der Ware umfassen. Diesem Geschäftstyp (Versendungskauf) kommt die wichtigste Stellung im modernen Warenkauf zu. Er ist gekennzeichnet dadurch, dass auf Verlangen des Käufers eine Versendung der Ware an einen anderen Ort als den Erfüllungsort erfolgt. Im Rahmen des Lizenzproduktabnahmevertrages ist an eine solche Vereinbarung sowohl hinsichtlich dem Lizenznehmer vom Lizenzgeber bereitzustellender Teile als auch hinsichtlich der vom Lizenznehmer herzustellenden und an den Lizenzgeber zu liefernden Lizenzprodukte zu denken.[925]

Gemäß Art. 67 Abs. 1 S. 1 CISG geht die Preisgefahr unabhängig vom Eigentumsübergang über, wenn die Ware gemäß dem Kaufvertrag dem ersten Beförderer zur Übermittlung an den Käufer übergeben wird. Ist die Ware dem Beförderer an einem bestimmten Ort zu übergeben, geht die Preisgefahr mit der Übergabe der Ware an diesem Ort über.[926]

Art. 68 CISG regelt den Fall, dass ein Vertrag über Ware geschlossen wird, die sich auf dem Transport befindet. Die Preisgefahr geht hier im Zeitpunkt des Abschlusses des Kaufvertrages auf den Käufer über.

Wegen der besonderen Interessenlage des Lizenzgebers, aus Kreditsicherungsgründen so früh wie möglich Voll- oder Sicherungseigentümer der Lizenzprodukte zu werden, jedoch die Gefahr nicht früher zu tragen, als die Ware kontrollierbar ist, ist ein Blick auf Art. 69 Abs. 1 CISG geboten.

Dieser regelt den Platzkauf. Übergabeort ist die Verkäuferniederlassung, wie etwa auch bei Vereinbarung der Klausel ex-work oder bei Abholen der Ware in den Räumlichkeiten des Verkäufers durch einen Beförderer unter Bevollmächtigung durch den Käufer. Die Preisgefahr geht grundsätzlich bei Übergabe der Ware an den Käufer auf diesen über, also mit dem Wechsel der Sachherrschaft. Solange also der Verkäufer die Ware kontrolliert, bleibt die Preisgefahr bei ihm.[927] Eine Ausnahme hierzu bildet allerdings der Annahmeverzug, der ohne Wechsel der Sachherrschaft die Preisgefahr übergehen lässt.[928]

Konkret bedeutet das Abstellen auf die Sachherrschaft, dass bei einer entsprechenden Vertragsvereinbarung die Preisgefahr für das Lizenzprodukt noch beim Lizenznehmer, dem Hersteller, verbleibt, solange das Produkt sich noch in

925 Art. 67 Abs. 1 S. 1 CISG
926 Art. 67 Abs. 1 S. 2 CISG
927 Choi, June-Sun, S. 117
928 Art. 69 Abs. 1 CISG

seiner Sachherrschaft befindet, während der Lizenzgeber bereits Sicherungseigentümer bzw. Volleigentümer mit Sicherungszweck sein kann. Denn ein Besitzkonstitut bedingt gemäß UN-Kaufrecht keinen Preisgefahrwechsel, da der Wechsel der Sachherrschaft damit gerade nicht einhergeht.

Ähnliches gilt auch für den Übergang der Leistungsgefahr, nämlich dass der Eigentumsübergang zu Sicherungszwecken mittels Besitzkonstitut von der Konkretisierung zu trennen ist. Sowohl Sicherungsübereignung bzw. Übereignung zu Sicherungszwecken als auch Konkretisierung sind von einem Wechsel der Sachherrschaft unabhängig. Es ist daher erst recht möglich, Gattungssachen für einen oder mehrere Abnehmer zu konkretisieren, sie als Lagerbestand dennoch an einen von ihnen oder an einen von den Abnehmern verschiedenen Gläubiger zu übereignen.

Beim Fernkauf gemäß Art. 69 Abs. 2 CISG ist der Verkäufer zum Transport der Ware bis zu einem bestimmten Zielort verpflichtet, an dem die Erfüllung erfolgt. Dies entspricht der Vereinbarung nach den Incoterms „delivered ex ship" und „delivered ex quay".[929] Anders als gemäß § 446 Abs. 1 BGB, wo die Preisgefahr in dem Zeitpunkt auf den Käufer übergeht, in dem dieser die Ware übernimmt, geht nach Art. 69 Abs. 2 CISG die Preisgefahr über, sobald die Lieferung fällig ist und der Käufer Kenntnis davon hat, dass ihm die Ware an dem vereinbarten Ort zur Verfügung steht.

Art. 70 CISG enthält die Bestimmung, dass Rechtsbehelfe des Käufers wegen wesentlicher Vertragsverletzung des Verkäufers durch Art. 67 bis 69 CISG nicht berührt werden. Ferner wirkt sich diese Vorschrift auf Art. 82 CISG als Regel der Gefahrentragung aus, soweit sie das Recht zur Vertragsaufhebung und das Recht auf Ersatzlieferung von der Möglichkeit zur Rückgabe der Ware abhängig macht.

Das UN-Kaufrecht ist dispositives Recht.[930] Dispositiv sind daher auch die Gefahrtragungsvorschriften. Vereinbarte Handelsklauseln, wie beispielsweise die Incoterms 2000,[931] gehen daher den Vorschriften über den Gefahrübergang vor. Soweit der Inhalt solcher Klauseln einen Handelsbrauch darstellt, ist er bei der Auslegung des Vertrages im Rahmen des Art. 8 Abs. 3 CISG und des Art. 9 Abs. 1 CISG zu berücksichtigen.[932]

Ferner wird gemäß Art. 9 Abs. 2 CISG angenommen, dass sich die Vertragsparteien mangels besonderer anderer Vereinbarung stillschweigend auf diejenigen Bräuche bezogen haben, die sie kannten oder kennen mussten und die in

---

929 Piltz, RIW 2000, S. 485 ff. <485, 486>
930 Art. 6 CISG
931 Im Einzelnen: Piltz, RIW 1999, S. 897 <900>; Piltz, RIW 2000, S. 485 ff. <487>
932 Piltz, RIW 2000, S. 485 ff. <487>

dem betreffenden Geschäftszweig weithin bekannt sind und dort regelmäßig beachtet werden.[933]

Die Regeln des Gefahrübergangs der Incoterms 2000 decken sich weitgehend mit den betreffenden Vorschriften des UN-Kaufrechts.[934] Auch hier geht die Gefahr mit der Übergabe oder der Zurverfügungstellung der Ware vom Verkäufer auf den Käufer über. Nach den den Versendungskauf betreffenden Klauseln der Incoterms 2000 „free alongside ship (FAS)", „free carrier (FCA)", „free on board (FOB)", „cost and freight (CFR)", „cost, insurance and freight (CIF)", „carriage paid to (CPT)" und „carriage and insurance paid to (CIP)" geht die Preisgefahr wie gemäß Art. 67 Abs. 1 CISG im Zeitpunkt der Übergabe der Ware am benannten Verladungsort an den Frachtführer auf den Käufer über.[935]

Dies gilt auch für den kombinierten Land- und Seetransport, etwa für den modernen Containerverkehr. Die hierauf zugeschnittenen Incoterms „free carrier (FCA)", „carriage paid to (CPT)" und „carriage and insurance paid to (CIP)" knüpfen den Gefahrübergang wie das UN-Kaufrecht an die Aushändigung der Ware an den ersten Frachtführer.[936] Damit erübrigen sich Untersuchungen, wann im Verlaufe des multimodalen Transports ein Schaden eingetreten ist.[937]

Die Übereinstimmung der Gefahrtragungsregeln in den Incoterms mit denen des UN-Kaufrechts setzt sich fort. Die in der Klausel „ex work (EXW)" getroffenen Gefahrübergangsregeln stimmen mit Art. 69 Abs. 1 CISG überein,[938] während sich die Regeln in „delivered ex ship" bzw. „delivered ex quay" mit Art. 69 Abs. 2 CISG decken.[939] Zur Bewirkung des Gefahrübergangs durch Zurverfügungstellung ist auch nach den Incoterms die Benachrichtigung des Käufers erforderlich.[940]

2. Das Recht des Gefahrübergangs gemäß koreanischem Recht

Nach koreanischem Recht geht die Sachgefahr zum Zeitpunkt der Übergabe an den Käufer auf diesen über.[941] Die bloße Übergabe der Ware an den Beförderer

933 Choi, June-Sun, S. 104
934 Piltz, RIW 2000, S. 485 ff.
935 Piltz, RIW 2000, S. 485 ff. <485, 486>
936 Piltz, RIW 2000, S. 485 ff. <486>
937 Choi, June-Sun, S. 135
938 Piltz, RIW 2000, S. 485 ff. <486>
939 Piltz, RIW 2000, S. 485 ff. <486 f.>
940 Choi, June-Sun, S. 135
941 § 536 Abs. 1 BGB

beim Versendungs- oder beim Fernkauf bewirkt dagegen keinen Gefahrenübergang.

Beim Kauf reisender oder eingelagerter Ware kann die Gefahr vor der Übergabe der Ware an den Käufer übergehen. Bezugszeitpunkt ist jedoch nicht der Zeitpunkt der Übergabe der Ware an den Beförderer, sondern der Zeitpunkt der Übergabe eines Konnossements, eines Lagerscheins, eines Ladescheins oder eines sonstigen Wertpapiers, das den Besitz an der Ware bescheinigt und einen Anspruch auf Herausgabe der Ware gegen den Beförderer bedingt, an den Käufer. Denn die Übergabe derartiger Papiere gilt nach §§ 133, 157 des koreanischen Handelsgesetzbuches als Übergabe des Gutes.

Gemäß § 537 kBGB verliert der Verkäufer den Anspruch auf Gegenleistung, wenn die ihm aus einem gegenseitigen Vertrag obliegende Leistung in Folge eines Umstandes nachträglich dauerhaft unmöglich wird, den weder er noch der andere zu vertreten hat. Das bedeutet, dass nach der gesetzlichen Regelung bei Untergang der Sache ohne Verschulden der Vertragsparteien die Pflicht des Käufers, den Kaufpreis zu entrichten, erlischt, ferner der Käufer, sofern er vorgeleistet hat, einen Anspruch auf Rückgewähr aus Bereicherungsrecht hat.[942]

Der Verkäufer als Schuldner der unmöglich gewordenen Leistung, der die Preisgefahr trägt, hat ferner keinen Anspruch auf Aufwendungsersatz für Vorbereitungshandlungen. Das Schuldverhältnis erlischt grundsätzlich ersatzlos. Macht jedoch der Käufer den Surrogatsanspruch geltend, bleibt das Schuldverhältnis bestehen und wandelt sich in ein Abwicklungsverhältnis um.[943]

Nach koreanischem Recht können Leistungshandlung und Leistungserfolg je nach Art des Schuldverhältnisses auseinander fallen. Dem trägt die Vorschrift des § 134 Abs. 2 kHGB Rechnung, die die Preisgefahr dem Versender aufbürdet, wenn der Vertragsgegenstand während des Transports von beiden Vertragsparteien unverschuldet untergeht.[944]

§ 538 Abs. 1 kBGB regelt die Gefahrtragung im Falle eines vertragswidrigen Verhaltens des Gläubigers und setzt einen gegenseitigen Vertrag sowie nachträgliche Unmöglichkeit voraus. § 538 Abs. 1 kBGB erlegt dem Gläubiger die Preisgefahr auf, wenn er die Unmöglichkeit zu vertreten hat oder die Unmöglichkeit während seines Annahmeverzuges eintritt.

---

942 § 741 kBGB

943 Choi, June-Sun, S. 140; vgl. zur deutschen Rechtslage § 323 Abs. 2 dBGB; der Gläubiger erhält nach deutschem Recht das Wahlrecht, nach § 323 Abs. 1 dBGB die Gegenleistungspflicht endgültig zum Erlöschen zu bringen und ggf. rückabzuwickeln oder gemäß § 323 Abs. 2 dBGB das stellvertretende Commodum zu verlangen: MüKo-Emmerich § 323 BGB Rn. 36

944 Choi, June-Sun, S. 141

Im Falle des Annahmeverzuges erstreckt sich der Gefahrübergang, da der Schuldner während des Annahmeverzuges gemäß § 410 kBGB nur Vorsatz und grobe Fahrlässigkeit zu vertreten hat, auch auf die vom Schuldner leicht fahrlässig verursachte Unmöglichkeit.[945]

§ 538 Abs. 1 kBGB gilt auch für die bereits konkretisierte Gattungsschuld.[946] Erstreckt sich die Unmöglichkeit auf die ganze Gattung, ist die Vorschrift dagegen bereits anwendbar, ohne dass es auf eine Aussonderung ankommt.

Als Rechtsfolge der vom Gläubiger zu vertretenden Unmöglichkeit oder der Unmöglichkeit während seines Annahmeverzuges wird der Schuldner von der Verpflichtung zur Leistung frei und behält das Recht auf die Gegenleistung. Der Schuldner hat jedoch dasjenige dem Gläubiger herauszugeben, das er infolge der Befreiung von seiner Verpflichtung erspart oder anderweitig erwirbt.[947] Der Anspruch des Schuldners auf Schadensersatz bleibt unberührt.[948]

Bei beiderseits zu vertretender Unmöglichkeit wird der Gedanke des Mitverschuldens gemäß § 396 kBGB sowohl bei der Anwendung des § 390 kBGB wie auch bei der Anwendung des § 538 kBGB berücksichtigt.

Die Vorschriften des koreanischen BGB zur Preisgefahr[949] und zum Untergang durch Verschulden durch einen Vertragspartner[950] enthalten Grundregeln, die die Regelungsdichte des deutschen BGB nicht erreichen. Ein Vergleich dieser Vorschriften über die Gefahrtragung mit dem deutschen BGB deckt Unterschiede zwischen den Rechtsordnungen auf. Das koreanische BGB enthält weder eine dem § 323 Abs. 1, 2. HS dBGB entsprechende Regelung über die teilweise Unmöglichkeit, keine dem § 323 Abs. 2 dBGB entsprechende Regelung über das Surrogat, keinen dem § 323 Abs. 3 dBGB entsprechenden Verweis auf das Bereicherungsrecht, keine dem § 324 Abs. 1 S. 2, 2. Alternative dBGB entsprechende Regelung über eine Anrechnung dessen, was der Schuldner zu erwerben böswillig unterlässt, keine den §§ 446, 447 dBGB entsprechende Sondervorschrift für Kaufverträge, keine dem § 300 Abs. 2 dBGB entsprechende Regelung über die Gefahrtragung beim Gattungskauf noch eine dem § 350 dBGB entsprechende Regelung für das Rücktrittsrecht des Gläubigers im Fall des zufälligen Untergangs des Kaufgegenstands nach der Erfüllung.

Die Vorschriften der §§ 536 ff. kBGB sind abdingbar.[951]

---

945 Choi, June-Sun, S. 143
946 Vgl. § 375 Abs. 2 kBGB
947 § 538 Abs. 2 kBGB
948 § 390 kBGB
949 § 537 kBGB
950 § 538 kBGB
951 Choi, Myung-Gu, S. 193; Choi, June-Sun, S. 139 f.

V. Gewährleistungsrecht

1. Das Gewährleistungsrecht des UN-Kaufrechts als deutsches Spezialrecht

Das UN-Kaufrecht ist als deutsches Spezialrecht anwendbar, wenn das Internationale Privatrecht auf deutsches Recht verweist.[952] Bei Verletzung von Vertragspflichten differenziert das UN-Kaufrecht nicht nach verschiedenen Arten der Leistungsstörungen. Vielmehr fasst es jede nicht ordnungsgemäße Leistung unter den Begriff der Nichterfüllung.[953] Formalia sind mit Ausnahme der Untersuchungs- und Rügepflicht nach Art. 38 Abs. 1, Art. 39 Abs. 1 CISG für die Rechtsfolge nicht erforderlich.[954]

Gleichzeitig ist Verschulden nicht erforderlich. Allerdings ist die Haftungsentlastung nach Art. 79 CISG möglich. Voraussetzung ist, dass die schlechtleistende Partei für die Nichterfüllung ihrer Pflichten nicht einzustehen hat.[955] Das ist der Fall, wenn die Ausführung der Vertragspflichten von außen gestört wird und der gestörte Vertragspartner typischerweise für eine derartige Störung nicht vorsorgen musste.[956]

---

952 Siehe oben IV. 1.

953 Art. 45, 61 CISG; BGH, RIW 1996, 594 ff. <595>; Rathjen, RIW 1999, S. 561 ff. <561>; zur Vertragsaufhebung bei zu erwartender Vertragsverletzung nach UN-Kaufrecht: BGH RIW 1995, S. 505, Anmerkung hierzu Schmidt-Kessel, RIW 1996, S. 60 ff. <61 ff.>

954 Rathjen, RIW 1999, S. 561 ff. <561>; zur Mängelrüge: LG Marburg, RIW 1996, S. 328 f.; BGH, RIW 1999, S. 385 f.; Escher RIW 1999, S. 495 ff. <497 f.>, zur Mängelrüge und Aufrechnung mit Gegenansprüchen: LG Oldenburg RIW 1996, S. 65 f.; zur Vereinbarung einer bestimmten Rügefrist im Rahmen des UN-Kaufrechts: LG Gießen, RIW 1996, S. 66; eine Mängelrüge gemäß Art. 39 Abs. 2 UN-Kaufrecht muss so bestimmt sein, dass es dem Verkäufer ohne Durchsicht aller Geschäftsunterlagen und weiteren Nachforschungen möglich ist zu erkennen, auf welches wann gelieferte und berechnete Gerät sich diese bezieht, LG Marburg, RIW 1996, S. 328

955 Rathjen, RIW 1999, S. 561 ff. <561>

956 Im Einzelnen: Rathjen, RIW 1999, S. 561 ff. <561>; zu den Voraussetzungen der Aufhebung eines Vertrages wegen wesentlicher Vertragsverletzungen BGH, RIW 1996, S. 594 ff.

Das koreanische Bürgerliche Gesetzbuch sieht Vorschriften über die Gewährleistung wegen Rechtsmängeln[957] und wegen Sachmängeln[958] vor. Bei Sachmängeln unterscheidet das Gesetz zwischen Sachmängeln beim Stückkauf[959] und Sachmängeln beim Gattungskauf.[960]

Ein Rechtsmangel liegt vor, wenn ein Recht ganz oder teilweise einem Dritten gehört[961] oder das Recht durch ein Recht eines Dritten beschränkt ist.[962]

Die wesentliche Vorschrift der Sachmängelhaftung beim Stückkauf ist § 580 Abs. 1, S. 1 kBGB. Die Vorschrift verweist in ihrer Rechtsfolge auf eine entsprechend anzuwendende Vorschrift aus dem Bereich der Rechtsmängel, nämlich auf § 575 Abs. 1, S.1 kBGB. In dieser Vorschrift wird auf der Tatbestandsseite unterschieden, ob der Vertragszweck trotz des Mangels noch erreichbar ist oder nicht. Wenn die Sache einen Mangel aufweist und deswegen der Zweck des Vertrages nicht mehr erreicht werden kann, besteht ein Recht auf Vertragsauflösung und Schadensersatz.[963]

Die Vertragsauflösung wird nach den allgemeinen Vorschriften abgewickelt.[964] Der Käufer hat einen Anspruch auf Rückgewähr aus Bereicherungsrecht,[965] ferner - anders als im deutschen Recht - einen Anspruch auf Ersatz des entstandenen Schadens,[966] und zwar ohne Rücksicht auf ein Verschulden des Verkäufers.[967] Ein eigenständiges Rückabwicklungsrecht entsprechend dem der §§ 346 ff. dBGB existiert nach koreanischem Recht nicht.

Wenn der Zweck des Vertrages noch erreichbar ist, werden dem Käufer beim Mangel Schadensersatzansprüche nach den allgemeinen Vorschriften gewährt, und zwar wiederum ohne Rücksicht darauf, ob dem Verkäufer ein Verschulden trifft oder ob er eine bestimmte Eigenschaft zugesichert hat.[968]

---

957 §§ 569 f., 572, 575 - 577 kBGB

958 §§ 580 Abs. 1, 581 f. kBGB

959 § 580 Abs. 1 kBGB

960 § 581 f. kBGB

961 §§ 569 - 573 kBGB

962 §§ 575 - 577 kBGB

963 Lee, Young-June, KJCompLaw 1976, S. 94 ff. <112>, nach dessen Auffassung die Rechtsinstitute der Wandlung und Minderung im koreanischem Recht unbekannt sind; a.A. Choi, Myung-Gu, S. 150; vgl. unten in diesem Unterkapitel V. 2.

964 §§ 543 ff. kBGB; so kann etwa auch der Rücktritt vom Vertrag vertraglich vereinbart werden, Choi, Myung-Gu, S. 175 mit Verweis auf § 543 Abs. 1 kBGB

965 § 741 kBGB

966 § 551 i.V.m. § 393 ff. kBGB

967 Lee, Young-June, KJCompLaw 1976, S. 94 ff. <112>

968 §§ 580 Abs. 1 S. 1, 575 Abs. 1 S. 2 kBGB

Die Mängelhaftung des Verkäufers ist dann allerdings ausgeschlossen, wenn der Käufer das Vorliegen des Mangels kannte oder kennen musste oder beim Erwerb der Sache fahrlässig gehandelt hat.[969]

Die Rechte wegen Sachmängeln können sechs Monate lang von der Entdekkung des Mangels an geltend gemacht werden.[970] Beim Handelskauf kennt das koreanische Recht eine der Regelung des § 377 dHBG ähnliche Vorschrift über die Pflicht zur unverzüglichen Untersuchung bei Inempfangnahme und anschließenden Rüge von Mängeln, bei deren Unterlassung der Käufer alle Rechte verliert.[971] Bei nicht erkennbaren Mängeln beginnt mit der Inempfangnahme eine sechsmonatige Ausschlussfrist.[972]

Gemäß § 581 Abs. 1 kBGB wird beim Gattungskauf, wenn dem durch die Konkretisierung bestimmten Kaufgegenstand ein Mangel anhaftet, die Bestimmung des § 580 kBGB entsprechend angewandt. In diesem Fall kann der Käufer allerdings anstelle von Vertragsauflösung oder Schadensersatz die Neu- oder Nachlieferung der mangelfreien Sachen verlangen.[973]

In diesem Zusammenhang sei erwähnt, dass ein Recht auf Nachbesserung der fehlerhaften Sache de lege lata nicht vorgesehen ist, dies in der Literatur - zumindest für den Stückkauf, dem die Möglichkeit der Neulieferung grundsätzlich fehlt - jedoch für die Zukunft als unerlässlich erachtet wird. Als Inhalt einer vertraglichen Klausel ist es jedoch ohne weiteres zulässig.[974]

Der Umfang des Anspruchs auf Schadensersatz bemisst sich an dem Schaden, der unter gewöhnlichen Umständen durch die mangelhafte Erfüllung der Schuld einzutreten pflegt.[975] Der Käufer kann mithin grundsätzlich als Schadensersatz nur die Differenz zwischen dem Kaufpreis und dem Wert der mangelhaften Sache verlangen, weswegen der Schadensersatzanspruch Parallelen zum deutschen Institut der Minderung aufweist.[976]

Darüber hinaus kann der Käufer Ersatz auch eines durch besondere Umstände eingetretenen Schadens verlangen, wenn die andere Partei die Umstände voraussah oder voraussehen konnte.[977] Weitergehende Schäden können dagegen nur in besonderen Fällen geltend gemacht werden. Ein solcher besonderer Fall liegt vor bei Schäden, die etwa daraus entstanden sind, dass der Käufer die Kaufsache

969 § 580 Abs. 1 S. 2 kBGB
970 § 582 kBGB
971 § 69 Abs. 1 S. 1 kHGB
972 § 68 Abs. 1 S. 2 kHGB
973 § 581 Abs. 2 kBGB
974 Vgl. Lee, Young-June, KJCompLaw 1976, S. 94 ff. <137>
975 § 393 Abs. 1 kBGB
976 Vgl. in diesem Unterkapitel V. 2. oben
977 § 393 Abs. 2 kBGB

einem Dritten weiterverkauft hat und nunmehr wegen des Mangels seine Verpflichtungen nicht mehr erfüllen kann, nach dem Vertragsabschluss eine plötzliche Preissteigerung eintritt, der mangelhafte Gegenstand weitere Schäden am Eigentum des Käufers verursacht oder der Käufer durch die mangelhafte Kaufsache einen Gesundheitsschaden erleidet.[978]

Die Vertragsparteien können gemäß § 398 kBGB den zu leistenden Schadensersatz der Höhe nach im Voraus, i.e. bei Vertragsschluss, pauschalieren.[979] Wird eine unangemessen hohe Schadenspauschale festgelegt, kann das Gericht sie auf eine angemessene Summe herabsetzen. Zur Erhöhung eines zu niedrigen Betrages ist es jedoch nicht befugt.[980] Eine unangemessen niedrige Schadenspauschale ist jedoch unwirksam, wenn sie die Haftung des Vertragspartners so stark einschränkt, dass darin eine kartellrechtlich unzulässige Handelspraktik gesehen werden muss.[981]

Bis zum Gefahrenübergang hat der Käufer anstelle der Gewährleistungsrechte die Möglichkeit, die Einrede des nichterfüllten Vertrages zu erheben, ferner wegen Nichterfüllung Schadensersatz zu fordern.[982] Anders als im Gewährleistungsrecht setzen Einrede wegen Nichterfüllung und Schadensersatzanspruch allerdings Verschulden voraus. Jedoch trifft in diesem Falle den nichterfüllenden Verkäufer die Beweislast für das Verschulden.[983] Durch diese Beweislastumkehr wird die Nichterfüllungshaftung in der Praxis weitgehend der Haftung ohne Verschulden angenähert.[984] Die Rechte wegen Nichterfüllung können zehn Jahre lang geltend gemacht werden.[985]

VI. Produkthaftung

1. Deutsches Produkt- und Produzentenhaftungsrecht

Das Gesetz über die Haftung für fehlerhafte Produkte[986] basiert auf der EG-Richtlinie 85/374/EWG.[987] Es gestaltet die Produkthaftung als eine verschul-

978 Lee, Young-June, KJCompLaw 1976, S. 94 ff. <135>
979 Choi, Myung-Gu, S. 178
980 Sohn / Jong / Choe, S. 691 ff. <705>
981 Sohn / Jong / Choe, S. 691 ff. <705>
982 § 536 kBGB
983 §§ 390, 544 ff. kBGB
984 Lee, Young-June, KJCompLaw 1976, S. 94 ff. <132>
985 § 162 Abs. 1 kBGB
986 Produkthaftungsgesetz, fortan: ProdHaftG, vom 15.12.1989, BGBl. I S. 2198
987 Vom 25.07.1985, Abl.EG L 210, S. 29

densunabhängige Gefährdungshaftung. Nach § 1 Abs. 1 S. 1 ProdHaftG haftet der Hersteller eines Produktes für den Schaden, der durch einen Fehler seines Produkts verursacht worden ist.[988]

Wenn der Hersteller eines nach Deutschland gelieferten Produktes außerhalb der Europäischen Union ansässig ist, kommt es jedoch nicht vorrangig auf den Hersteller an. Vielmehr trägt in diesem Fall der Importeur die gleiche Haftungslast wie ansonsten der Hersteller.[989] Sofern also im Rahmen des Lizenzproduktabnahmegeschäftes der das Lizenzprodukt herstellende koreanische Lizenznehmer in der Europäischen Union keine Niederlassung unterhält, trifft die Haftung nach dem Produkthaftungsgesetz den importierenden Lizenzgeber.

Der Begriff Fehler wird in § 3 Abs. 1 ProdHaftG gesetzlich definiert: Ein Produkt hat einen Fehler, wenn es nicht die Sicherheit bietet, die unter Berücksichtigung aller Umstände berechtigterweise erwartet werden kann. Das Gesetz stellt darüber hinaus klar, dass ein Produkt nicht allein deshalb einen Fehler hat, weil nach seiner Inverkehrbringung ein verbessertes Produkt auf den Markt gekommen ist.[990] Von der Haftung ausgenommen sind landwirtschaftliche Naturprodukte und Jagderzeugnisse[991] sowie immaterielle Schäden. Das ProdHaftG bestimmt einen Haftungshöchstbetrag.[992]

Hinsichtlich durch das ProdHaftG nicht geregelter Tatbestände gilt weiterhin die Rechtsprechung zur verschuldensabhängigen deliktsrechtlichen Produzentenhaftung.[993]

Neben der Voraussetzung des Verschuldens im Deliktsrecht bestehen wesentliche Unterschiede zum Produkthaftungsrecht darin, dass die Rechtsfolgen im Deliktsrecht sich auch auf Schmerzensgeld[994] erstrecken, eine dem § 10 ProdHaftG vergleichbare Haftungshöchstgrenze sowie die zehnjährige Verjährung des § 13 Abs. 1 ProdHaftG im Deliktsrecht fehlen.

---

988 Zur internationalen Anwendung deutschen Produkthaftungsrechts im Falle der Inverkehrbringung in Deutschland vgl. OLG Düsseldorf, RIW 2000, S. 874 ff. <875>; ferner: von Hein, RIW 2000, S. 820 ff. <822 f., 824 ff.>

989 § 4 ProdHaftG

990 § 3 Abs. 2 ProdHaftG

991 § 2 Abs. 2 ProdHaftG

992 § 10 ProdHaftG

993 Vgl. hierzu ausführlich MüKo-Mertens, § 823 Rn. 269 ff., 276 ff.; wesentlich zu beachten sind hier die Beweiserleichterungen zu Gunsten des Klägers bis hin zur Beweislastumkehr, grundlegend: BGH Z 51, S. 91 ff. (Hühnerpest); zur Produktbeobachtungspflicht: BGH Z 99, S. 167 ff. (Honda); zur Informationspflicht vgl.: OLG Stuttgart NJW RR 1992, S. 670 (der Anspruch ergibt sich u.a. aus § 823 Abs. 2 dBGB i.V.m. § 3 Abs. 3 GerSiG); vgl. MüKo-Mertens § 823 Rn. 307

994 § 847 dBGB; vgl. hins. eines Imports aus Korea: OLG Stuttgart, NJW-RR 1992, S. 670 ff.

Pflichten aus Produkthaftung, also die Haftung für einen Schaden des Käufers des Produktes, eines Nutzers oder eines sonstigen Geschädigten, treffen den Lizenzprodukthersteller bzw. den Importeur, nicht jedoch den reinen Lizenzgeber.[995] Im Regress des Lizenzproduktherstellers gegen den Lizenzgeber wird dieser allerdings mit seinen vertraglichen Ansprüchen aus dem Lizenz- oder dem Teilelieferungsverhältnis wegen Vermögensschäden konfrontiert.

Als vertragliche Anspruchsgrundlage zwischen den vertraglich verbundenen Lizenzpartnern wegen eines Vermögensschadens, der durch ein fehlerhaftes Produkt verursacht wurde, kommt zunächst die Haftung wegen Nichterfüllung gemäß § 390 kBGB und die Sachmängelhaftung[996] in Betracht. Diese Haftung ist vertraglich beschränkbar und abdingbar.

Die Haftung wegen Nichterfüllung gemäß § 390 kBGB ist gemäß § 393 Abs. 2 kBGB darauf beschränkt, dass nur der Schaden an dem Produkt selbst ersetzt wird. An anderen Rechtsgütern entstehende Schäden (Mangelfolgeschäden) werden nicht erfasst.

Dasselbe gilt für das Recht auf Wandlung und das Recht auf Schadensersatz[997] wegen Sachmängeln. Der Schadensersatzanspruch umfasst das Erfüllungsinteresse und das Vertrauensinteresse. Weitere Schäden, die ein fehlerhaftes Produkt verursacht, sind grundsätzlich vom Erfüllungs- wie auch vom Vertrauensinteresse nicht umfasst.

Die Sachmängelhaftung ist unzureichend geregelt, soweit es um Schäden an anderen Rechtsgütern als dem fehlerhaften Produkt selbst geht. Für die in Produkthaftungsregressfällen vorrangig relevanten Mangelfolgeschäden steht als vertragliche Haftungsgrundlage die ebenfalls in § 390 kBGB geregelte Haftung wegen positiver Vertragsverletzung bereit.[998] Auch diese Haftung ist vertraglich beschränkbar und abdingbar.

Über die vertraglichen Ansprüche hinaus hat sich die Rechtsprechung den Produkthaftungsfällen auch auf der Ebene des verschuldensabhängigen Deliktsrechts genähert,[999] die Lehre darüber hinaus auch auf dem Sektor der verschul-

995 Fuellmich/Young, Yeun-Kee, ZVglRWiss 1995, S. 310 ff. <319>
996 §§ 580, 581 kBGB
997 §§ 580 und 581 Abs. 1 kBGB
998 Fuellmich/Young, Yeun-Kee, ZVglRWiss 1995, S. 310 ff. <320>
999 Huang, Seo-Kin, S. 381 ff. <384>; die Grundnorm des Deliktsrechts, § 750 kBGB, lautet: Wer vorsätzlich oder fahrlässig einem anderen widerrechtlich einen Schaden zufügt, ist diesem zum Ersatz des daraus entstehenden Schadens verpflichtet

densunabhängigen Gefährdungshaftung, zu der es allerdings noch keine Bestätigung durch die höchste Rechtsprechung gibt.[1000]

Produktfehler treten in anerkannten Kategorien auf, und zwar als Konstruktionsfehler, Fabrikationsfehler, Instruktionsfehler und Entwicklungsfehler.[1001]

Ein Konstruktionsfehler liegt vor, wenn das Produkt nicht so konstruiert ist, dass es für den ihm zugedachten oder zugeschriebenen Verwendungszweck unter Sicherheitsgesichtspunkten geeignet ist, und der Fehler jeweils der ganzen Serie anhaftet.[1002]

Als Entwicklungsfehler dagegen werden nach dem Stand von Wissenschaft und Technik nicht vorhersehbare, unvermeidbare Eigenschaften bezeichnet, die aus der Entwicklung eines Produktes herrühren und Schäden verursachen können oder Gefahren bergen. Nach dem Grundsatz der Verschuldenshaftung trifft den Hersteller hier zwar keine Verantwortlichkeit. Allerdings trifft ihn die Pflicht, die Bewährung seines Produktes in der Praxis zu überprüfen oder überprüfen zu lassen, damit er bislang nicht aufgetretene Fehler rechtzeitig erkennen und dagegen entsprechende Maßnahmen treffen kann. Im Übrigen besteht bei von dem Produkt ausgehenden erheblichen Gefahren eine Rückrufpflicht.[1003]

Im Gegensatz zu den vorgenannten Fehlern beruhen Fabrikationsfehler auf vernachlässigten Organisations- und Kontrollpflichten im Herstellungsvorgang und betreffen einzelne Produkte aus einer Serie. Die Ursachen eines Fabrikationsfehlers bei der automatisierten Massenproduktion können im Versagen einer Maschine oder eines Verrichtungsgehilfen liegen.[1004] Hat der Hersteller hinsichtlich Auswahl und Überwachung der Maschine bzw. des Verrichtungsgehilfen die erforderliche Sorgfalt beachtet, so ist er bei solchen Ausreißern von seiner Verantwortung befreit.

Infolge eines Instruktionsfehlers kann es zu einer falschen Verwendung des Produktes kommen. Den Hersteller trifft eine Warnpflicht, wenn etwa eine besondere Gefahr durch Fehlgebrauch, Nebenwirkungen etc. droht.[1005]

Des Weiteren trägt bei der Verschuldenshaftung grundsätzlich der Kläger die Beweislast dafür, dass der Beklagte fahrlässig gehandelt hat. Regelmäßig ist es für den Verbraucher aber schwierig, den Nachweis dafür zu erbringen, dass der Hersteller fahrlässig gehandelt hat. Denn typischerweise fehlen dem Verbraucher die hierfür erforderlichen technischen Kenntnisse und vor allem die Nähe zum Produktionsprozess. Das Korrektiv der Beweislastumkehr bzw. eine Verschul-

---

1000 Huang, Seo-Kin, S. 381 ff. <390>
1001 Young, Yeun-Kee, S. 84; vgl zum deutschen Recht oben VI.1. a.E.
1002 Young, Yeun-Kee, S. 84
1003 Young, Yeun-Kee, S. 86
1004 Young, Yeun-Kee, S. 85
1005 Young, Yeun-Kee, S. 86

densvermutung fehlte bislang.[1006] In der im Folgenden ausgeführten Rechtsprechung des OGH ist eine hierhingehende Tendenz allerdings erkennbar, und zwar dort, wo der OGH auf Fahrlässigkeit schließt, wo er einen Fehler objektiv als bewiesen angenommen hat.[1007]

Im sogenannten Hühnerfutterfall[1008] hatte der beklagte Hersteller einem Hühnerzüchter Futter geliefert. Der Hühnerzüchter mischte das gelieferte Futter mit vorhandenem. Nach der Verwendung des Futters sank die Eierlegequote drastisch von 80 auf 30 % pro Tag herab. Die Hühner wurden ärztlich untersucht, eine Krankheit wurde festgestellt. Die Hennen mussten daher notgeschlachtet und zum Teil zu einem niedrigen Preis verkauft werden.

Der Hühnerzüchter verlangte nun von dem Futterhersteller Schadensersatz mit der Behauptung, dass der Schaden durch die im Hühnerfutter enthaltenen schädlichen Bestandteile entstanden sei.

Das Berufungsgericht ging unter Ablehnung der Anwendung der positiven Vertragsverletzung von der Anwendbarkeit der allgemeinen Deliktshaftung gemäß § 750 kBGB aus. Er gab schließlich der Klage statt.

Im Revisionsantrag führte der Futterhersteller zur Begründung aus, dass der Kläger die behaupteten Tatsachen und den konkreten Haftungsgrund nicht nachgewiesen habe. Er führte mehrere Umstände an und behauptete vor allem, dass das zur Nachprüfung von dem Kläger angebotene Futter wahrscheinlich nachträglich verdorben wäre oder mindestens diese Möglichkeit ernsthaft anzunehmen sei.

Der OGH wies die Revision als unbegründet zurück. In der Urteilsbegründung schloss er zunächst die von dem Revisionskläger erhobenen Einwände als mögliche Ursache des Schadensereignisses aus, weil durch Experimente nachgewiesen war, dass ein in gleicher Weise gemischtes Futter die gleiche Folge nach sich zog und dass bei anderen Hühnerzüchtern, die dasselbe Futter verwendeten, dasselbe Phänomen beobachtet werden konnte.

Zu Lasten des Herstellers reichte dem OGH vielmehr die bloße Möglichkeit, dass das Absinken der Eierlegequote und die Hühnerkrankheit durch die im Futter enthaltenen schädlichen Bestandteile verursacht worden sei, obwohl die konkrete Ursache im chemischen, physiologischen und ernährungswissenschaftlichen Sinne nicht festgestellt werden konnte. Durch die Annahme, dass nur diese Möglichkeit zur Klärung der Sache übrig bleibe, hielt er es schließich für er-

1006 Fuellmich/Young, Yeun-Kee, ZVglRWiss 1995, S. 310 ff. <312>; im Einzelnen zur Beweislastverteilung im koreanischen Produzentenhaftungsprozeß: Ryu, Seung-Hun, S. 99 ff. mwN

1007 Fuellmich/Young, Yeun-Kee, ZVglRWiss 1995, S. 310 ff. <317>

1008 Korean. OGH U.v. 25.01.1977, 77 Da 2092, zitiert nach Kim, Hyung-Bae, RIW 1989, S. 528 ff. <530 f.>

wiesen, dass die im Futter enthaltenen schädlichen Bestandteile die Ursache waren.

Damit erleichterte er im Ergebnis die Beweislast des Klägers, und zwar auf der Ebene der Kausalität. Erst aufgrund dieser tatsächlichen Vermutung begründete er dann auf der Schuldebene, dass der Hersteller bei der Herstellung des Futters fahrlässig gehandelt hatte, und ferner dass zwischen dem Schadenseintritt und der fahrlässigen Handlung ein weiterer Kausalzusammenhang bestand. Der OGH stützte sich dabei auf einen Anscheinsbeweis.[1009]

Im Hühnerfutterurteil wurde also nicht nur das Vorhandensein eines Produktfehlers, sondern auch das Verschulden und der haftungsbegründende Kausalzusammenhang unterstellt.

In dem sogenannten Injektionsnadelfall[1010] hatte ein Schuljunge die Sehkraft eines Auges dadurch verloren, dass aus einer für den Schulunterricht oder zum Spielen bestimmten Spritze die an deren Zylinderende angebrachte Injektionsnadel durch überhöhten Luftdruck aus dem Spritzenzylinder schoss und das Auge des Jungen verletzte.

Der OGH erkannte den Schadensersatzanspruch des Klägers aufgrund der allgemeinen Deliktshaftung gemäß § 750 kBGB an. Zur Begründung führte er aus, dass die Anschlussstelle von Injektionsnadel und Spritzenkörper nicht verkehrssicher hergestellt worden sei. Dies könne sowohl auf die schlechte Qualität des Materials als auch auf die fehlerhafte Herstellung zurückgeführt werden. Die Fehlerhaftigkeit der Ware sei aber jedenfalls so erheblich und offensichtlich gewesen, dass der Hersteller diesen äußerlichen Fehler hätte erkennen können. Er sei daher seiner Sorgfaltspflicht nicht nachgekommen, fehlerfreie Produkte herzustellen, in den Verkehr zu bringen und damit bei der Verwendung der Produkte möglicherweise entstehende Gefahren abzuwenden. Rechtsdogmatisch wurde dabei nicht nur das subjektive Verschulden, sondern vielmehr auch die objektive Pflichtwidrigkeit vermutet.[1011]

Im Nitrogengasbehälterfall[1012] lieferte eine Gasfirma einem Krankenhaus Nitrogengas. Der Nitrogengasbehälter war aber hinsichtlich der äußeren Form und Farbe den von ihr mitgelieferten Oxygengasbehältern zum Verwechseln ähnlich, so dass beide Gasbehälter vertauscht werden konnten, wenn man die jeweils kleingedruckten Inhaltsangaben nicht sorgfältig beachtete.

1009 Kim, Hyung-Bae, S. 423 ff. <437>

1010 Korean. OGH U.v. 26.12.1979, 79 Da 1772; zitiert nach Kim, Hyung-Bae, S. 423 ff. <437>

1011 Kim, Hyung-Bae, S. 423 ff. <438>

1012 Korean. OGH, U. v. 27.03.1979, 78 Da 2222, zitiert nach Kim, Hyung-Bae, S. 423 ff. <438>

In diesem Fall hat der OGH eine gesamtschuldnerische Haftung der Gaslieferungsfirma und des Krankenhauses gegenüber dem durch die Verwechslung der Gasbehälter geschädigten Patienten anerkannt, und zwar mit der Begründung, dass die Gaslieferungsfirma das im Verwechslungsfall gefährlich wirkende Nitrogengas nicht klar und deutlich auf dem Behälter bezeichnet und dadurch schuldhaft die Gefahrabwendungspflicht im Sinne des § 750 kBGB verletzt hatte. Dabei entschied er über das Vorhandensein eines Produktfehlers, die Pflichtwidrigkeit und das Verschulden nicht getrennt, sondern in der Gesamtwürdigung der Umstände.[1013]

VII. Insolvenzrecht

1. Die Insolvenz des deutschen Teilelieferanten

Die Insolvenz des Lizenzgebers als Verkäufer von Teilen folgt deutschem Insolvenzrecht. Steht die Ware unter Eigentumsvorbehalt, so hat der Insolvenzverwalter in gleicher Weise wie bei der Insolvenz des Käufers das Wahlrecht, ob er die Erfüllung des Vertrages verlangen oder vom Vertrag zurücktreten will.

Entscheidet sich der Insolvenzverwalter für die Erfüllung, muss der Lizenznehmer die Gegenleistung erbringen, hier also weiterhin die Lizenzprodukte liefern. Die Vorbehaltsware geht mit der Erfüllung der Pflichten des Lizenznehmers ohne weiteres Zutun im Rahmen des Insolvenzrechts in sein Volleigentum über.

Macht der Insolvenzverwalter vom Rücktrittsrecht Gebrauch, so hat er hinsichtlich der nicht verarbeiteten Vorbehaltsware ein Herausgaberecht. Der Lizenznehmer hingegen hat hinsichtlich seiner bereits erbrachten Leistungen nur eine nichtprivilegierte Forderung.[1014]

Hinsichtlich der an den Lizenzgeber sicherungsübereigneten, aber noch im Besitz des Lizenznehmers befindlichen Waren ist zu unterscheiden. Sollten sie zukünftige Forderungen des Lizenzgebers sichern, sind sie mit der Rücktrittserklärung des Insolvenzverwalters frei, da keine zukünftigen Forderungen mehr bestimmbar sind. Sichern sie aber bereits bestehende Forderungen des Lizenzgebers ab, so sind sie solange in dessen Eigentum zu belassen, bis die Forderungen

---

1013 Hier ist innerhalb der Gefahrenabwendungspflicht eine Instruktionspflicht anerkannt worden, vgl. oben und Young, Yeun-Kee, S. 86; vgl. ferner zur deutschen Rechtslage oben VI. 1 a.E.

1014 Choi, Myung-Gu, S. 163

zum Erlöschen gebracht werden, unter Umständen sogar endgültig in den Besitz des Insolvenzverwalters zu verbringen.

2. Die Insolvenz des koreanischen Lizenznehmers

a) Die Insolvenz des Lizenznehmers und Teilekäufers

Bei Insolvenz des Teile abnehmenden Lizenznehmers steht dem Insolvenzverwalter bis zur Vertragserfüllung ein Wahlrecht zu, ob er den Vertrag erfüllen oder vom Vertrag zurücktreten will.[1015] Der Insolvenzverwalter muss auf eine Anforderung des Teileveräußerers (Lizenzgebers) hin innerhalb der von diesem bestimmten angemessenen Frist eine Erklärung abgeben, ob er Erfüllung verlangt oder vom Vertrag zurücktritt. Unterlässt er die Erklärung, so gilt dies als Rücktritt vom Vertrag. In diesem Fall kann der Veräußerer Herausgabe der in seinem Vorbehaltseigentum befindlichen Teile verlangen.[1016]

Befand sich der Lizenznehmer (Teileerwerber) vor Insolvenzeröffnung in Verzug, so kann der Lizenzgeber (Veräußerer) ohne Mitwirkung des Insolvenzverwalters auch nach Insolvenzeröffnung vom Vertrag zurücktreten. Damit ist ein Erfüllungsverlangen des Insolvenzverwalters ausgeschlossen. Der Lizenzgeber kann sein Vorbehaltseigentum herausverlangen.[1017]

Ist die ordnungsgemäß gesetzte Nachfrist mit der Wirkung des Verzuges schon vor Insolvenzeröffnung abgelaufen, so hat der Veräußerer die Wahl zwischen Rücktritt vom Vertrag mit der Folge des Rechts auf Aussonderung seiner Teile einerseits und andererseits nichtprivilegiertem Schadensersatz wegen Nichterfüllung. Die Insolvenzordnung kommt für diesen Fall nicht mehr zur Anwendung.[1018]

b) Die Insolvenz des Lizenzproduktverkäufers

Tritt die Insolvenz beim Lizenznehmer als Veräußerer des Lizenzproduktes ein, wenn dieses bereits am Produktionsort oder produktionsnahen Lagerort ins Volleigentum des Lizenzgebers übergegangen ist, kann dieser vom Insolvenzverwalter Herausgabe verlangen. Denn beide Seiten hatten hinsichtlich dieser Pro-

---

1015 § 5 Abs. 1 kInsO

1016 Choi, Myung-Gu, S. 162; str., vgl. oben II. 3.

1017 Choi, Myung-Gu, S. 162

1018 Choi, Myung-Gu, S. 162

dukte bereits vollständig erfüllt, wenn auch das Dauerschuldverhältnis nicht ohne weitere Maßnahmen beendet ist.

Besteht lediglich Sicherungseigentum, so hat der Insolvenzverwalter in gleicher Weise wie bei Insolvenz des Käufers ein Wahlrecht, ob er die Erfüllung des Vertrages verlangen oder vom Vertrag zurücktreten will. Wenn sich der Insolvenzverwalter für die Erfüllung entscheidet, muss er weiterhin leisten, das heißt, er muss den Lizenzgeber vertragsgerecht mit Lizenzprodukten versorgen, während der Lizenzgeber weiterhin Teile liefern und sonstige Nebenpflichten aus dem Lizenzvertrag erfüllen muss. Macht der Insolvenzverwalter vom Rücktrittsrecht Gebrauch, so hat der Lizenzgeber hinsichtlich seiner nicht verarbeiteten Vorbehaltsware ein Herausgaberecht,[1019] hinsichtlich der Lizenzprodukte, die sich bereits in seinem Sicherungseigentum befinden, ein Absonderungsrecht,[1020] hinsichtlich sonstiger bereits erbrachter Leistungen nur eine nichtprivilegierte Konkursforderung.[1021]

VIII. Ein- und Ausfuhrbeschränkungen

1. Ein- und Ausfuhrbeschränkungen nach deutschem und europäischem Recht

a) Grundsatz

Grundsätzlich ist nach deutschem Recht und EU-Recht der Außenwirtschaftsverkehr frei von Beschränkungen.[1022] Es ergeben sich allerdings gemäß § 1 Abs. 2 AWG Beschränkungen, unter anderem aus zwischenstaatlichen Vereinbarungen. Zahlreich sind vor allem Reglementierungen, die auf zwischenstaatlichen Vereinbarungen beruhen,[1023] sowie solche, die aus der EU-Mitgliedschaft folgen.

Das AWG selbst regelt generell keine unmittelbar wirkenden Beschränkungen des Außenwirtschaftsverkehrs. Es ermächtigt vielmehr die Bundesregierung und, wo internationale Vorgaben umzusetzen sind,[1024] den Bundesminister für

1019 Siehe oben a)
1020 Siehe oben II. 2.
1021 Choi, Myung-Gu, S. 163
1022 § 1 Abs. 1 AWG; Art. 24, 67, 106 EWGV; MüKo-Martiny Art. 34 Rn. 66
1023 § 5 AWG
1024 § 5 AWG

Wirtschaft zum Erlass von Verordnungen, die solche Beschränkungen vorsehen.[1025]

b) *Ausfuhrbeschränkungen und Genehmigungsvorbehalte gemäß AWG, AWV, Dual-Use-Verordnung EG und Kriegswaffenkontrollgesetz*

Nach §§ 5, 7, 8 AWG kann die Ausfuhr an Genehmigungen geknüpft werden. Die die näheren Bestimmungen enthaltende AWV[1026] bedient sich zur Regelung der diversen Genehmigungsvorbehalte der Technik der Verweisung auf die Ausfuhrliste.[1027] Anders als die Einfuhrliste, die alle denkbaren Waren aufführt, beschränkt sich die Ausfuhrliste auf diejenigen Waren, für die eine der Vorschriften der Außenwirtschaftsverordnung einen Genehmigungsvorbehalt vorsieht.

Gemäß § 5 AWV ist die Ausfuhr der in Teil I Abschnitt A[1028] und Abschnitt B[1029] der Ausfuhrliste genannten Waren sowie von Unterlagen über die dazugehörigen Technologien genehmigungspflichtig. In Abschnitt A sind Waffen, Munition und Rüstungsmaterial, in Abschnitt B Material und Ausrüstung für kerntechnische Zwecke sowie Waren von strategischer Bedeutung, in Abschnitt C die gemeinsame Warenliste der Europäischen Union für Güter mit doppeltem Verwendungszweck aufgeführt.[1030]

Gemäß der Europäischen Dual-Use-Verordnung und dem diese ergänzenden Zollkodex[1031] besteht eine unionsweite gemeinsame Warenliste der zu kontrollierenden Güter mit doppeltem Verwendungszweck. Im Kernbereich der Regelungen über den Dual-Use-Handel gibt es für die betroffenen Güter Genehmigungspflichten für die Ausfuhr und das Verbringen einiger besonders sensibler Waren sowie Verfahrensregeln für das genehmigungsfreie Verbringen. Ferner bestehen auch für nicht auf der Warenliste aufgeführte Güter mit doppeltem Verwendungszweck EU-rechtliche Genehmigungspflichten für die Ausfuhr, wenn die Güter für ABC-Waffen oder für Trägerraketen für derartige Waffen bestimmt sind.[1032]

Ein weiter Teil des Regelungsgehalts der AWV ist durch die Dual-Use-Verordnung verdrängt worden. Die AWV unterwirft jedoch insbesondere auch

1025 § 2 Abs. 2 AWG, §§ 5-24 AWG
1026 §§ 5 ff. AWV
1027 Anlage AL der AWV, wird als Beilage zum Bundesanzeiger veröffentlicht
1028 § 5 Abs. 1 AWV
1029 § 5 Abs. 2 AWV
1030 Gemäß der Europäischen Dual-Use-Verordnung und dem diese ergänzenden Zollkodex, VO-EG 2913/92 vom 12.10.1992, ABl.EG Nr. L 302, S.1
1031 VO-EG 2913/92 vom 12.10.1992, ABl.EG Nr. L 302, S.1
1032 Vgl. zur jüngsten Entwicklung: Rieck, RIW 1999, S. 115 ff.

Verträge über Technologieunterlagen und Dienstleistungen der Genehmigungspflicht. Dies geht aus § 5 Abs. 3 S. 1 iVm S. 3 AWV hervor. Gemäß S. 3 gelten die in S. 1 aufgeführten Möglichkeiten der Befreiung von der Genehmigungspflicht gerade nicht für Technologieunterlagen. Insofern ist die AWV für die Bereiche des Wissenstransfers und der Dienstleistungen weiterhin einschlägig, die durch die ansonsten vorrangige Dual-Use-Verordnung nicht erfasst sind.

Gemäß § 45 Abs. 2 AWV ist die Weitergabe von Know-how an solche Gebietsfremde genehmigungspflichtig, die nicht in einem Land der Länderliste L ansässig sind, was für Korea zutrifft. Voraussetzung für die Genehmigungspflicht ist, dass die damit vermittelten Kenntnisse für die Entwicklung, Herstellung oder Verwendung von in Teil A Abschnitt I (Atomwaffen), Abschnitt II (biologische Waffen) und Abschnitt III (chemische Waffen) der Kriegswaffenliste[1033] genannten Waffen oder Flugkörpern, die diese Waffen aufnehmen können, geeignet sind. Die Kriegswaffenliste führt abschließend auf, was unter dem Begriff der Kriegswaffe zu verstehen ist.

Das Kriegswaffenkontrollgesetz wird ergänzt und abgerundet durch das Ausführungsgesetz zum Chemiewaffenübereinkommen,[1034] und zwar durch einige Erweiterungen, die auch chemische Vorprodukte erfassen, die zur Herstellung auch anderer Produkte als Chemiewaffen geeignet sind.

Das Kriegswaffenkontrollgesetz[1035] und das AWG[1036] räumen der Bundesregierung bei der Entscheidung über Exportgenehmigungen für Kriegswaffen und andere Rüstungsgüter ein weites Ermessen ein, bei dem der Zielkonflikt zwischen weltweitem Friedenswillen und dem wirtschaftlichen Interesse an Exportaufträgen zu berücksichtigen ist.

Die Genehmigungen werden von den nationalen Behörden, in Deutschland vom Bundesausfuhramt, erteilt.

Das Fehlen einer etwa erforderlichen Genehmigung führt zum Verbot der Ausfuhr. Folge davon ist zunächst jedenfalls die Nichtigkeit der dinglichen Übertragung der Ware.[1037] Das zunächst schwebend unwirksame schuldrechtliche Verpflichtungsgeschäft ist ebenfalls nichtig.[1038] In beiden Fällen können vertragliche Force-Majeur- oder Hardship-Klauseln eingreifen.

1033 Anlage zum Gesetz über die Kontrolle von Kriegswaffen, Kriegswaffenkontrollgesetz, fortan: KWKG

1034 Fortan: CWÜAG, vom 02.08.1994, BGBl. I S. 1994

1035 § 6 KWKG

1036 § 3 AWG

1037 BGH, NJW 1952, S. 60; OGH Br. Z., NJW 1949, S. 425; Palandt-Heinrichs, § 275 Rn. 34

1038 So BGH, NJW 1952, S. 60; aA OGH Br. Z., NJW 1949, S. 425; vgl. Palandt-Heinrichs § 275 Rn. 34 iVm Rn. 27-30; MüKo-Martiny Art. 34 Rn. 66

Alle außenwirtschaftlichen Genehmigungsvorbehalte und der damit zusammenhängende Verhaltenscodex sind zum Zweck der besseren Durchsetzung nach §§ 33, 34 AWG mit Bußgeldern bzw. Strafen bewehrt.

Die in dem Kriegswaffenkontrollgesetz enthaltenen Strafvorschriften gelten auch für Taten Deutscher im Ausland.[1039]

c) Einfuhrbeschränkungen und Genehmigungsvorbehalte

Eine Einschränkung des Grundsatzes des freien Außenhandels kann sich aus internationalen Abkommen ergeben, beispielsweise dem Washingtoner Artenschutzabkommen,[1040] dem Welttextilabkommen und dem Weltrohstoffabkommen.

Ferner erfährt der Grundsatz des freien Außenhandels bezüglich der Einfuhr eine Einschränkung aufgrund von EU-Normen etwa im Bereich landwirtschaftlicher Produkte[1041] sowie aufgrund der Einfuhrliste.

Die Einfuhrliste ist eine Anlage zum AWG und damit dessen Bestandteil.[1042] In ihr sind alle denkbaren Waren nach der Systematik des Verzeichnisses für die Außenhandelsstatistik aufgeführt und durch Zeichen danach gekennzeichnet, ob ihre Einfuhr ohne Genehmigung zulässig ist oder ob sie einer Einfuhrerlaubnis nach Maßgabe des Rechts der Europäischen Gemeinschaft bedarf. Die Einfuhrliste enthält die Länderlisten A/B und C. Die Länderliste A/B enthält alle wirtschaftlich in Betracht kommenden politisch selbständigen Staaten mit Ausnahme der ehemaligen Staatshandelsländer, die in der Länderliste C aufgeführt sind. Die Einfuhrliste umfasst 400 Seiten und wird im Abstand von wenigen Monaten angepasst. Die Verordnungen zur Änderung der Einfuhrliste werden jeweils im Bundesanzeiger bekannt gemacht. Der jeweils neueste Stand der Einfuhrliste erscheint als Beilage zum Bundesanzeiger.

Die Straf- und Bußgeldvorschriften der §§ 33, 34 AWG haben auch für Einfuhren Geltung.

1039 § 21 KWKG

1040 Übereinkommen über den internationalen Handel mit gefährdeten Arten freilebender Tiere und Pflanzen vom 03.03.1973, BGBl. 1975 II, S. 773, in Kraft für die Bundesrepublik Deutschland seit 20.06.1976, BGBl. 1976 II, S. 1237

1041 Art. 40 EWGV

1042 Art. 10 AWG

2. Ein- und Ausfuhrbeschränkungen nach koreanischem Recht

Gemäß dem Gesetz zur Förderung ausländischer Investitionen (fortan: AInvFöG)[1043] ist die Meldung von Technologieeinfuhrverträgen und zu ihrer Gültigkeit ihre Annahme durch das Ministerium für Handel, Industrie und Energie erforderlich, soweit dies durch Präsidentialverordnung bestimmt ist.[1044]

Gemäß der Revidierten Präsidentialverordnung 16330 vom 24.05.1999 betrifft dies Luft- und Raumfahrt- sowie Verteidigungstechnologie.[1045]

IX. Devisen- und Währungsbestimmungen

1. Grundsatz der Freiheit der Devisenbeschaffung in Deutschland

Das Devisenrecht umschreibt den Inbegriff der rechtlichen Regeln, die den Umgang mit ausländischen Zahlungsmitteln und Forderungen betreffen.[1046] Devisenbestimmungen bezwecken den Schutz von Währung und Wirtschaft des rechtsetzenden Landes.[1047] Das durch das AWG und die AWV geregelte deutsche Devisenrecht ist gekennzeichnet durch die Freiheit von Devisenbeschaffung, durch die freie Konvertierbarkeit der Währung und die Freiheit des Außenwirtschaftsverkehrs.[1048] Als Ausnahme oben genannter Regel gibt es verschiedene Verbote mit Erlaubnisvorbehalt.[1049] Darüber hinaus sind gemäß § 26 AWG iVm § 55 AWV Investitionen Gebietsansässiger in fremden Wirtschaftsgebieten meldepflichtig. Das gleiche gilt für Zahlungen Gebietsansässiger an Gebietsfremde bzw. von Gebietsfremden an Gebietsansässige, § 26 AWG, 59 AWV. Ein Verstoß gegen die Meldepflicht hat nicht die Nichtigkeit des Geschäfts zur Folge.[1050]

Sofern es sich bei den Devisenvorschriften hingegen nicht nur um bloße Ordnungsbestimmungen handelt, ist die Rechtsfolge eines Verstoßes entgegen dem Wortlaut von § 31 AWG die Nichtigkeit gemäß § 134 dBGB.[1051] Soweit es

1043 Foreign Investment Promotion Act, verkündet am 24. Mai 1999
1044 Art. 25 Nr. 1, 2 AInvFöG
1045 Art. 31 Abs. 2 bzw. Abs. 3 Revidierte Präsidentialverordnung (Revised Presidential Decree) 16330 vom 24.05.1999
1046 Westphalen, S. 142
1047 MüKo-Martiny, nach Art. 34 Anh. II, Rn. 1
1048 MüKo-Martiny, nach Art. 34 Anh. II, Rn. 5
1049 §§ 6, 6 a, 7 AWG
1050 Westphalen, S. 143
1051 Westphalen, S. 143 mwN; MüKo-Martiny, nach Art. 34 Anh. II, Rn. 7; vgl. auch oben I. 1. a) a.E.

sich um Verbote mit Erlaubnisvorbehalt handelt, ist Rechtsfolge die schwebende Unwirksamkeit des betreffenden Rechtsgeschäftes, bei Verweigerung der Erlaubnis die endgültige Unwirksamkeit.[1052]

2. Genehmigungspflichten des Devisentransfers von Korea ins Ausland

Seit dem 01.04.1995 ist die neue Fassung des MonopG in Kraft.[1053] Sie löst das alte System ab, demgemäß internationale Technologietransferverträge, also Verträge, die die Vergabe von kaufmännischem und technischem Know-how und die Nutzungsberechtigung von Gewerblichen Schutzrechten mit Ausnahme von Urheberrechten zum Gegenstand haben,[1054] einem Gültigkeitsverfahren bei dem Finanzministerium einschließlich einem Bestätigungsverfahren bei der Kartellbehörde unterworfen werden mussten, sofern die Laufzeit des Vertrages drei Jahre oder die Lizenzgebühr US$ 50.000,00 oder 2% der Nettoverkaufssumme übersteigt.[1055] Eine derartige Verpflichtung zur Überprüfung durch die Kartellbehörde besteht nun nicht mehr.[1056]

Eine etwaige Wartungs- oder Dienstleistungsvereinbarung, die zusätzlich zur Lizenzvereinbarung abgeschlossen wird, muss ihrerseits den Devisenkontrollbestimmungen genügen. Die Vergütung hierfür darf den Betrag von US$ 100.000,- nicht überschreiten und muss von einer Devisenbank gebilligt werden.[1057]

Hinsichtlich der reinen Devisenzufuhr ist auch das zwischenzeitlich geltende vereinfachte Genehmigungsverfahren in ein reines Anzeigeverfahren umgewandelt worden.[1058]

3. Währungsrecht

Das Währungsrecht bezweckt den Schutz der Währung des rechtsetzenden Landes vor Entwertung.[1059]

1052 Westphalen, S. 143 mwN

1053 Gesetz über Monopolkontrolle und lauteren Handel, Monopoly Regulation and Fair Trade Act, Gesetz Nr. 3320 v. 31.12.1980, am 1.4.1981 in Kraft getreten, i.d.F. v. 01.04.1995, fortan: MonopG

1054 Cho, Tae-Yeon, East Asian Executive Reports XI 1994, S. 7, S. 10

1055 Chang, Duck-Soon, East Asian Executive Reports IX 1992, S. 9

1056 Vgl. MonopG i.d.F. v. 01.04.1995

1057 Sohn / Jong / Choe, S. 691 ff. <713>

1058 Stiller, RIW 1999, S. 283 <284>; vgl. zur kollisionsrechtlich zwingenden Wirkung des Devisenrechts oben I. 1. b)

1059 MüKo-Martiny, nach Art. 34 Anh. I, Rn. 1 ff., 9 ff., 17 ff.

Unter Geldentwertung ist die Verschlechterung des Warenwertes eines bestimmten Nominalbetrages an Geld zu verstehen.[1060] In Korea ist die Geldentwertung in den Jahren von 1946 bis 1961 enorm hoch gewesen, lag bis 1982 noch auf dem Niveau eines Entwicklungslandes und war bis zu Beginn der Neunzigerjahre auf ein erträgliches Maß zurückgegangen.[1061]

Grundsätzlich wird das Geldschuldrecht vom Nominalismus beherrscht.[1062] Daraus folgt, dass der Schuldner die nach der Zahl berechnete Geldmenge zu erbringen hat, selbst wenn deren Kaufkraft seit Begründung der Schuld abgenommen hat.[1063] Das Risiko der Geldentwertung trägt mithin der Geldgläubiger.[1064] Gesetzliche oder judikative Ausnahmen von der Grundregel des Nominalismus sind nicht zu erkennen.[1065]

Prinzipiell ist zu empfehlen, sämtliche zwischen den Parteien relevanten Geldbeträge in Euro, andernfalls in US$ oder einer anderen „harten Währung" zu vereinbaren. Besteht die Notwendigkeit, eine Vereinbarung über Zahlungspflichten des koreanischen Lizenznehmers und Teilekäufers bzw. Dienstleistungsempfängers in der schwä-cheren koreanischen Währung zu treffen, verlangt das Interesse des deutschen Lizenzgebers die vertragliche Berücksichtigung der zu erwartenden Geldentwertung.

Soweit eine vertragliche Bestimmung die Zahlungspflicht in koreanischem Won regelt, ist sie vom deutschen und europäischen Recht nicht berührt.

Nach koreanischem Recht ist beispielsweise eine Vereinbarung, nach der der Betrag einer Geldschuld nicht bereits bei Begründung des Vertrages ziffernmäßig oder durch Bezugnahme auf bestimmte Vergleichsgrößen endgültig bestimmt wird, sondern erst zu einem späteren Zeitpunkt durch die Parteien, eine der Parteien oder einen Dritten festgesetzt werden soll (Leistungsvorbehaltsklausel), zulässig.[1066]

Ferner ist eine Wertsicherungsklausel zulässig in der Weise, dass eine Veränderung des Geldwertes automatisch eine Änderung der Geldschuld bewirkt (Preisgleitklausel).[1067]

1060 Vgl. etwa BVerwG E 41, S. 1 ff. <5>; MüKo-Martiny, nach Art. 34 Anh. I, Rn. 25

1061 Paik, Tae-Seung, S. 1

1062 Vgl. etwa BVerwG E 41, S. 1 ff. <5>; in Korea: Grundsatz der Vertragstreue, vgl. Paik, Tae-Seung, S. 95

1063 Paik, Tae-Seung, S. 12

1064 Paik, Tae-Seung, S. 12

1065 Die Ausnahmebeispiele von Paik, Tae-Seung, S. 16, betreffen allein die Sonderrechtsgebiete Altersversorgung, Sozialrecht, Arbeitsrecht und Familienrecht

1066 Korean. OGH, U. v. 27.06.1978, 1978 Da 551 <552>, zitiert nach Paik, Tae-Seung, S. 103; derselbe S. 115, 123

1067 Korean. OGH, U. v. 10.06.1969, 1968 Da 2142, zitiert nach Paik, Tae-Seung, S. 103; ferner Paik, Tae-Seung, S. 107 f.; zu Goldklauseln: Paik, Tae-Seung, S. 104

X. Steuerrecht

1. Die Besteuerung der Lizenzgebühr

a) Die Besteuerung von Lizenzgebühren nach Einkommen- bzw. Körperschaftssteuerrecht

aa) Lizenzgebührfluss von Korea nach Deutschland

Im üblichen Falle, dass Deutschland Residenzstaat des Lizenzgebers und damit des Lizenzgebührempfängers ist, wird dessen Welteinkommen einschließlich der ihm aus dem Ausland zufließenden Lizenzgebühren grundsätzlich nach deutschem Recht besteuert.[1068] Die Steuerhöhe wird unter Berücksichtigung der sonstigen Einkünfte des Lizenzgebers nach den Bestimmungen des deutschen Einkommen- bzw. Körperschaftssteuergesetzes festgesetzt.[1069]

Nach koreanischem Recht werden allerdings auch die aus dem Lande fließenden Lizenzgebühren grundsätzlich an der Quelle besteuert.[1070] Hier ist der Lizenznehmer verpflichtet, bei den Zahlungen an den Lizenzgeber die hierzu fällige Quellensteuer in vollem Umfang einzubehalten und unmittelbar an das zuständige koreanische Finanzamt abzuführen.[1071]

Diese gleichzeitige Besteuerung von Lizenzgebühren an der Quelle und am Wohnsitz des Lizenzgebührgläubigers ist zwischen Korea und Deutschland durch das bilaterale Doppelbesteuerungsabkommen in zweierlei Hinsicht abgemildert worden.[1072]

Erstens fußt die Quellenbesteuerung der Lizenzgebühren, sofern sie zu der Einkommens- oder Körperschaftsbesteuerung des Gläubigers in dessen Resi-

---

ff.; zu Fremdwährungsklauseln: Paik, Tae-Seung, S. 106; zu Warenklauseln: Paik, Tae-Seung, S. 106 f.; zu Preisindexklauseln: Paik, Tae-Seung, S. 107 f.

1068 § 1 Abs. 2 EstG: Welteinkommensprinzip; §§ 23, 26 KStG, 34 c EStG: Besteuerung von Auslandseinkünften

1069 Diesbezüglich ergeben sich keine Besonderheiten gegenüber anderen Einkünften, so dass an dieser Stelle auf die Fachliteratur verwiesen wird, etwa: Blümich, Bd. 3 §§ 22 – 78 EStG, Bd. 4 §§ 1-55 KStG, 1-37 GewStG

1070 Stiller, RIW 1999, S. 283 ff. <289>; für Softwarelizenzen siehe: Kee, Yoong-Neung / Jeong, Young-Cheol, East Asian Executive Reports III 1994, S. 7, S. 12 ff.

1071 Park, Jang-Won, S. 137

1072 DBA vom 14.12.1976, BGBl. 1978 II, S. 191, in Kraft getreten am 4.5.1978, BGBl. 1978 II, S. 861; insb. Art. 12 DBA; vgl. Stand der DBA, in: RIW 1997, S. 174 ff. <175>; siehe auch § 26 Abs. 6 S. 1 KStG und § 34 c Abs. 6 S. 1 EStG: Vorrang des DBA; § 34 c Abs. 6 S. 2, 2. HS EStG: Ausschluss des Abzuges der Auslandseinkünfte vor Ermittlung der Progression

denzland hinzukommt, grundsätzlich auf verminderten Sätzen. So sind etwa Lizenzgebühren von den Zusatzsteuern (Verteidigungs- und Einwohnersteuer) ausgenommen. Die Steuerprogression wird ausgesetzt, der Steuersatz beträgt im Fall gewerblicher Investitionen 10 %, in allen anderen Fällen 15% der Netto-Lizenzgebühren.[1073]

Zweitens können im Falle der Steuerpflicht nach deutschem Recht die an die Republik Korea gezahlten Steuern auf die nach deutschem Recht zu erhebende Einkommens- und Körperschaftssteuer angerechnet werden.[1074] Für den Zweck der Anrechnung wird hinsichtlich der koreanischen Steuer von einem Satz von 20 % des Bruttobetrags der Lizenzgebühren ausgegangen. Verringert sich jedoch der allgemeine Satz der koreanischen Steuer von Lizenzgebühren auf weniger als 20 % des Bruttobetrags der Einkünfte, so ermäßigt sich der Steueranrechnungsbetrag auf den Betrag der dann zu zahlenden koreanischen Steuer.[1075]

Zur Anrechnung der in Korea anfallenden Quellensteuer in Deutschland ist eine koreanische Steuerbescheinigung oder Zahlungsquittung bzw. eine beglaubigte Übersetzung[1076] erforderlich.[1077]

Die Doppelbesteuerungsregeln des Art. 12 Abs. 1, 2 DBA gelten jedoch nicht, wenn der deutsche Lizenzgeber in Korea eine Betriebsstätte hat und die bezahlten Lizenzgebühren tatsächlich zu dieser Betriebsstätte gehören.[1078]

In diesem Fall gelten gemäß Art. 12 Abs. 5, S. 2 DBA die Vorschriften des Art. 7 DBA. Das bedeutet, dass die Lizenzgebühren dort, wo sie entstehen, als Teil der Gewinne der Betriebsstätte des mit Hauptsitz im anderen Staat ansässigen Unternehmens besteuert werden.[1079]

Hinsichtlich der Besteuerung des Einkommens des Unternehmens, welches die steuerpflichtige Betriebsstätte im anderen Staat unterhält, bestimmt Art. 22 Abs. 1 lit. a) DBA, dass, sofern das Unternehmen in Deutschland und die Betriebsstätte in Korea ansässig ist, die Einkünfte bei der Bemessung der deutschen Steuerlast ausgenommen, bei der Festsetzung des Steuersatzes allerdings mitberücksichtigt werden.

1073 Art. 12 Abs. 2 DBA; Stiller, RIW 1999, S. 283 ff. <289>

1074 Art. 22 Abs. 1 lit. b) cc) DBA

1075 Art. 22 Abs. 1 lit. c) DBA; Stiller, RIW 1999, S. 283 ff. <289>; zur Nicht-Anrechnung des fiktiven Steuersatzes des dt.-korean. DBA: BMF, RIW 1998, S. 655 ff. <656>; vgl. auch OFD Frankfurt, RIW 1998, S. 988

1076 § 68 b S. 2 EStDFVO;

1077 § 68 b S. 1 EStDFVO; die These von Schneider, RIW 1999, S. 991 ff. <912>, dass die Erhebung und Entrichtung der Steuer fiktiv unterstellt würden, gilt zum dt.-korean. DBA nicht, vgl. BMF, RIW 1998, S. 655 ff. <656>

1078 Art. 12 Abs. 5 DBA

1079 Art. 7 DBA

Voraussetzung für eine Betriebsstätte gemäß Art. 5 Abs.1 DBA ist eine feste Geschäftseinrichtung, in der die Tätigkeit des Unternehmens ganz oder teilweise ausgeübt wird. Art. 5 Abs. 2 DBA führt einen Katalog von Fällen auf, in denen eine Betriebsstätte zu bejahen ist. Hier können Stätten der Bauausführung oder Montage besonders relevant sein, wenn der Lizenzgeber auch Maschinenanlagen liefert bzw. den Aufbau der ihm vertrauten, wenn auch fremdbezogenen Maschinenanlagen nach heimischem Muster betreibt. Eine Betriebsstätte setzt eine Dauer von mindestens sechs Monaten voraus.

Art. 5 Abs. 3 DBA führt in einem Negativkatalog die Fälle auf, in denen keine Betriebsstätte anzunehmen ist. Im Einzelnen sind dies:

- Einrichtungen, die ausschließlich zur Lagerung, Ausstellung oder Auslieferung von Gütern oder Waren des Unternehmens benutzt werden;
- Bestände von Gütern oder Waren des Unternehmens, die ausschließlich zu dem Zwecke unterhalten werden, durch ein anderes Unternehmen be- oder verarbeitet zu werden;
- Bestände von Gütern oder Waren des Unternehmens, die ausschließlich zur Lagerung, Ausstellung oder Auslieferung unterhalten werden;
- Eine feste Geschäftseinrichtung, die ausschließlich zu dem Zweck unterhalten wird, für das Unternehmen Güter oder Waren einzukaufen oder Informationen zu beschaffen;
- Eine feste Geschäftseinrichtung, die ausschließlich zu dem Zweck unterhalten wird, für das Unternehmen zu werben, Informationen zu erteilen, wissenschaftliche Forschung zu betreiben oder ähnliche Tätigkeiten auszuüben, die vorbereitender Art sind oder eine Hilfstätigkeit darstellen.

Hinsichtlich der Frage, ob eine Vertriebsgesellschaft in Korea als abhängiger Vertreter und damit als Betriebsstätte angesehen werden kann, wurde zwischen Korea und Deutschland ein Disput über die Auslegung des Doppelbesteuerungsabkommens geführt.[1080] Die Tätigkeit eines unabhängigen Vertreters ohne Abschlussvollmacht führt nach koreanischem Recht und der koreanischen Auslegung des Art. 5 Abs. 5 DBA nicht zu einer Betriebsstätte und damit nicht zur Einkommens- bzw. Körperschafts-, sondern allenfalls zur Quellensteuerpflicht in Korea.[1081]

bb) Lizenzgebührfluss von Deutschland nach Korea

In dem bislang selteneren Fall, in dem der Lizenzgebührenempfänger in Korea und der Lizenznehmer in Deutschland ansässig sind, fallen in Deutschland keine

1080 Zum Streitstand: Boochs, IStR 1994, S. 578 ff. <578>
1081 Boochs, IStR 1994, S. 578 ff. <578>

Einkommens- bzw. Körperschaftssteuern an. Die Lizenzgebühr unterfällt jedoch der koreanischen Einkommens- bzw. Körperschaftssteuer.

Die koreanische Einkommensteuer wird mit einem progressiven Stufenanstoßtarif erhoben. Die Stufensätze liegen bei 10 %, 20 %, 30 % und 40 %. Hinzu kommen Steueraufschläge in Form der Verteidigungssteuer und der Einwohnersteuer.[1082]

Die Körperschaftssteuer wird in zwei Stufen zu 18 % und 30 % vom Gewinn erhoben. Auf den Gewinn werden zusätzlich eine Verteidigungs- und Einwohnersteuer erhoben in Höhe von 7,5 % des Körperschaftssteuersatzes.[1083]

b) Die Umsatzbesteuerung der Lizenzgebühr

Vergibt ein deutsches Unternehmen eine Lizenz an ein koreanisches, unterfällt die Lizenzgebühr nicht der deutschen Umsatzsteuer.

Zwar besteuert das deutsche Umsatzsteuergesetz alle Leistungen, die ein Unternehmer gegen Entgelt im Inland ausführt.[1084] Darunter fällt jedoch die Lizenzgewährung nicht. Vielmehr bestimmt sich nach § 3 a Abs. 3, 4 dUStG der Ort der Leistung bei Lizenzvergaben nach dem Sitz oder Wohnsitz des Lizenznehmers. Im Falle also, dass die Lizenz durch eine deutsche Firma an einen koreanischen Unternehmer vergeben wird, bedeutet dies, dass die Leistung in Korea erbracht wird und die von dem koreanischen Unternehmen bezahlte Lizenzgebühr damit nicht der deutschen Umsatzsteuer unterliegt.

Technologieimport im Wege der Lizenznahme unterliegt jedoch der koreanischen Mehrwertsteuer.[1085] Sie wird mit einem Satz von 10 % erhoben.[1086] Hiervon ausgenommen sind von der Körperschafts- bzw. Einkommensteuer befreite Lizenzverträge über Hochtechnologie.[1087]

Die Charakteristik des Rückkaufvertrages besteht darin, dass erstens die Gegenleistung der Lizenzvergabe nicht in Geld und zweitens mit einer zeitlichen Verzögerung erbracht wird. Die koreanische Mehrwertsteuer wird im Falle, dass die Gegenleistung nicht in Geld erbracht wird, an dem freien Marktpreis der Li-

1082 DKIHK, S. 62

1083 Ministry of Finance, S. 71

1084 § 1 Abs. 1 dUStG

1085 Art. 7 Abs. 1 MehrwertsteuerG (Value Added Tax Act, fortan: kMWStG) i.V.m. Art. 1 kMWStG; bfai, Zoll 61004, S. 4

1086 Art. 14 kMWStG; bfai, Zoll 61004, S. 15

1087 Art. 25 Abs. 1 Gesetz zur Förderung ausländischer Investitionen v. 24.05.1999 i.V.m. Art. 31 Abs. 1 Revidierte Präsidialverordnung 16330 v. 24.05.1999

zenz bemessen. Bei Raten- und Teilzahlungen wird die jeweils erbrachte Teilleistung, bei Lieferantenkrediten die volle Summe besteuert.[1088]

In den Fällen, in denen koreanische Technologie exportiert wird, Lizenzen also von koreanischen Unternehmen an ausländische vergeben werden, fällt in Korea keine Umsatzsteuer an.[1089] Allerdings bestimmt sich in Deutschland - wie oben erörtert - nach § 3 a Abs. 4 Nr. 1 dUStG der Ort der Leistung bei Lizenzvergaben nach dem Sitz oder Wohnsitz des Lizenznehmers, der in diesen Fällen in Deutschland liegt. Die Lizenzgebühr unterfällt also der deutschen Umsatzsteuer.

Eine gleichzeitige Besteuerung nach dem koreanischen Mehrwertsteuergesetz und dem deutschen Umsatzsteuergesetz liegt bei Lizenzgebühren nicht vor.

2. *Die Besteuerung des Verkaufserlöses von Lizenzprodukten und Teilen sowie Dienstleistungen*

Der Erlös aus dem Verkauf des Lizenzproduktes an den Lizenzgeber unterfällt der Einkommens- bzw. Körperschaftssteuer des Residenzstaates des Lizenznehmers. Der Erlös des Verkaufs von Teilen sowie der Erbringung von Dienstleistungen (etwa Engineering, Technical Assistance) an den Lizenznehmer unterfällt hingegen der Einkommens- bzw. Körperschaftssteuer des Residenzstaates des Lizenzgebers.[1090]

Dies gilt nicht, wenn der jeweilige Verkäufer bzw. Dienstleister eine Betriebsstätte im Land des Käufers unterhält.[1091] In diesem Fall wird der Verkaufserlös am Sitz der Betriebsstätte versteuert. Gemäß Art. 22 Abs. 1 lit. a) DBA werden die Einkünfte einer in Korea belegenen Betriebsstätte eines deutschen Unternehmens bei der Bemessung der deutschen Steuerlast ausgenommen, bei der Festsetzung des Steuersatzes allerdings mitberücksichtigt.[1092]

Eine Quellenbesteuerung hinsichtlich der Vergütung für Lizenzprodukte, Teile und Dienstleistungen entfällt.[1093]

1088 bfai, Zoll 61004, S. 13
1089 bfai, Zoll 61004, S. 4; DKIHK, S. 67
1090 Art. 7 Abs. 1 DBA
1091 Art. 7 Abs. 1, 2, 3, 4 DBA iVm Art. 5 DBA
1092 Vgl. oben X.1.a) aa)
1093 Sohn / Jong / Choe, S. 691 ff. <713>: ein weiterer devisenrechtlich zulässiger und steuerlich günstiger Weg, Zahlungspflichten des Lizenznehmers an den Lizenzgeber zu begründen, sei die Festsetzung eines angemessenen, auf den Lizenznehmer entfallenen Anteils an dem allgemeinen Verwaltungsaufwand des Lizenzgebers

XI. Zollrecht

1. Deutsches Zollrecht

Neben den öffentlich-rechtlichen Vorschriften, die unmittelbar auf die Wirksamkeit des Vertrages Einfluss haben, gibt es noch solche, die nur dessen Wirtschaftlichkeit berühren. Zu diesen Vorschriften zählen einige des Zollrechts, die unter bestimmten Voraussetzungen die Erhebung von Zusatzzöllen vorsehen. Die Einführung neuer Zölle oder die Erhebung von Zusatzzöllen wird deshalb häufig als Tatbestand der besonderen Härte definiert. Dadurch kann Zollrecht, wenn auch nicht unmittelbar, so doch mittelbar über die Härteklausel zur Auflösung eines Vertrages führen.

Erwähnenswert sind die europäischen Zollkodexverordnungen insbesondere zur Lohnveredlung.[1094] Demgemäß werden die Teile, die der Lizenzgeber an den Lizenznehmer liefert und später in Form des Lizenzproduktes wieder abnimmt, nur gemessen an der Differenz zwischen dem Zollbetrag für das veredelte Erzeugnis und dem fiktiven Betrag des Vorproduktes besteuert.[1095]

Des Weiteren von erwähnenswertem Interesse sind die den Gewerblichen Rechtsschutz betreffenden besonderen zollrechtlichen Verfahrensvorschriften, die den deutschen Lizenzgeber vor der unberechtigten Einfuhr gefälschter Lizenzprodukte schützen.[1096]

Der Inhaber eines Gewerblichen Schutzrechts oder eines Urheberrechts ist durch zollrechtliche Vorschriften geschützt, soweit sie von ihrem Ansatz her die Möglichkeit bieten, gegen den grenzüberschreitenden Handel mit schutzrechtsverletzenden Waren vorzugehen. Dadurch können bereits im Vorfeld der Verbreitung schutzrechtsverletzende Waren in dem für den Verletzer besonders kritischen, für den Zugriff aber auch besonders günstigen Moment der Einfuhr und Verzollung aus dem Verkehr genommen werden. Allerdings wird von den zollrechtlichen Bestimmungen nicht erfasst die Ein- oder Ausfuhr von Produkten,

---

1094 Verordnung Nr. 2913/92 (EWG) des Rates zur Festlegung des Zollkodex der Gemeinschaften; Verordnung Nr. 2454/93 (EWG) der Kommission mit Durchführungsvorschriften zu der Verordnung Nr. 2913/92 (EWG) des Rates zur Festlegung des Zollkodex der Gemeinschaften

1095 Art. 4 Nr. 16 g, 145 Abs. 1 VO Nr. 2913/92; zur Nichtanerkennung von Zollpräferenzen hins. Leinen-Windjacken aus Korea vgl. EuGH, EuZW 1994, S. 224

1096 § 111 a dUrhG; 14 a Abs. 3 dGeschMG; § 9 Abs. 2 dHSG; 142a dPatG; 25a dGebrMG; § 2 des Gesetzes über den Beitritt des Reiches zum Madrider Abkommen betreffend die Unterdrückung falscher Herkunftsangaben auf Waren, Gesetz vom 21.03.1925, RGBl. II 1925, S. 115 i.d.F. des Art. 6 des Gesetzes vom 04.09.1967, BGBl. I 1967, S. 953; Verordnung (EWG) Nr. 3842/86, ABl.EG Nr. L 357 vom 18.12.1986, S. 1; abgedruckt in GRUR Intl. 1987, S. 98 ff.

deren Verbreitung im Inland lediglich einen Verstoß gegen das Wettbewerbsrecht darstellt.[1097]

Die Einziehung von Piraterieprodukten seitens der Zollbehörden gemäß § 111 a dUrhG, § 14 a Abs. 3 dGeschMG, § 9 Abs. 2 dHSG, § 142 a dPatG und § 25 a dGebrMG ist möglich, wenn der Verfügungsberechtigte der Beschlagnahme nicht widerspricht. Art. 7 Abs. 1 EWG-Verordnung Nr. 3842/86[1098] gestattet die Vernichtung nachgeahmter Waren durch die Behörden.[1099]

2. Koreanisches Zollrecht

Nach dem koreanischen Zollgesetz[1100] kann der Inhaber eines Schutzrechtes dem Zollamt im Falle des Verdachts eines Missbrauches die berechtigten Nutzer, die potenziellen Verletzer sowie Import- und Exportrichtungen der mit einer Marke versehenen Verletzungsgüter nennen mit dem Ziel, diese beschlagnahmen oder zerstören zu lassen.[1101] Ferner kann der Inhaber verlangen, dass der Zoll die Im- oder Exportfreigabe verweigert. In diesem Fall muss der Inhaber beim Zoll zugunsten des Im- oder Exporteurs 120% des Zollwertes des verdächtigen Produktes hinterlegen.[1102]

Ferner besteht nach dem kUWG ein Anspruch auf jede notwendige Maßnahme der Zollbehörde.[1103] Im Falle von Verletzungshandlungen besteht ein Unterlassungsanspruch, darüber hinaus ein Anspruch auf Schadensersatz gemäß Art. 11 UWG, der Verschulden voraussetzt.

XII. Kartellrecht

Das deutsche und europäische wie auch das koreanische Kartellrecht regeln zwingend die Sicherstellung der Wettbewerbsfreiheit für ihre Geltungsbereiche. Einige der in Gegenkaufverträgen typischerweise enthaltenen Klauseln weisen indes Anhaltspunkte für eine wettbewerbsbeschränkende Wirkung auf. Sie

---

1097 Braun, CR, S. 726 ff. <730>

1098 Verordnung (EWG) Nr. 3842/86, ABl.EG Nr. L 357 vom 18.12.1986, S. 1; abgedruckt in GRUR Intl. 1987, S. 98 ff.

1099 Vgl. Marshall, IIC 2000, S. 646 ff. <648>

1100 Vom 01.01.1994, in Kraft getreten am 01.07.1994; vgl. Hilpert u.a., S. 464 f.

1101 Cho, Tae-Yeon, East Asian Executive Reports XI 1994, S. 7, S. 10; Hilpert u.a., S. 464; Park, Jang-Won, S. 62, 67

1102 Cho, Tae-Yeon, East Asian Executive Reports XI 1994, S. 7, S. 11

1103 GRUR Intl. 1992 S. 318; Art. 10 kUWG

könnten deshalb unwirksam sein oder durch die Kartellbehörde für unwirksam erklärt werden. Zu den wettbewerbsbeschränkenden Klauseln gehören zunächst die Verpflichtung des Lizenzgebers und Produktabnehmers, bei eigener Teillieferung Waren des Käufers abnehmen zu müssen,[1104] ferner die Beschränkungen des Lizenzproduktherstellers beim Vertrieb des Produktes.

1. Deutsches und europäisches Recht

a) Deutsches Kartellrecht

aa) Beschränkung im Vertrieb

Der Lizenzgeber kann das Bedürfnis haben, den Vertrieb hinsichtlich des Abnehmerkreises sowie geografisch im Hinblick auf bestimmte Drittmärkte einzuschränken.[1105] Dies ist unumgänglich, wenn der Lizenzgeber mit dem Originalprodukt auf dem Markt ist und daher eine Konkurrenzsituation zwischen Lizenzgeber und Lizenznehmer vermieden werden soll.

Das deutsche Kartellrecht erlaubt in § 20 Abs. GWB, der über § 21 GWB auch für Know-how gültig ist, zunächst alle Wettbewerbsbeschränkungen, die sich aus dem Inhalt des dem jeweiligen Lizenzvertrag zugrundeliegenden Schutzrechts ergeben. § 20 Abs. 2 GWB gestattet darüber hinaus besondere abschließend aufgeführte Wettbewerbsbeschränkungen, die vom Inhalt des Schutzrechts nicht mehr gedeckt sind. Ferner besteht nach § 20 Abs. 3 GWB die Möglichkeit, dass die Kartellbehörde eine Ausnahmegenehmigung erteilt.

Gewerbliche Schutzrechte gewähren dem Inhaber von ihrer Natur her eine Monopolstellung, so dass ein teilweiser Verzicht hierauf nicht als kartellrechtlich problematisch angesehen werden kann. Daher kann dem Lizenznehmer die Nutzungsart eines Patentes unter Ausschluss aller anderen Arten, etwa Herstellungslizenz, Gebrauchs- und Vertriebslizenz, auferlegt werden.[1106] Vertriebslizenzen können darüber hinaus auf bestimmte Kundenkreise beschränkt werden, Herstellungslizenzen auf bestimmte Produktionsverfahren.[1107]

Lizenzverträge in umfassenden Vereinbarungen können allerdings entgegen der Erlaubnisse der §§ 20, 21 und 15, 18 GWB unter das Kartellverbot des § 1 GWB fallen, soweit sie einen gemeinsamen Zweck verfolgen. In diesem Fall

1104 Koppelungsgeschäft, unten 1 a) bb) und 1 b)
1105 Stumpf/Groß, Rn. 182
1106 BGH Z 52, S. 55 <57>
1107 BKartAmt GRUR 1981, S. 919

werden die vorgenannten Vorschriften verdrängt. Ein Beispiel hierfür sind Mehrfachlizenzverträge, bei denen ein Lizenznehmer Mitwirkungsrechte bei der Erteilung weiterer Lizenzen hat. Ein weiteres Exempel bilden sogenannte Patentpools, worunter man die Einbringung zahlreicher Patente in eine dafür geschaffene Gesellschaft versteht. Der gemeinsame Zweck im Sinne des § 1 Abs. 1 GWB liegt hier bereits im Gesellschaftszweck.[1108]

Die Aufteilung von Märkten zwischen Hersteller, Anbieter und Nachfrager im Wege der Gebietsaufteilung kann eine Kartellabrede im Sinne des § 1 GWB mit der Folge der Unwirksamkeit darstellen. Voraussetzung dafür ist aber, dass die Aufteilung zu einem gemeinsamen Zweck erfolgt. Daran fehlt es typischerweise beim kommerziellen Gegenkauf. Gerade beim Rückkauf aber ist dieser gemeinsame Zweck zu erkennen, wenn das Produkt nicht ausschließlich zur Weiterverarbeitung bzw. als Komponente zum Einbau im Rahmen der Produktion des Produktabnehmers dienen, sondern gleichzeitig vom Lizenzprodukthersteller an Dritte vertrieben werden soll, also wenn beide Partner von der erhöhten Stückzahlfertigung profitieren wollen.

Die Beschränkung des Verkaufs auf bestimmte Gebiete kann ferner der Missbrauchsaufsicht nach §§ 18 Abs. 1 Nr. 1 und 2; 22 GWB unterliegen.[1109] Das setzt wiederum voraus, dass eine Auswirkung auf den Inlandsmarkt vorliegt.

Eine solche Inlandsauswirkung liegt jedoch im Falle der Vertriebsbeschränkung des Lizenzgebers auf den deutschen Markt nicht vor, da ein Exportverbot nur den Zugang zu einem Auslandsmarkt erfasst und damit den deutschen Inlandsmarkt unberührt lässt.[1110]

Die Erstreckung der Vertriebslizenz auf ausschließlich ausländische Märkte beschränkt gleichwohl den koreanischen Lizenzprodukthersteller dahingehend, dass er nicht nach Deutschland liefern kann. Der Markt erfährt also durch das darin liegende Importverbot eine Beschränkung der theoretischen Anbieteranzahl. Diese ist allerdings zu vernachlässigen. Denn ohne die Vertriebslizenzvergabe wäre der Lizenznehmer erst recht kein Anbieter auf dem deutschen Markt. Eine geografisch beschränkte Lizenzerteilung beschneidet diesen also nicht. Die Beschränkung des Verkaufs auf bestimmte Gebiete unterliegt mithin nicht der Missbrauchsaufsicht nach §§ 18 Abs. 1 Nr. 1 und 2; 22 GWB.[1111]

1108 Emmerich, S. 168

1109 OLG Düsseldorf, RIW/AWD 1970, S. 367

1110 Vgl. BGH, WuW/E, S. 2066 ff; OLG Düsseldorf, WuW/E, S. 1061 <1064>

1111 OLG Düsseldorf, RIW/AWD 1970, S. 367

bb) Abnahmezwang durch vertragstypische Koppelung

Der Lizenzproduktabnahmevertrag sieht vor, dass der Lizenzgeber eine Leistung des Lizenznehmers anstelle eines Teils der Lizenzgebühren in Zahlung nimmt. Hierin könnte eine der Missbrauchsaufsicht nach §§ 18 Abs. 1 Nr. 1 und 2; 22 GWB unterliegende Koppelung liegen.

Eine Koppelung liegt dann vor, wenn der Abschluss eines Vertrages an die Bedingung geknüpft wird, dass der Vertragspartner zusätzlich Leistungen annimmt, die weder sachlich noch nach dem Handelsbrauch in Beziehung zum Vertragsgegenstand stehen.[1112] Dies ist jedenfalls gegeben, wenn beim Kompensationsgeschäft die Abnahmeware keinen Zusammenhang mit dem Lizenzgegenstand hat. Das Lizenzprodukt jedoch steht in unmittelbarem Zusammenhang mit dem Lizenzgegenstand.

Weitere Voraussetzung ist, dass zugleich eine marktbeherrschende Stellung auf dem Inlandsmarkt ausgenutzt wird.[1113] Eine unter mehreren Voraussetzungen hierfür ist, dass überhaupt eine Auswirkung auf den Inlandsmarkt besteht. Dabei reicht eine mittelbare Auswirkung des Missbrauchs im Ausland auf den Inlandsmarkt nicht aus. Die Kontrolle im Rahmen des § 22 GWB kann sich nach dem Schutzzweck der Norm und völkerrechtlichen Grundsätzen nicht auf extraterritoriale Verstöße erstrecken.[1114]

Die vertragliche Koppelung kann sowohl von der Anbieter- als auch von der Nachfragerseite missbräuchlich sein. Sie unterliegt allerdings nur der Missbrauchsaufsicht nach §§ 18 Abs. 1 Nr. 1 und 2; 22 GWB und damit dem Verbotsvorbehalt, ist aber nicht per se verboten.

cc) Meistbegünstigung

Die Klausel, nach der sich der Lizenzprodukthersteller verpflichtet, anderen Abnehmern keine günstigeren Exportpreise zu gewähren, beschränkt den Lizenzprodukthersteller in der Preisgestaltung bei künftigen Verträgen. Sie stellt daher eine Beschränkung nach § 15 GWB mit der Folge der Nichtigkeit dar. § 15 GWB erfasst i.V.m. § 98 Abs. 2 GWB aber nur die Handlungsfreiheit inländischer Unternehmen gegen vertragliche Beschränkungen. Die Preisbindung im Rückkaufvertrag betrifft hingegen typischerweise den im Ausland ansässigen Lizenznehmer, so dass eine Meistbegünstigungsklausel in der hier erörterten Konstellation nach deutschem Kartellrecht nicht unwirksam ist.

1112 Baur, JA 1987, S. 118 <119>
1113 §§ 18, 22 Abs. 4 S. 1 GWB
1114 Fülbier, S. 244

dd) Nichtangriffsabrede

Die Verpflichtung des Lizenznehmers, gegen die lizenzierten Schutzrechte des Lizenzgebers gerichtlich nicht vorzugehen, also etwa keine Nichtigkeitsklage zu erheben, ist nach deutschem Kartellrecht erlaubt.[1115] Eine solche Vereinbarung kann also dem Nichtigkeitskläger entgegengehalten werden, es sei denn, die Nichtangriffsabrede wird von den Beteiligten in Kenntnis der Nichtigkeit des Schutzrechtes geschlossen.

b) Europäisches Kartellrecht

Grundsätzlich sind gemäß Art. 85 EWG-Vertrag Wettbewerbsbeschränkungen unzulässig.[1116] Hiervon können im Einzelfall durch die Kommission der Europäischen Gemeinschaften Ausnahmegenehmigungen erteilt werden.

Ferner bestimmen Gruppenfreistellungsverordnungen Ausnahmetatbestände für Gruppen von gleichgelagerten wettbewerbsbeschränkenden Vereinbarungen, die tatbestandsmäßig unter das Verbot des Art. 85 Abs. 1 EWGV fielen. Erfüllt eine an sich wettbewerbsbeschränkende Vereinbarung die Voraussetzungen einer solchen Gruppenfreistellungsverordnung, bedarf sie keiner individuellen, behördlichen Freistellung vom Verbot des Art. 85 Abs. 1 EWGV gemäß Art. 85 Abs. 3 EWGV. Vielmehr ist sie kollektiv vom Verbot des Art. 85 Abs. 1 EWGV ausgenommen und daher nicht wegen Verstoßes gegen das Kartellverbot unwirksam oder ordnungswidrig.[1117]

Die Europäische Kommission hat die für Patentlizenzverträge einschlägige Gruppenfreistellungsverordnung GFVO-Nr. 2394/84 (PatentlizenzGFVO) und die für Know-how-Übereinkommen einschlägige GFVO-Nr. 556/89 (Know-how-GFVO) in der Verordnung über die Gruppenfreistellung von Technologietransfer-Vereinbarungen zusammengefasst und erneuert.[1118]

Die TechtransGFVO gilt auch für Lizenzen an Sortenschutzrechten und an ergänzenden Schutzzertifikaten für Arzneimittel und andere Produkte, für die

---

1115 § 20 Abs. 2 Nr. 4 GWB; BGH, Blatt für PMZ 1953, S. 382; BPatG, GRUR Intl. 1997, S. 631 ff. <632> mwN

1116 Zur immaterialgüterrechtlichen Schranke des Monopolverbots: Sack, RIW 1997, S. 449 ff.; siehe 2. Abschnitt I. 1.

1117 Lutz, RIW 1996, S. 269 ff. <270>

1118 Fortan: TechtransGFVO, Verordnung (EG) Nr. 240/96 der Kommission vom 31.01.1996 zur Anwendung von Art. 85 Abs. 3 EWGV auf Gruppen von Technologietransfer-Vereinbarungen, ABl.EG Nr. L31/2 vom 09.02.1996, abgedruckt in EWS 1996, S. 93, und GRUR Intl. 1996, S. 642, am 01.04.1996 in Kraft getreten; vgl. Meyer, GRUR Intl. 1997, S. 498 ff.

Zertifikate erlangt werden können.[1119] Sie gilt des Weiteren für Technologietransfervereinbarungen, die Nebenbestimmungen über andere Rechte des geistigen Eigentums enthalten.[1120] Diese Rechte sind insbesondere Warenzeichen-, Geschmacksmuster- und Urheberrechte sowie Software, sofern diese Lizenzen zur Verwirklichung des Zwecks der überlassenen Haupttechnologie beitragen.[1121]

Die ausschließliche Lizenz, auch die, die den Lizenzgeber ausschließt, ist zulässig.[1122] Ferner kann der Lizenznehmer bei der Herstellung, bei der Nutzung und auch beim Vertrieb des Lizenzerzeugnisses auf sein Lizenzgebiet beschränkt werden.[1123] Hingegen sind Vereinbarungen, die ausschließich den Vertrieb betreffen, von der TechtransGFVO erst gar nicht erfasst.[1124]

Der Lizenznehmer darf bezüglich der herzustellenden oder zu vertreibenden Lizenzerzeugnisse auf seinen eigenen Bedarf beschränkt werden.[1125] Weitere Mengenbeschränkungen sind nicht zulässig.[1126] Der Lizenznehmer kann auf einen oder mehrere Anwendungsbereiche der lizenzierten Technologie beschränkt werden.[1127]

Zusätzlich ist es gestattet, den Lizenznehmer auf einen oder mehrere Produktmärkte zu beschränken. Der Produktmarkt ist in der TechtransGFVO nicht definiert. Hierunter wird der Markt verstanden, auf dem ein bestimmtes Produkt angeboten wird, wobei der Markt in Anlehnung an die Definition des Marktanteils in Art. 10 Nr. 9 über alle mit dem Produkt identischen und mit ihm substituierbaren Erzeugnisse bestimmt wird.[1128]

Die TechtransGFVO gestattet dem Geber einer ausschließlichen Lizenz, mit dem Lizenznehmer zu vereinbaren, dass, wenn dieser zu ihm in Wettbewerb tritt oder das Know-how, die Gültigkeit des Patents oder die Notwendigkeit eines

1119 Art. 8 Abs. 1 g, h TechtransGFVO
1120 Art. 10 Abs. 1 TechtransGFVO
1121 Vgl. die Definition „Nebenbestimmung" in Art. 10 Nr. 15 TechtransGFVO
1122 Art. 1 Abs. 1 Nr. 1 und 2 TechtransGFVO; vgl. Meyer, GRUR Intl. 1997, S. 498 ff. <499>
1123 Art. 1 Abs. 1 Nr. 3-6 TechtransGFVO; zum exzessiven Gebietsschutz: Meyer, GRUR Intl. 1997, S. 498 ff. <503>; siehe auch oben XII. 1. a) aa)
1124 Art. 5 Abs. 1 Nr. 5 TechtransGFVO
1125 Art. 1 Abs. 1 Nr. 8 TechtransGFVO; Meyer, GRUR Intl. 1997, S. 498 ff. <499, 503>
1126 Meyer, GRUR Intl. 1997, S. 498 ff. <503>
1127 Art. 2 Abs. 1 Nr. 8 TechtransGFVO
1128 Lutz, RIW 1996, S. 269 ff. <270 f.>

Patents für seine Anwendung bestreitet, er die Lizenz zurücknehmen kann und Verbesserungen nicht mehr zu lizenzieren braucht.[1129]

Meistbegünstigungsklauseln sind grundsätzlich an Art. 85 EWGV zu messen. Da aber durch eine derartige Klausel in einem Importvertrag nur der koreanische Lizenzprodukthersteller gebunden wird, tritt auf dem EU-Markt keine Beeinträchtigung des zwischenstaatlichen Wirtschaftsverkehrs ein. Demnach ist Art. 85 EWGV - wie auch § 15 GWB – auf solche Klauseln nicht anwendbar.

Die Nichtangriffsabrede ist nach europäischem Kartellrecht immer dann nicht erlaubt, wenn sie nach ihrem rechtlichen und wirtschaftlichen Zusammenhang geeignet ist, den Handel zwischen EU-Mitgliedstaaten spürbar zu beeinträchtigen.[1130] In diesem Fall müsste sie der Kommission vorgelegt werden.[1131]

Eine Mitwirkungsverpflichtung des Lizenznehmers bei Angriffen von Seiten Dritter auf ein Schutzrecht des Lizenzgebers ist erlaubt.[1132] Preisbindungen, Kundenbeschränkungen sowie die einseitige Pflicht, dem Lizenzgeber Weiterentwicklungen hinsichtlich der überlassenen Technologie in ausschließlicher Weise zur Verfügung zu stellen, sind untersagt.[1133]

2. Koreanisches Kartellrecht

Der Schutzbereich des koreanischen Gesetzes über Monopolkontrolle und lauteren Handel (fortan: MonopG)[1134] geht naturgemäß nur soweit, als nicht der Gehalt eines Schutzrechtes entgegensteht, sei dieser auch naturgemäß monopolistisch.[1135]

Das MonopG verbietet allgemein alle den Markt betreffenden vertraglichen Wettbewerbsbeschränkungen, Missbräuche marktbeherrschender Stellungen und marktmachtschaffende Konzentrationsvorgänge. Ferner regelt es die Ausnahmemöglichkeiten.

Das MonopG unterwirft bestimmte unlautere Absprachen und Bedingungen bei internationalen Kooperationen wie Gemeinschaftsunternehmen, Technolo-

---

1129 Art. 2 Abs. 1 Nr. 18; Art. 3 Nr. 2 TechtransGFVO; Meyer, GRUR Intl. 1997, S. 498 ff. <501 f.>

1130 BPatG GRUR Intl. 1997, S. 631 ff. <632, 633>; vgl. Meyer, GRUR Intl. 1997, S. 498 ff. <500, 502, 505>

1131 Meyer, GRUR Intl. 1997, S. 498 ff. <505>

1132 Meyer, GRUR Intl. 1997, S. 498 ff. <500>

1133 Meyer, GRUR Intl. 1997, S. 498 ff. <503>

1134 Monopoly Regulation and Fair Trade Act, Gesetz Nr. 3320 v. 31.12.1980, am 1.4.1981 in Kraft getreten, i.d.F. v. 01.04.1995

1135 Ebenroth u.a., RIW 1994 Beilage, S. 1 ff. <9>

gietransferabreden, Urheberrechtslizenzen, Kreditverträgen, langfristigen Handelsvertreter- und Vertriebsvereinbarungen besonderer Kontrolle.

Hierzu hat die Kartellbehörde Richtlinien über Reichweite und Beurteilung unlauterer Geschäftspraktiken in internationalen Vereinbarungen erlassen.[1136] Rechtsfolge eines Verstoßes ist die Nichtigkeit der entsprechenden Vertragsklauseln.[1137]

Ein Monopol wird angenommen bei einem Unternehmen, welches einen Marktanteil in einem bestimmten Jahr im relevanten Markt von mehr als 30 % erzielt. Wenn drei Firmen zusammen einen Marktanteil von mehr als 60 % haben, reichen für das einzelne Unternehmen 20% aus (Oligopol). Unternehmen, die Anteile von mehr als 30 % einer Mitbewerberfirma halten, werden mit diesem zusammen als ein Unternehmen betrachtet.[1138]

Das Gesetz verbietet darüber hinaus die Beschränkung des Wettbewerbs durch Absprachen gleich welcher Art. Qualitätskontrollen sind hiervon ausgenommen. Ferner verbietet das Gesetz unfaires Geschäftsgebaren. Hierzu zählen Kundendiskriminierung, das Verbot an einen Geschäftspartner, mit dem Wettbewerber des Verbietenden in Geschäftsbeziehung zu stehen, Knebelverträge und Preisabsprachen.[1139]

Gemäß Art. 23 Abs. 1 kUWG[1140] sind internationale Verträge verboten, die zur unlauteren Zusammenarbeit verpflichten oder unlautere Geschäftspraktiken enthalten. Dies ist dann der Fall, wenn ein Lizenznehmer in unfairer Weise verpflichtet ist, Materialien oder Teile vom Lizenzgeber abzunehmen,[1141] ferner, wenn der Lizenzgeber für die Lizenzprodukte Vermarktungsbeschränkungen auferlegt,[1142] es sei denn, der Lizenzgeber hat die Technologie seinerseits in dem die Beschränkungen betreffenden Markt registrieren lassen.

Ferner sind Absprachen über den Absatz der Vertragserzeugnisse untersagt, die die Ausfuhr in andere Gebiete als solche verbieten, in denen der koreanische Vertriebshändler selbst oder ein anderer ausschließlicher Lizenznehmer eine Vertretung oder eine Zweigstelle oder ein Verkaufsbüro besitzt,[1143] ferner Ab-

---

1136 Öffentliche Notiz Nr. 90-9 zu Reichweite und Standards von unlauteren Geschäftspraktiken in internationalen Verträgen, zitiert nach: Sohn / Jong / Choe, S. 691 ff. <708>

1137 Sohn / Jong / Choe, S. 691 ff. <708>

1138 Ko, Kwang-Ha, KJCompLaw 1983, S. 51 ff. <82>

1139 Ko, Kwang-Ha, KJCompLaw 1983, S. 51 ff. <83>; Hilpert u.a., S. 454

1140 Unfair Competition Prevention Act, Gesetz vom 13.01.1990, fortan: UWG oder kUWG

1141 Sohn / Jong / Choe, S. 691 ff. <709>; sofern diese Teile oder Materialien nicht für die Durchführung des Vertrages erforderlich sind: Hilpert u.a., S. 454

1142 Hilpert u.a., S. 454

1143 Hilpert u.a., S. 454

sprachen, welche die koreanischen Absatzgebiete oder den inländischen Abnehmerkreis wie überhaupt das Vertriebsgebiet unangemessen beschränken.[1144]

Des Weiteren liegen unlautere Geschäftspraktiken vor, wenn Absatzwege, Menge oder Verkaufspreis des Lizenzproduktes beschränkt werden oder die Absatzmenge von vornherein als Mindestabsatzpflicht festgelegt wird.[1145] Das Kartellamt hat eine Abrede, die den Vertriebshändler zu einer Abnahmesteigerung von jährlich 10 % verpflichtete, als unlautere Handelspraxis angesehen.[1146] Mindestabnahmepflichten können aber wirksam sein, wenn die Mindestabnahmemenge nicht übermäßig ist und auf einer vernünftigen Grundlage beruht.[1147]

Ferner können überhöhte Lizenzgebühren kartellrechtswidrig sein, nämlich, wenn sich dies etwa aus der Einbeziehung nicht lizenzierter Technologien in die Lizenzgebührkalkulation ergibt, Lizenzgebühren nach Vertragsende oder stückzahlunabhängige Mindestlizenzgebühren erhoben werden.[1148]

Schließlich liegen unlautere Geschäftspraktiken vor, wenn der Lizenznehmer einseitig verpflichtet ist, Weiterentwicklungen an den Lizenzgeber auszuliefern bzw. hierüber zu berichten.[1149]

Bei Vertriebsverträgen werden Wettbewerbsverbote als unlautere Handelspraxis angesehen, die den Vertriebshändler, dem kein ausschließliches Vertriebsrecht für die Vertragserzeugnisse zusteht, beim Handel mit Gütern, die zu den Vertragserzeugnissen im Wettbewerb stehen, beschränken.[1150] Dabei schließt der Begriff des ausschließlichen Vertriebsrechts einfache Alleinvertriebsrechte mit ein, bei denen der Vertriebshändler zwar das ausschließliche Recht zum Vertrieb der Vertragserzeugnisse besitzt, der Lieferant sich jedoch das Recht auf die direkte Belieferung von Kunden im Vertragsgebiet vorbehält. Das Kartellamt vertritt dazu die Ansicht, dass zumindest solche Vertriebshändler, die bereits vor Vertragsschluss mit konkurrierenden Erzeugnissen handelten, dies auch weiterhin tun dürfen müssen.[1151]

Ferner werden Wettbewerbsverbote als unlautere Handelspraxis angesehen, die dem Vertriebshändler den Handel mit konkurrierenden Erzeugnissen für eine erhebliche Zeit nach Ablaufen oder vorzeitiger Beendigung des Vertrages verbieten. Das Wettbewerbsverbot ist jedoch wirksam, soweit es nur für den Fall

---

1144 Sohn / Jong / Choe, S. 691 ff. <709>
1145 Hilpert u.a., S. 454
1146 Sohn / Jong / Choe, S. 691 ff. <709>
1147 Sohn / Jong / Choe, S. 691 ff. <709>
1148 Hilpert u.a., S. 455
1149 Ko, Kwang-Ha, KJCompLaw 1983, S. 51 ff. <84>; Hilpert u.a., S. 455
1150 Hilpert u.a., S. 455
1151 Sohn / Jong / Choe, S. 691 ff. <709>

der vom Vertriebshändler zu vertretenden Vertragsbeendigung und nur für die ursprünglich vereinbarte Vertragsdauer gelten soll.[1152]

Bestimmungen, die die Bestellung von Zwischenvertriebshändlern an die vorherige Zustimmung der ausländischen Partei binden, werden als unlautere Handelspraxis angesehen. Das Kartellamt empfiehlt den Parteien, das Erfordernis einer vorherigen Zustimmung in das einer vorherigen Beratung umzuändern. Abreden über die allgemeine Vertriebstätigkeit des Vertriebshändlers, welche den Aufwand für die Förderung des Verkaufs der Vertragserzeugnisse im Vorhinein festlegen, sind ebenso kritisch wie solche Abreden, die den vom Vertriebshändler aufrechtzuerhaltenden koreanisch-inländischen Marktanteil im Vorhinein festlegen oder die Änderung der Eigentumsverhältnisse am Unternehmen des Vertriebshändlers in unangemessener Weise beschränken.[1153]

Softwareüberlassungs- und -vertriebsverträge unterliegen einer doppelten behördlichen Kontrolle, nämlich zum einen im Hinblick auf ihre wettbewerbspolitische Unbedenklichkeit der Aufsicht nach dem kUWG durch die von diesem Gesetz geschaffene Kartellbehörde, und zum anderen der industriepolitisch motivierten Technologietransferaufsicht, die das Wissenschaftsministerium aufgrund außenwirtschaftlicher Spezialgesetze ausübt. Beide Regelungen sind trotz ihrer unterschiedlichen Zielsetzung dadurch miteinander verknüpft, dass technologietransferpolitisch zulässige Verträge auch den kartellrechtlichen Anforderungen genügen müssen, die zuständigen Aufsichtsbehörden also zusammenzuarbeiten haben. Im Einzelnen sind die Aufsichtsmaßnahmen in sehr differenzierten Ausführungserlassen und Genehmigungsregelungen der Kartellbehörde und des Wissenschaftsministeriums enthalten.[1154]

Bei Urheberrechtslizenzen werden Abreden als unlautere Handelspraktiken angesehen, wenn im Falle einer Herstellungs- und Vertriebslizenz die koreanischen Absatzgebiete oder die inländischen Abnehmer des Lizenznehmers in unangemessener Weise beschränkt werden, ferner, wenn Verkäufe an Abnehmer, die die Lizenzgegenstände möglicherweise außerhalb des Lizenzgebietes weiterverkaufen wollen, unangemessen beschränkt werden, des Weiteren, wenn die Verkaufsmenge in unangemessener Weise eingeschränkt oder nach Abnehmern vorgeschrieben wird, schließlich, wenn der Verkaufspreis oder die Verkaufsart in unangemessener Weise beschränkt werden.[1155]

Ferner gilt auch für Wettbewerbsverbote im Zusammenhang mit Urheberrechtslizenzen, dass dem Lizenznehmer für gleichartige Gegenstände eine Be-

1152 Sohn / Jong / Choe, S. 691 ff. <709>
1153 Sohn / Jong / Choe, S. 691 ff. <710>
1154 Sohn / Jong / Choe, S. 691 ff. <707>
1155 Sohn / Jong / Choe, S. 691 ff. <708>

schränkung über eine erhebliche Zeit nach Auslaufen oder vorzeitiger Beendigung der Lizenzvereinbarung nicht auferlegt werden darf. Ein solches Wettbewerbsverbot wird jedoch dann nicht als unlautere Handelspraxis angesehen, wenn die Beschränkung nur für den Fall eintreten soll, dass der Lizenznehmer die Vertragsbeendigung zu vertreten hat.[1156]

Die Bekanntmachung der Kartellbehörde Nr. 90-8 vom 05.07.1990 schreibt für bestimmte Gruppen internationaler Vereinbarungen vor, dass sie den zuständigen Behörden zur Überprüfung vorzulegen sind. Dies sind zum einen solche Urheberrechtslizenzen, mit denen das Urheberrecht, allerdings ohne das Persönlichkeitsrecht des Autors, ferner das Veröffentlichungsrecht und ähnliche Rechte vergeben werden, sofern sie eine Laufzeit von drei Jahren oder mehr haben. Zum anderen sind dies Vertriebsvereinbarungen und langfristige Handelsvertreterverträge mit mindestens einjähriger aktiver Laufzeit.

Wird eine solche Vereinbarung abgeschlossen, sind die Parteien verpflichtet, dem Kartellamt innerhalb von 30 Tagen nach Ausfertigung des Vertrages einen Bericht mit einer Zusammenfassung der von der Vereinbarung betroffenen Geschäftstätigkeit der koreanischen Partei und des Inhalts der Vereinbarung sowie eine Kopie der Vertragsurkunde vorzulegen. Anderenfalls sind Rechtswidrigkeit und damit Nichtigkeit[1157] die Rechtsfolge. Dies folgt aus dem Verbotsgesetzcharakter der §§ 19, 23, 29 und 32 MonopG, die zwingende Vorschriften darstellen, die also auch im Falle der kollisionsrechtlichen Auslandsverweisung unumgänglich sind.[1158]

Die Tatbestände des MonopG erfassen das Verbot des Missbrauchs einer marktbeherrschenden Stellung, die Fusionskontrolle, das Kartellverbot mit Ausnahmevorbehalt, die Kontrolle von Unternehmensverbänden, die Regelung der Preisbindung, ferner die Regelung von internationalen Vereinbarungen.

Die Ausführung des MonopG ist dem Minister der Wirtschaftsplanungsbehörde übertragen. Er fordert von dem marktbeherrschenden Unternehmen die Gründe für die von ihnen vorgenommene Preiserhöhung,[1159] verfügt gegebenenfalls, dass die Preise gesenkt werden,[1160] und verhängt Bußgelder gegen Unternehmen, die die Verfügung nicht befolgen.[1161] Er kann Zusammenschlüsse ausnahmsweise für notwendig erachten und damit für zulässig erklären[1162] und

1156 Sohn / Jong / Choe, S. 691 ff. <708>
1157 Sohn / Jong / Choe, S. 691 ff. <711>
1158 Sohn / Jong / Choe, S. 691 ff. <711>
1159 Art. 4 MonopG
1160 Art. 5 MonopG
1161 Art. 6 MonopG
1162 Art. 7 MonopG

überwacht die Tätigkeit von Unternehmensverbindungen.[1163] Er kann ausnahmsweise Kartelle genehmigen,[1164] überwacht die zugelassenen Kartelle[1165] und verhängt Bußgelder, wenn gegen das Kartellverbot verstoßen wird oder Kartelle anders als genehmigt verwirklicht werden.[1166] Er entscheidet schließlich darüber, welche Wettbewerbshandlungen als unlauter anzusehen sind,[1167] und trifft bei Verstößen die erforderlichen Maßnahmen.[1168]

Das grundsätzliche Kartellverbot wirkt auch zivilrechtlich. Die Schadensersatzbestimmungen des Art. 45 MonopG gewähren jeder Person, die durch einen Verstoß gegen das MonopG rechtswidrig Schaden erleidet, einen Anspruch. Dieser Anspruch allerdings ist subsidiär und entsteht erst dann, wenn die Korrekturmaßnahmen des Ministers rechtskräftig geworden sind.[1169] Einen Unterlassungsanspruch anderer Unternehmen oder Verbände oder privater Verbraucher sieht das Gesetz nicht vor.[1170]

Gemäß Art. 11 Abs. 1 MonopG ist Unternehmen jegliche auf einem Vertrag oder einer sonstigen Vereinbarung beruhende Zusammenarbeit mit anderen Unternehmen untersagt, soweit diese eine wesentliche Beschränkung des Wettbewerbs innerhalb eines bestimmten Geschäftszweiges bewirkt. Auch die ohne vertragliche Festsetzung vorgenommenen Aktivitäten gelten als unzulässige Zusammenarbeit im Sinne des Art. 11 Abs. 1 MonopG.[1171]

Zum Begriff der unzulässigen Zusammenarbeit zählen unter anderem die gemeinsame Festsetzung oder Änderung von Preisen oder Dritten gegenüber vorzugebenden Allgemeinen Geschäftsbedingungen, etwa im Hinblick auf Zahlungsmodalitäten oder Schadensersatzleistungen, ferner die Beschränkung der Produktion oder des Verkaufs von Waren oder Dienstleistungen, des Verkaufsgebietes und der Neuerrichtung oder der Ausdehnung von Betriebsanlagen.

Jeder Vertrag, der die Durchführung solcher Aktivitäten zum Gegenstand hat, ist nichtig.[1172] Die Zusammenarbeit im Sinne des Art. 11 Abs. 1 MonopG kann jedoch vom Minister für Wirtschaftsplanung auf Antrag genehmigt werden, wenn sie der Erreichung übergeordneter Ziele dient. So ist eine Genehmigung möglich, wenn die Zusammenarbeit zur Rationalisierung der Industrie beiträgt.

1163 Art. 10 MonopG
1164 Art. 12 MonopG
1165 Art. 13 MonopG
1166 Art. 14 MonopG
1167 Art. 15 MonopG
1168 Art. 16 MonopG
1169 Art. 46 MonopG
1170 Rittner, S. 555 ff. <558>
1171 Art. 11 Abs. 3 MonopG
1172 Art. 11 Abs. 2 MonopG

Allerdings müssen die durch die Zusammenarbeit hervorgerufenen Wirkungen auf den Gebieten des technologischen Fortschritts und der Qualitätsverbesserung, der Kostenreduzierung und der Leistungssteigerung offensichtlich sein.

Die Möglichkeit einer Genehmigung besteht ferner für kleine und mittlere Unternehmen, die nur im Wege der Zusammenarbeit ihre Konkurrenzfähigkeit gegenüber Großunternehmen verbessern können.

Nach den TRIPs-Übereinkommen hat allerdings die Beurteilung einer Klausel in einem Lizenzvertrag streng danach zu erfolgen, ob sie wettbewerbswidrig ist oder nicht,[1173] nicht hingegen, ob sie die koreanische Volkswirtschaft einseitig benachteiligt.

1173 Hilpert u.a., S. 47

4. Abschnitt: Die Gestaltung des Lizenzproduktabnahmevertragswerkes

I. Vorüberlegung

Wie jede Vertragsgestaltung ist auch die Konstruktion eines Lizenzproduktabnahmevertrages weder allein Spiegelbild der Vertragsfreiheit noch bloßes Resultat gesetzlicher Bestimmungen und Begrenzungen der Vertragsfreiheit, sondern Ausfluss einer Interessenpolitik, die ihrerseits in ihrer Durchsetzung auf die Marktstärke der Parteien beschränkt ist.

Beispielsweise hängen die Interessen des Lizenzgebers hinsichtlich der Lizenzgebühr davon ab, ob das erworbene und weiterzugebende Wissen Ergebnis gezielter und kostenaufwendiger Forschung oder das Nebenprodukt aus seiner sonstigen Geschäftstätigkeit ist, ob er es auf anderen Märkten selbst verwendet oder ob auch für seinen eigenen Bedarf die Herstellung eines Produktes durch den Lizenznehmer besonders günstig ist.[1174]

Ob die jeweiligen Interessen in den Vertragsverhandlungen allerdings durchsetzbar sind, hängt naturgemäß davon ab, wie groß der technologische oder organisatorische Vorsprung des Anbieters gegenüber anderen potenziellen Lizenzgebern ist und welche Vermarktungschancen der Lizenznehmer auf seinem Heimatmarkt oder auf bestimmten Drittmärkten erwarten kann. Hierbei ist eine attraktive Marke oftmals behilflich.

Hinsichtlich des Rechtsempfindens ist selbstverständlich davon auszugehen, dass die Vertragspartner aus unterschiedlichen Rechtsordnungen bzw. -traditionen regelmäßig ihre heimatlichen Rechtsvorstellungen zugrundelegen. Dabei sind hinsichtlich des deutschen und des koreanischen Wirtschaftsrechts weniger rechtstheoretische Abweichungen zu erwarten, da das koreanische dem deutschen in weiten Teilen nachempfunden ist.[1175] Bezüglich der tatsächlichen Umsetzung allerdings sind Mentalitätsfragen und aus ihnen herrührende Erwartungshaltungen zu berücksichtigen, in denen der konfuzianische Kulturkreis vom westlichen erkennbar abweicht.

Ferner sind in Korea die das formelle Verfahren bestimmenden öffentlichrechtlichen Vorschriften zu beachten, die, wenn auch nicht aufgrund einer prin-

1174 Siehe im Einzelnen oben 1. Abschnitt IV. 2. a)
1175 1. Abschnitt V.

zipiell anderen Systematik, so doch wegen diesbezüglich weitgehender Deregulierung in Deutschland,[1176] zunächst fremd erscheinen mögen.

II. Die Präambel

In einer Präambel zum Vertrag werden die Überlegungen und Absichten der Vertragspartner, ihre Vorgeschichte hinsichtlich bereits gewonnener Erfahrungen auf dem Gebiet des Vertragsgegenstandes, der Vertragszweck, soweit ihm nicht ein eigener Artikel gewidmet werden muss, sowie die Erwartungen, sofern sie bewusst und öffentlichkeitsgeeignet sind, zum Ausdruck gebracht. Dabei sind Formulierungen des Inhalts möglich, dass der Lizenzgeber das Produkt schon lange herstellt und verkauft, dass er vielseitige technische Kenntnisse in der Gestaltung, der Entwicklung, der Herstellung, der Vermarktung und im Gebrauch der lizenzierten Ware besitzt, dass er bislang in Asien noch nicht engagiert war, und vieles mehr.

In die Präambel können sämtliche Inhalte aufgenommen werden, die in den einzelnen Vertragsbedingungen wegen der dort notwendigen juristischen Formulierungsschärfe fehl am Platze wären. Man könnte versucht sein, bei der Vertragsgestaltung auf die Festlegung solcher niemand bindenden Selbstverständlichkeiten zu verzichten. Neben pathetischen Beschwörungen der guten Zusammenarbeit wird der Inhalt der Präambel jedoch im Streitfall trotz ihrer Unschärfe für die Auslegung von Vertragsklauseln zu Hilfe genommen.[1177]

III. Die Vertragspartner

Bei der Festlegung der Vertragspartner treten normalerweise auch bei der Formulierung außenwirtschaftlicher Verträge keine besonderen Probleme auf.

Beim Abschluss von Lizenzverträgen mit koreanischen Partnern ist jedoch auf die genaue Kennzeichnung des koreanischen Vertragspartners in Abgrenzung zu Mutter-, Schwester- und Tochterfirmen besonders zu achten.[1178] Dabei ist im Detail festzulegen, dass nur das lizenznehmende Unternehmen selbst Vertragspartner ist und aus dem Vertrag direkte Rechte erwirbt. Weitere Unternehmen, die in diesem Vertrag abschließend aufgeführt werden oder die dem Vorbehalt der späteren Genehmigung durch den Lizenzgeber unterliegen, können als

1176 Vgl. etwa 3. Abschnitt IX. 1.
1177 Vgl. etwa zum Wegfall der Geschäftsgrundlage unten XXV.
1178 Zur Vertretungsmacht vgl. Arnoldi, S. 121 f. und S. 149 f.

Subunternehmer oder Unterlizenznehmer des Lizenznehmers mit Rechten ausgestattet und Pflichten unterworfen werden.

IV. Definition wesentlicher Vertragsbegriffe

Um unterschiedliche Auslegungen derselben Begriffe an verschiedenen Stellen zu vermeiden, ist es ratsam, sie vor dem weiteren Vertragstext zu definieren und dann für denselben Begriffsinhalt stets dieselbe Bezeichnung zu verwenden. Dies stößt, da es beispielsweise auch der koreanischen Gesetzgebungstechnik entspricht, bei koreanischen Vertragspartnern immer auf Verständnis. Ferner ist in Anlehnung an die Gesetzestechnik der Legaldefinition denkbar, die Definition eines Begriffs im laufenden Text an der Stelle mit einer Bezeichnung zu paaren, an der die Definition in Erscheinung tritt, um die Bezeichnung danach immer nur noch in der Bedeutung der Definition zu verwenden.[1179]

Ferner sollte ein Begriff mit einem üblicherweise eindeutigen Inhalt dann definiert werden, wenn er gerade in diesem Vertrag eine abweichende Bedeutung haben soll.

Werden Bezeichnungen im definierten wie auch im allgemeinen Sinne verwandt, ist darauf zu achten, dass sich die definierten im Schriftbild abheben, etwa durch Großschreibung. So werden dann etwa Patente des Lizenzgebers als „PATENTE“ Erwähnung finden, undefinierte Patente Dritter „Patente“ genannt.

V. Der Vertragsgegenstand

Eine klare, dennoch verständliche Beschreibung des Vertragsgegenstandes ist Grundvoraussetzung für eine gelungene spätere Vertragsabwicklung.

Das Lizenzproduktabnahmevertragswerk setzt sich, ob in einer oder in mehreren Urkunden schriftlich niedergelegt, aus mehreren Aspekten zusammen. Dies ist zum einen der Technologietransfer, der die reine Lizenzvergabe, aber auch Technische Hilfe, Ingenieurleistungen und Schulungen umfassen kann. Ferner ist dies gegebenenfalls die Lieferung von Teilen oder Komponenten an den Lizenznehmer. Unter Umständen ist an die Vergabe einer Warenzeichenlizenz zu denken.

1179 Z.B. § 93 dBGB: Wesentliche Bestandteile

Weiterer Aspekt ist der Erwerb der Lizenzprodukte vom Lizenznehmer, also die Produktabnahme. Auch kann unter Umständen eine Vertriebsvereinbarung für einen Teil des Vertriebsgebietes erforderlich sein.[1180]

1. Der Vertragsgegenstand des Technologietransfervertrages

a) Die Erlaubnis zur Nutzung einer Technologie sowie einer Marke

Der Vertragsgegenstand des Lizenzvertrages ist die einklagbare Erlaubnis, technische und organisatorische Informationen, Know-how sowie gewerbliche und urheberrechtliche Schutzrechte, die für die Erzeugung und Vermarktung der Lizenzprodukte erforderlich sind, zu nutzen.[1181]

aa) Die Lizenz

Gemäß koreanischen Recht können hinsichtlich aller gewerblichen Schutzrechte einschließlich des Urheberrechts Lizenzen vergeben werden.[1182] Die Vergabe einer Lizenz ist im koreanischen Patentregister einzutragen. Die ausschließliche Lizenz, die Übertragung der Inhaberrechte sowie die Verpfändung sind nur mit Registrierung wirksam, die nicht-ausschließliche Lizenz ist ohne Registrierung zwar wirksam, aber nur inter partes.[1183] Ferner ist Voraussetzung der Lizenzierung einer Marke, dass diese selbst zuvor registriert wurde. Die Anmeldung zur Registrierung ist nicht ausreichend.[1184]

Nach der Art der erlaubten Nutzung ist unter anderem zwischen Herstellungs- und Vertriebslizenz zu unterscheiden. Bei der Herstellungslizenz darf der Lizenznehmer unter Zuhilfenahme des Know-how oder der Schutzrechtstechnologie in eigenen Fabrikationsstätten oder durch Dritte ein Nachbauprodukt erzeugen.[1185] Dies kann etwa auf End- oder Zwischenmontage bzw. auf

---

1180 Zu kartellrechtlichen Erwägungen siehe 3. Abschnitt XII. 2.

1181 Vgl. oben 2. Abschnitt III. 1. a) cc) (2); Ko, Kwang-Ha, KJCompLaw 1983, S. 51 ff. <63 f.>; Eggers, RIW 2000, S. 665 ff. <665>

1182 Hilpert u.a., S. 452

1183 Vgl. oben 2. Abschnitt III. 1. a) cc) (2), zur Marke unten cc), oben 2. Abschnitt III. 5. a) bb); Ebenroth u.a., RIW 1994 Beilage, S. 1 ff. <3>; Park, Jang-Won, S. 44, 46 f.; Hilpert u.a., S. 452

1184 Vgl. unten cc), oben 2. Abschnitt III. 5. a) bb)

1185 Zur kartellrechtlichen Lage vgl. 3. Abschnitt XII. 1. b)

Fertigung von Halbfertigprodukten beschränkt werden. Ebenso kann daran eine Stückzahlbegrenzung auf seinen eigenen Bedarf hin geknüpft werden.[1186]

Die Vertriebslizenz gestattet in dem vertraglich festgehaltenen Rahmen, das Produkt zu verkaufen, dafür Werbung zu machen, es auszustellen etc. Der Vertrieb kann nach deutschem Recht hinsichtlich des Abnehmerkreises sowie geografisch im Hinblick auf bestimmte Drittmärkte eingeschränkt werden.[1187] Nach koreanischem Recht ist das Verbot, an Kunden des Lizenzgebers zu liefern, unwirksam.[1188] Das Gleiche gilt, wenn Drittmärkte zu Lasten des Lizenznehmers regional beschränkt werden sollen, soweit für diese kein gewerbliches Schutzrecht besteht.[1189] Eine Verkaufsmindeststückzahl oder –menge ist gleichermaßen unwirksam, es sei denn, sie beruht auf vernünftiger Grundlage.[1190]

bb) Die zu vergebende Technologie

Die Lizenzprodukte sind im Vertrag bzw. einer Anlage zum Vertrag im Einzelnen aufzuführen. Bestehen bereits Schutzrechte, so sind diese in einer weiteren Anlage samt Ursprungsland, Aktenzeichen, Nummer, Titel, Anmelde-, Offenlegungs-, Erteilungs- sowie letztmöglichem Ablauftag anzugeben.

Wird die Anmeldung dieser oder weiterer Schutzrechte angestrebt, muss der Gegenstand der Schutzrechtsanmeldung im Vertrag klar umrissen sein. In jedem Fall, insbesondere aber bei beabsichtigter Schutzrechtsanmeldung, sollte ferner zumindest klargestellt werden, dass die Nichterteilung oder die später erkannte Nichtigkeit des Schutzrechtes in keiner Weise den Bestand des Lizenzvertrages einschließlich der Lizenzgebührzahlungspflicht berühren soll.

Der Vertragsgegenstand muss einerseits sehr eng definiert werden, um den Rahmen abzustecken, innerhalb dessen der Lizenzgeber sein Know-how zur Verfügung stellen muss. Andererseits ist darauf zu achten, dass der koreanische Lizenznehmer, wenn er einen Teil der Lizenzgebühren pro hergestelltem Erzeugnis zu bezahlen hat, nicht durch geringfügige technische Änderungen, etwa eines in der Definition verwendeten Maßes, von der Gebührenpflicht befreit wird.

1186 3. Abschnitt XII. 1. b)

1187 Zur kartellrechtlichen Lage vgl. 3. Abschnitt XII. 1. a) aa) und b); zu Re- und Parallelimporten vgl. 2. Abschnitt III. 1. a) ee) und 5. a) aa) (1)

1188 Vgl. 3. Abschnitt XII. 2.

1189 Im Einzelnen unten VII.; vgl. ferner 3. Abschnitt XII. 2.; zur Geltung des jeweiligen Schutzrechtes nur auf nationaler Grundlage vgl. 2. Abschnitt III. 1. a) ee) und 5. a) aa) (1)

1190 3. Abschnitt XII. 2.

Besondere Beachtung bei der Festlegung des Vertragsgegenstandes verdient die negative Abgrenzung, also die Bestimmung dessen, wofür keine Rechte eingeräumt werden und kein Know-how zur Verfügung gestellt wird. Hierbei ist eine Formulierung zu wählen, die den Schluss auf eine abschließende Aufzählung ausschließt.

Die vorliegenden Festlegungen sind nötig, um eine möglichst große Rechtssicherheit im Streitfalle zu gewährleisten. Im Extremfall kann sogar die Wirksamkeit des Vertrags in Frage stehen, wenn der Vertragsgegenstand nicht ausreichend bestimmt oder bestimmbar ist.

cc) Marke und Lizenzvermerk

Grundsätzlich wird die Lizenz an einer Marke in gleicher Weise wie an einer patentierten Technologie vergeben. Es bestehen also ebenfalls die Alternativen der Vergabe einer ausschließlichen oder einer nicht-ausschließlichen Lizenz. Die Markenlizenz ist auf solche Waren zu beschränken, für die die Marke geschützt ist.[1191] Sie kann regional beschränkt werden. Sie ist maximal gültig, solange die lizenzierte Marke besteht, allerdings für höchstens zehn Jahre. Mit der Verlängerung der Laufzeit der Marke kann auch die Lizenz verlängert werden.[1192]

Ist die Marke des Lizenzgebers etwa zur Unterstützung des Vertriebs des Lizenzproduktes Gegenstand des Lizenzvertrages, so kann dies gemäß koreanischem Recht nicht in isolierter Form geschehen, indem die Marke des Lizenzgebers durch den Lizenznehmer in derselben Art und Weise wie in den Stammmärkten des Lizenzgebers genutzt wird, sondern nur in Verbindung mit der Nennung des Lizenznehmers.[1193] Dies kann im Wege eines Lizenzvermerkes geschehen.

Ferner besteht die Möglichkeit, die Marke des Lizenzgebers mit der Firma oder ebenfalls dem Warenzeichen des Lizenznehmers zu kombinieren. Wird eine solche kombinierte Warenzeichenlizenz eingeräumt, sollten dem Lizenzvertrag als Anlage das Markenzeichen des Lizenzgebers in den verschiedenen erlaubten grafischen Darstellungsformen sowie Kombinationsmöglichkeiten mit den Zeichen des Lizenznehmers beigefügt werden.

Koreanische Firmen tendieren zuweilen dazu, das Warenzeichen des Lizenzgebers an wenig sichtbaren Teilen des Produkts zu verstecken, um beim Konsumenten den Eindruck zu hinterlassen, man habe das Lizenzprodukt ganz in eige-

---

1191 Park, Jang-Won, S. 136; nur die registrierte Marke ist lizenzierbar, vgl. oben 2. Abschnitt III. 5. a) bb)

1192 Park, Jang-Won, S. 136; vgl. oben 2. Abschnitt III. 5. a) bb)

1193 Park, Jang-Won, S. 137 f.; vgl. oben 2. Abschnitt III. 5. a) bb)

ner Verantwortung produziert. Bei anderen Produkten wiederum baut man völlig auf die Faszination des ausländischen Markenzeichens. Gegebenenfalls ist daher zusätzlich zu dem Recht zur Benutzung des Warenzeichens die Verpflichtung hierzu zu vereinbaren.[1194]

Auf der anderen Seite kann das Interesse des Lizenzgebers gebieten, seinen Namen oder seine Marke vertraglich vor Beschädigung etwa durch qualitative Probleme beim Nachbauprodukt zu schützen. Im letzteren Falle wäre ein Nutzungsverbot aufzunehmen oder eine Erlaubnis unter die jederzeitige Möglichkeit des Widerrufs zu stellen.

b) Die Übertragung technischer Information

Technische Informationen werden auf verschiedenen Wegen vermittelt, etwa schriftlich mittels vorhandener oder herzustellender technischer Dokumentation, ferner durch Übertragung von Kenntnissen und Erfahrungen etwa in Form von Schulungen. Sofern nicht auf vorhandene Unterlagen oder vorhandenes Wissen bei der Erstellung von neuen Unterlagen zurückgegriffen werden kann, sind Planungsleistungen (Technical Engineering; Technisches Engineering) und Prozessoptimierungen (Technical Assistance; Technische Hilfe) erforderlich.[1195]

aa) Schriftliche Unterlagen

Schriftliche Unterlagen des Lizenzgebers enthalten die technische Dokumentation, die für die Herstellung, den Verkauf, den Gebrauch und den Service der lizenzierten Produkte erforderlich sind. Die Dokumentationsgegenstände sind im Vertrag oder in einer Anlage detailliert aufzuzählen. Zunehmend wird in modernen Fertigungsunterlagen Software in Form verschiedener Trägermaterialien anstelle technischer Unterlagen in Form von Zeichnungen und Beschreibungen verwandt. Damit zusammenhängende Teilfragen (Hardware-Kompatibilität, Wartung, Vervielfältigung etc.) sind ebenfalls im Detail festzulegen.

Ferner ist der Zeitpunkt oder ein Zeitplan der jeweiligen Bereitstellung der Dokumentation festzulegen. In Betracht kommt etwa der Zeitpunkt nach Erbringung der Eingangszahlung, jedoch in den verbleibenden Fällen der Genehmigung keinesfalls ein Zeitpunkt vor deren Erteilung.

1194 Zur Kombination eines ausländischen Markenzeichens mit der Kennzeichnung „Made in Korea" siehe Ebenroth u.a., RIW 1994 Beilage, S. 1 ff. <7>

1195 Allgemein: Eggers, RIW 2000, S. 665 ff. <666, 667>

bb) Technisches Engineering

Zum Teil sind umfangreiche Planungsleistungen erforderlich, nämlich dann, wenn der Lizenznehmer ein dem Lizenzprodukt vergleichbares Erzeugnis noch nicht hergestellt hat. Die erforderliche Planungsleistung erstreckt sich etwa auf den Maschinenpark, die Fertigungshallen, die Energiezufuhr, die Versorgung mit warmem, kaltem oder vollentsalztem Wasser, die Anzahl und die Qualität der Arbeitskräfte, etc. Eine solche Aufgabe kann den Lizenzgeber selbst dann treffen, wenn er in seiner heimischen Fertigung genau dasselbe Produkt herstellt, wie es der Lizenznehmer vorhat. Denn der Anlagenpark des Lizenzgebers lässt sich in den seltensten Fällen ohne weiteres auf die Gegebenheiten des Lizenznehmers übertragen. Insbesondere führen andere Infrastrukturbedingungen zu besonderen Notwendigkeiten, ferner verlangen niedrige Lohnkosten verbunden mit einer geringen Investitionsbereitschaft oftmals einen weniger hohen Automatisierungsgrad und führen damit zu einem anderen Erfordernis hinsichtlich der benötigten Maschinen.

cc) Technische Hilfe

Ein Teil des wertvollen Know-how wird erst gefragt sein, wenn die Maschinen in der Fabrik des Lizenznehmers stehen und angeschlossen sind, ferner geschulte Arbeitskräfte das Lizenzprodukt in geringen Mengen oder Stückzahlen zu produzieren beginnen. Denn dann erst beginnen Feinabstimmung und Verbesserungen sowie die Arbeit an der Prozessstabilität und dem geplanten Tagesausstoß der Anlage.

dd) Ausbildung

Mit der Ausbildung des Personals des Lizenznehmers bei dem Lizenzgeber[1196] kommt ein wesentlicher Teil des tatsächlichen "Gewusst wie", wie es in einer noch so umfangreichen Dokumentation nicht festgehalten werden kann, zur Übertragung. Eine Alternative der Ausbildung ist die Personalentsendung zum Lizenznehmer.[1197] Es wird jedoch geraten, beide Möglichkeiten zu kombinieren. Ein gänzlicher Verzicht auf eine Begegnung der erfahrenen Mitarbeiter des Lizenzgebers mit den an neuen Techniken auszubildenden Arbeitnehmern des Lizenznehmers ist hingegen nur ganz ausnahmsweise zu empfehlen.

1196 Vgl. unten
1197 Vgl. unten

Hinsichtlich der Einweisung beim Lizenzgeber wird üblicherweise ein Zeitraum und die genaue Anzahl, die bisherigen Kenntnisse und Qualifikationen im Heimatland einschließlich der Fremdsprachenkenntnisse und die genaue spätere Funktion der Auszubildenden festgelegt. Der Lizenznehmer wird in der Regel daran interessiert sein, möglichst viele seiner Fachkräfte in der Produktion des Lizenzgebers schulen zu lassen. Der Lizenzgeber andererseits sieht sich einer erheblichen Belastung in seinen Produktionsstätten ausgesetzt. Die Dauer einer solchen Ausbildung sowie die Kostenverteilung sind deshalb genau abzuwägen. Hierbei wird der Lizenznehmer dem Lizenzgeber die Kosten der Schulung als solche, aber auch der Unterbringung, der Verpflegung, des Transportes vor Ort, der Krankenversicherung für seine Mitarbeiter im Lande des Lizenzgebers etc. auferlegen wollen. Ferner besteht die Gefahr, dass im Falle einer Pauschalvergütung bereits geschulte Arbeitskräfte für andere Projekte eingesetzt werden und für das Vertragsprojekt nunmehr andere trainiert werden müssen.

Schließlich ist auch die Qualifikation der Ausbilder festzulegen.

Eine wichtige, jedoch nicht ganz einfache und vor allem nicht kostengünstige Art der Weitergabe von technischer Information ist die des direkten Personaltrainings vor Ort durch erfahrene Mitarbeiter des Lizenzgebers. Sie dient in der Regel als Ergänzung und Feinabstimmung dessen, was beim Training im Bereich des Lizenzgebers noch nicht vermittelt wurde oder werden konnte, aus Gründen der Geheimhaltung auch möglicherweise nicht vermittelt werden sollte. Zum Zeitpunkt der Vertragsgestaltung kann der Bedarf an Training kaum auch nur annähernd eingeschätzt werden. Daher ist die diesbezügliche Klausel flexibel zu gestalten. Es empfiehlt sich, ein einseitiges Angebot mit allen Einzelheiten, vor allem auch den Tages- oder Stundensätzen sowie den oben erwähnten Spesen, im Vertrag festzuhalten, das der Lizenznehmer in Abschnitten annehmen kann, sofern er Bedarf erkennt und bereit ist, die Kosten zu übernehmen. Es sollten hier keine abschließenden Zeitraumbestimmungen und auch keine genauen Angaben hinsichtlich der Personen der Entsandten gemacht werden. Gleichwohl aber ist festzulegen, welche Kostensätze pro Tag auf welche Berufsgruppe des entsandten Personals (Ingenieure, Techniker, Meister, Kaufleute) entfallen und vom Lizenznehmer zu tragen sind.

Ferner ist festzulegen, ob die Entsendung ausnahmsweise auch ohne Anfrage des Lizenznehmers erfolgen darf, ob also der Lizenzgeber bei Anlaufschwierigkeiten oder Produktionsmängeln Trainingspersonal eigenständig entsenden darf. Im letzteren Falle ist zusätzlich noch einmal die Frage der Kostenlast zu regeln.

c) Der Vertragsgegenstand bei Zulieferungen

Die Lieferung von Zubehör, Ersatzteilen und Rohmaterialien durch den Lizenzgeber kann eines seiner Hauptanliegen sein. In diesem Fall wird eine Bezugsverpflichtung in genauer Angabe der Gesamtstückzahl bzw. –menge oder der Stückzahl bzw. Menge pro Zeiteinheit festgelegt. Denkbar ist auch die Bezugsverpflichtung bezüglich des gesamten oder einer genau festzulegenden Quote des Bedarfs des Lizenznehmers. Ferner können je nach Interessenlage und Herstellungskapazität des Lizenzgebers Mindest- oder Höchstmengen bzw. –stückzahlen vereinbart werden.[1198] Dabei dürfen nach koreanischem Kartellrecht allerdings Mindestabnahmemengen nicht in übertriebenem Maße festgelegt werden, sondern sollen auf vernünftiger Grundlage beruhen.[1199] Ohnehin darf eine Abnahmepflicht nicht unlauter sein bzw. keine Knebelung darstellen.[1200] Dies ist in dem Fall kein Opfer für den Lizenzgeber, wenn er Teile von einem seiner Zulieferer an den Lizenznehmer bloß weiterreicht, da er dann allenfalls stückzahlbezogene Sonderkonditionen verliert. Ist der Lizenzgeber selbst der Hersteller der Teile, so ist er in seiner Kalkulation und Disposition ungleich härter getroffen. Es empfiehlt sich hier von Seiten des Lizenzgebers eine Klausel mit Angebotscharakter, die die Möglichkeiten des Lizenznehmers erweitert und keine zwingende Komponente erkennen lässt.

Hinsichtlich der Eigenschaften der zu bestellenden Waren ist grundsätzlich eine umfangreiche Beschreibung oder Skizzierung erforderlich. Alternativ kann eine Klausel entsprechend der Regeln über den Kauf nach Muster, § 494 dBGB, sinnvoll sein, zumindest dann, wenn der Lizenzgeber die Ware bereits in großer Stückzahl industriell fertigt oder fertigen lässt.

Es ist hinsichtlich der Haftung allerdings nicht immer notwendig, dass der Lizenzgeber Eigenschaften im strengen gewährleistungsrechtlichen Sinne zusichert.[1201] Je nach Verhandlungsposition ist eine einfache Gewährleistungsregel häufig völlig ausreichend.[1202]

Ist die Bezugsmöglichkeit nicht mehr als eine Serviceleistung des Lizenzgebers, kann es sich dennoch um eine, und zwar einseitig bindende, Verpflichtung des Lizenzgebers handeln, auf die schriftliche Aufforderung des Lizenznehmers Teile und Zubehör zu einem bestimmten, regelmäßig hier festzulegenden Preis

1198 Zur kartellrechtlichen Lage vgl. 3. Abschnitt XII. 2.

1199 Vgl. 3. Abschnitt XII. 2.; zur Korrelation zu Mindestsatzmengen vgl. oben V. 1. a) aa) a.E.

1200 Vgl. 3. Abschnitt XII. 2.

1201 Vgl. etwa im deutschen Recht § 459 Abs. 2 BGB

1202 Siehe unten XIV. 2.

zu liefern. Auch hier sind die Eigenschaften der Teile üblicherweise bereits an dieser Stelle festzulegen.

2. Der Gegenstand des Lizenzproduktkaufvertrages

a) Die Rechtsnatur des Lizenzproduktkaufvertrages

Der Lizenzproduktkaufvertrag kann ein ordentlicher Kaufvertrag[1203] sein, für den, wenn wie hier Käufer und Verkäufer zur Zeit des Vertragsabschlusses ihre Niederlassung in verschiedenen Staaten haben, Wiener UN-Kaufrecht Anwendung findet.[1204] Er kann umfangreich und ausführlich sein, aber auch einfach aus einem kurzen Hinweis im Lizenzvertrag und einem herkömmlichen Einkaufsabschluss bestehen.

Des Weiteren kann es sich bei dem Lizenzproduktkaufvertrag um einen Werklieferungsvertrag oder um einen Werkvertrag handeln.

b) Die technische Beschreibung des Lizenzproduktes

Wesentlich ist die technische Beschreibung des gekauften Lizenzproduktes, die oftmals in einer Anlage erfolgt und die Form eines Lastenheftes oder eines Pflichtenheftes haben kann. Hierin sind die genauen erforderlichen Qualitätsmerkmale zu beschreiben, Maße anzugeben etc.

c) Die Übertragung der Abnahmeverpflichtung auf einen Dritten

Die Übertragung der Abnahmeverpflichtung, wie sie bei anderen Gegengeschäften sinnvoll sein kann, bei denen der Käufer der Hauptleistung für den Verkäufer unbrauchbare Waren anbietet, spielt beim Lizenzproduktabnahmevertrag keine typische Rolle.

Allerdings ist nicht völlig ausgeschlossen, dass der Lizenzgeber einen niedrigeren Bedarf an den Lizenzprodukten des Lizenznehmers hat und daher entgegen der Erwartung einen weiteren Abnehmer benötigt, um seine eigene Abnahmeverpflichtung zu erfüllen. Dies kann in der Weise geschehen, dass der Lizenzgeber als Zwischenhändler auftritt; es können allerdings auch Umstände wie etwa Gewährleistungsfragen dafür sprechen, dass der Lizenzgeber seine Abnah-

---

1203 Art. 2 Abs. 1 dEGHGB, § 345 dHGB

1204 Art. 2 a CISG; Korea ist nicht Vertragsstaat, UN-Kaufrecht gilt daher nur dann, wenn das IPR auf deutsches Recht verweist, 3. Abschnitt IV. 1.

merechte und Pflichten überträgt und damit ein direktes Verhältnis zwischen dem Lizenznehmer und dem Drittabnehmer herstellt. Für diesen Fall ist eine Übertragung der Rückkaufverpflichtung im Vertrag vorzusehen.[1205]

VI. Verbindung bzw. Trennung von Produktabnahme- und Technologietransfervertrag

Bei der Gestaltung des Lizenzproduktabnahmevertragswerkes stellt sich die grundsätzliche Frage, ob und gegebenenfalls in welchem Maße eine Verbindung der beiden Hauptvertragsteile sinnvoll oder gar zwingend ist.[1206]

1. Überlegungen zur Trennung des Produktabnahmevertrages vom Technologietransfervertrag

Für die rechtliche Trennung der beiden Vertragsbeziehungen werden – ausgehend von der Interessenlage des Lizenzgebers - die unten aufgeführten Überlegungen in Betracht gezogen.

Zunächst sollen – laut Fülbier[1207] - Einwendungen aus dem einen Geschäft grundsätzlich nicht auf das andere Geschäft durchgreifen. Denn dadurch erhöhe sich die Wahrscheinlichkeit einer Störung für beide Geschäfte.[1208]

Hierzu muss allerdings mit Blick auf die Besonderheiten des Produktabnahmegeschäftes ergänzt werden, dass gerade bei diesem Geschäft - anders als bei anderen Kompensationsgeschäften - die Störung des einen Geschäftes ohnehin nahezu stets auch die Störung des anderen Geschäftes mit sich bringt, selbst wenn beide Leistungen in verschiedenen Verträgen ohne jede Bezugnahme aufeinander geregelt werden. Denn Störungen im Technologielieferbereich beeinträchtigen naturgemäß das gesamte Vertragswerk. Beeinträchtigungen im Bereich des Produktabnahmevertrages stören, sofern die Produktabnahme vergütungsersetzend wirkt, ebenfalls das gesamte Vertragswerk. Eine Störung in einem solchen Fall bleibt nur aus, wenn der Lizenznehmer anstelle der Produktabnahme in der Lage ist, pflichtgemäß die fälligen Zahlungen an den Lizenzgeber zu entrichten. Gleichzeitig müsste der Lizenzgeber in der Lage sein, die von ihm eingeplanten Lizenzprodukte auf anderem Wege zu beschaffen.

1205 Fülbier, S. 44
1206 Julius/Decker, RIW 1999, S. 594 ff. <596> mwN
1207 Fülbier, S. 21 ff.
1208 Fülbier, S. 21

Ferner seien – wiederum laut Fülbier - staatliche Exportfördergarantien im Falle einer vertraglichen Verbindung der beiden Geschäfte nicht erhältlich. Sind die Verträge rechtlich getrennt, so würden Ausnahmen gemacht.[1209]

Allerdings ist hier abermals mit Blick auf die Besonderheiten des Produktabnahmegeschäftes zu ergänzen, dass das Exportrisiko für den Lizenzgeber ohnehin geringer einzustufen ist als bei anderen Warenexporten. Denn beim Lizenzproduktabnahmegeschäft werden zwar Technologie und unter Umständen Teile in Vorleistung exportiert, jedoch höherwertige Waren importiert, die zudem noch einen konkreten Bedarf des Lizenzgebers stillen. Exportfördergarantien haben in diesem Zusammenhang also eine weniger hohe Bedeutung als bei herkömmlichen Exportgeschäften.

Des Weiteren seien Bankfinanzierungen bei vertraglicher Verbindung nur schwer erhältlich.[1210]

Allerdings hilft bei einer projektbezogenen Bankfinanzierung auch die rechtliche oder sogar bloß optische Trennung durch zwei Urkunden nicht, da die Bank ein berechtigtes Interesse an einem schlüssigen Geschäftsplan haben wird. Das Gleiche gilt für die Forfaitierung der Exportforderung, da die Forderungsübernehmerin ansonsten Gläubigerin einer für sie uninteressanten Warenlieferung würde.[1211] Die Exporterlösforderungen des Lizenzgebers sind rein tatsächlich, unabhängig von der rechtlichen Ausgestaltung, nicht an Finanzinstitute abtretbar, da sie zumindest de facto ersetzt werden durch Ansprüche auf Lieferung des Lizenzproduktes. Eine Abtretung der Ansprüche auf Lieferung des unter Umständen sehr speziellen Lizenzproduktes kommt nahezu ausschließlich an einen Wettbewerber des Lizenzgebers in Betracht.

Eine weitgehende Trennung von Technologietransfer- und Produktkaufvertrag ist im Zusammenhang des Produktabnahmegeschäftes daher regelmäßig nicht sinnvoll.

Befürwortet man aus Gründen des Einzelfalls die inhaltliche oder zumindest äußerliche Trennung beider Vertragsaspekte, so enthält der Technologietransfervertrag regelmäßig keinen Hinweis darauf, dass es sich um einen Vertrag im Rahmen eines Gegengeschäftes handelt. Damit kann unterbunden werden, dass die Folgen zumindest von Nebenpflichtverletzungen in das jeweils andere Geschäft durchdringen, ferner dass Dritte gegebenenfalls bloß über das Technologietransfergeschäft informiert werden, über das Rückkaufgeschäft jedoch keine

1209 Fülbier, S. 21
1210 Fülbier, S. 21
1211 Fülbier, S. 21

Kenntnis erhalten. Eine Bezugnahme im Produktabnahmevertrag oder gegebenenfalls in einem Rahmen- oder Vorvertrag ist denkbar.[1212]

2. *Überlegungen zur Verbindung des Produktabnahmevertrages mit dem Technologietransfervertrag*

Die Verbindung der beiden Verträge kann vertragstechnisch in verschiedenen Weisen erfolgen. Eine Möglichkeit unter anderen ist, dass gleichzeitig mit dem Abschluss des Technologietransfervertrages ein Rahmen- bzw. ein Vorvertrag eingegangen wird, in dem sich der Lizenzgeber zum Abschluss des Lizenzproduktabnahmevertrages verpflichtet, dessen Volumen bereits hier festgehalten wird. Eine andere Möglichkeit besteht darin, dass der Lizenzproduktabnahmevertrag gleichzeitig mit dem Technologietransfervertrag unterzeichnet wird und die beiden Verträge durch Bezugnahme, etwa Konditionierung, miteinander verbunden werden.

Hier sei bereits darauf hingewiesen, dass die gegenseitige Beeinträchtigung durch Leistungsstörungen auch und insbesondere dann vermieden werden kann, wenn die beiden Vertragsteile miteinander verknüpft werden, nämlich indem für Leistungsstörungen verschiedener Arten jeweils angemessene Rechtsfolgen ausdrücklich vorgesehen werden, die jedoch nicht darin münden, dass das Geschäft als solches zur Disposition steht.[1213]

a) Die Verbindung mit Hilfe von Rahmen- und Vorvertrag

Die Kopplung des Technologietransfervertrages mit dem Lizenzproduktabnahmevertrag kann durch einen Rahmenvertrag erfolgen. Unter einem Rahmenvertrag wird im Zusammenhang mit einem Lizenzproduktabnahmegeschäft ein Vertrag verstanden, in dem sich der Lizenzgeber verpflichtet, zu bereits bestimmten Bedingungen im Rahmen seines Bedarfes in bestimmten Zeitintervallen entsprechende Abnahmeverträge abzuschließen und zu erfüllen.

Die Bezeichnung Rahmenvertrag ist dann allerdings irreführend, wenn man hierunter wie im deutschen Schuldrecht einen Vertrag versteht, der nur den Inhalt künftiger Einzelverträge bestimmt, und der abzugrenzen ist vom Vorvertrag, der zum Abschluss eines Hauptvertrages verpflichtet.[1214] Der hier in Rede ste-

1212 Vgl. unten 2. a)

1213 Kartellrechtlich ist die vertragliche Verbindung möglich, steht aber unter Verbotsvorbehalt; vgl. 3. Abschnitt XII. 1. a) bb); vgl. auch Julius/Decker, RIW 1999, S. 594 ff. <596>

1214 Palandt-Heinrichs, Einf. vor § 145 BGB Rn. 19

hende Rahmenvertrag kann nämlich hinsichtlich der Pflicht, einen Hauptvertrag abzuschließen, auch einen Vorvertrag im oben beschriebenen Sinne darstellen.

Denn der Vorvertrag verpflichtet die Parteien zum Abschluss eines Vertrages. Die Vertragsabschlusspflicht muss einen konkreten oder zumindest konkretisierbaren Inhalt haben, um rechtlich verbindlich zu sein.[1215]

Wird neben dem bloßen Vertragsschluss, also der Abgabe eines Angebots und dessen Annahme, die erfolgreiche Durchführung eines Lizenzproduktabnahmevertrages innerhalb einer bestimmten Frist[1216] geschuldet, so ist bereits mit Abschluss des Vorvertrages erforderlich, einen Zeitplan aufzustellen, der die Technologievergabe in einzelnen Schritten regelt und die Fähigkeit, ein brauchbares Produkt anzubieten, in zeitliche Relation zur Technologievergabe stellt. Ferner ist das mengenmäßige Angebot bzw. das Mindest- oder Höchstangebot für einen bestimmten Zeitabschnitt festzulegen, was wiederum mit der gesamten Kapazität der Produktion im Einklang stehen und auch die berechtigten Interessen des Lizenzproduktherstellers berücksichtigen muss, Drittmärkte zu beliefern.

Grundsätzlich verpflichten Rahmen- bzw. Vorverträge im oben erläuterten Sinne zum Abschluss von Einzelabrufen bzw. eines Hauptvertrages. Sie werden erfüllt mit dem Zusammentreffen der vereinbarten übereinstimmenden, den Einzelabruf oder den Hauptvertrag begründenden Willenserklärungen. Erfordert das Sicherungsbedürfnis einer der Parteien mehr als die Abgabe der vertragsbegründenden Willenserklärung, so kann als Voraussetzung der Erfüllung der Pflichten aus dem Rahmen- bzw. Vorvertrag die Erfüllung des Lizenzproduktabnahmevertrages vereinbart werden.

Ein Simultanrahmenvertrag i.e.S. ist ein Vertrag, der gleichzeitig mit zwei weiteren Verträgen, nämlich hier dem Technologietransfervertrag und dem Lizenzproduktabnahmevertrag, geschlossen wird, die ihrerseits jedoch keine weitere Verbindung zueinander aufweisen. Die Verbindung zwischen den beiden Hauptverträgen wird ausschließlich durch den Rahmenvertrag hergestellt. Diese Konstruktion hat in seltenen Einzelfällen den Vorteil, dass die einzelnen Lieferbeziehungen und ihre Abhängigkeiten zueinander in den einzelnen Verträgen für Dritte nicht erkennbar sind. Er enthält in erster Linie Regelungen zu Auswirkungen von Störungen in dem einen Geschäft auf das andere.

1215 Palandt-Heinrichs, Einf. vor § 145 BGB Rn. 19, 20
1216 Fülbier, S. 49

b) Sonstige Formen der Bezugnahme auf den jeweils anderen Vertrag bei getrenntem Technologietransfer- und Lizenzproduktabnahmevertrag

aa) Die Bezugnahme durch Bedingungen

Als weitere Möglichkeit der Bezugnahme auf den jeweils anderen Vertrag bei getrenntem Technologietransfer- und Lizenzproduktabnahmevertrag ist an eine Bedingung zu denken.[1217] In Betracht kommt zunächst die ordnungsgemäße Lizenzvergabe als aufschiebende Bedingung des Lizenzproduktabnahmevertrages. Dies dient in erster Linie den Interessen des Lizenznehmers.

Als Schutzinstrument zugunsten des Lizenzgebers, der auf seine Lizenzgebühr zunächst verzichtet, wäre daran zu denken, die Unbrauchbarkeit einer bestimmten Quote des Lizenzprodukts als rückwirkend auflösende Bedingung des Lizenzvertrages einzurichten. Dies hätte zur Folge, dass Lizenzprodukte auch nicht an Dritte veräußert oder im eigenen Bedarf des Lizenznehmers verarbeitet werden dürften.

Alternativ ist in Erwägung zu ziehen, die quotenmäßige Unbrauchbarkeit des Lizenzprodukts als auflösende Bedingung bloß des Lizenzproduktabnahmevertrages einzurichten. Der Lizenzvertrag bliebe dabei bestehen, anstelle des Lizenzproduktabnahmevertrages entstünde eine Verpflichtung, an den Lizenzgeber eine Lizenzgebühr etc. zu zahlen.

bb) Die Bezugnahme durch die Befugnis ersatzweiser Erfüllung durch Zahlung der Lizenzgebühr auf Wunsch des Lizenznehmers

Grundprinzip des Lizenzproduktabnahmegeschäftes ist an sich die Verrechnung der Hauptvergütungsansprüche aus dem Technologietransfervertragsteil gegen die Kaufpreis- bzw. Werklohnforderungen aus dem Lizenzproduktabnahmevertragsteil.

Möglicherweise ist jedoch eine Bezugnahme interessengerecht, durch die dem Lizenznehmer die Möglichkeit eingeräumt wird, auf eigenen Wunsch anstelle durch Lieferung der Lizenzprodukte an den Lizenzgeber dessen Forderungen durch Zahlung zu bedienen. Das setzt allerdings voraus, dass der Lizenzgeber die Lizenzprodukte nicht zwingend benötigt oder eine andere Bezugsquelle hierfür offenstehen hat.

1217 Vgl. unten XI. 1.

cc) Ausschluss von Aufrechnung und Zurückbehaltung im Übrigen

Ferner kann eine Klausel für den Lizenzgeber empfehlenswert sein, die die Anbindung des Produktabnahmevertrages an den Technologietransfervertrag auf die Aufrechnung von Forderungen aus dem einen Vertrag gegen Forderungen aus dem anderen beschränkt.[1218]

VII. Das Vertragsgebiet

Eine Beschränkung, die lizenzierten Produkte nur in dem Staat herzustellen, in dem der Lizenznehmer seine Produktionsstätten besitzt, führt in der Praxis regelmäßig nicht zu Schwierigkeiten. Zu beachten ist, dass die Herstellung von Teilen unter Umständen durch Zulieferer oder Unterlizenznehmer aus Drittländern erfolgt. Hinsichtlich des Herstellungsstandortes kann es sinnvoll sein, eine etwaige Endmontage zwar auf den Heimatstaat des Lizenznehmers zu beschränken, die Herstellung von Komponenten bzw. die Teilefertigung hingegen unter Umständen in anderen namentlich aufzuführenden Ländern zuzulassen.

Die Beschränkung des Vertriebs auf den Heimatmarkt des Lizenznehmers oder auf bestimmte Drittländer ist immer dann für den Lizenzgeber unumgänglich, wenn er mit dem Originalprodukt denselben potenziellen Markt bedienen will und daher eine Konkurrenzsituation zwischen Lizenzgeber und Lizenznehmer entstehen kann.[1219] Eine solche Beschränkung führt jedoch in Korea zu Schwierigkeiten. Zwar kann der Vertrieb nach deutschem Recht geografisch im Hinblick auf bestimmte Drittmärkte eingeschränkt werden.[1220] Nach koreanischem Recht aber ist jede Drittmarktbeschränkung zu Lasten des Lizenznehmers unwirksam, soweit für diese kein gewerbliches Schutzrecht besteht[1221] oder der Lizenzgeber nicht selbst oder durch einen anderen ausschließlichen Lizenznehmer in dem Drittmarkt tätig ist.[1222]

Weitere Nutzungen wie etwa Werbung und Messeauftritte sollten ebenfalls räumlich beschränkt werden. Dabei ist zu beachten, dass eine großzügige Regelung ohne weiteres auch im Interesse des Lizenzgebers liegen kann.

1218 Fülbier, S. 40 f.

1219 Zu Vertriebsbeschränkungen hinsichtlich fremder Produkte vgl. 3. Abschnitt XII. 2.

1220 Zur kartellrechtlichen Lage vgl. 3. Abschnitt XII. 1. a) aa) und b)

1221 Vgl. 3. Abschnitt XII. 2.; zur Geltung des jeweiligen Schutzrechtes nur auf nationaler Grundlage vgl. 2. Abschnitt III. 1. a) ee) und III. 5. a) aa) (1); vgl. auch oben V. 1. a) aa); Hilpert u.a., S. 454

1222 Vgl. 3. Abschnitt XII. 2.; Hilpert u.a., S. 454

VIII. Die Vertragsdauer

1. Das Inkrafttreten des Vertrages

Zunächst ist regelungsbedürftig, wann der Vertrag in Kraft tritt. Dies kann zum Zeitpunkt der letzten erforderlichen Unterschrift der Vertragsparteien geschehen, möglicherweise mit dem Eintreffen der zuletzt unterzeichneten Urkunde bei der anderen Vertragspartei, zu einem späteren fixen Termin oder zum Zeitpunkt der Erteilung der Genehmigung durch die koreanischen Behörden,[1223] schließlich gegebenenfalls zum Zeitpunkt der Genehmigung durch einen etwaigen Aufsichtsrat.

Im Regelfall empfiehlt es sich allerdings, einen genauen Termin festzulegen, auf den hin verlässlich Maßnahmen ergriffen werden können. Von diesem Zeitpunkt an sollten auch alle Rechte und Pflichten außer den Vertraulichkeitszusagen[1224] etc. erlöschen oder kündbar sein, wenn bis dahin das Inkrafttreten nicht eingetreten ist.

Alternativ müsste im Falle, dass die Wirksamkeit eines Vertrages zwingend eine Genehmigung durch die koreanischen Behörden voraussetzt, bereits vor Genehmigung ein Vertrag mit Bindungswirkung abgeschlossen werden, der allerdings in seiner Vollziehbarkeit noch unter der aufschiebenden Bedingung eben dieser Genehmigung steht.

Etwas anderes gilt, wenn nur wenige Vertragsklauseln der Genehmigung bedürfen. In diesem Fall ist zu unterscheiden, ob der Vertrag ohne diese Klauseln bereits Bestandskraft haben kann bzw. soll. Wenn dies zu bejahen ist, tritt der Vertrag ohne die genehmigungspflichtigen Klauseln wie oben erörtert an einem bestimmten Tag oder nach beiderseitiger Unterzeichnung in Kraft, spätestens aber mit der Genehmigung. Ist dies nicht der Fall, ist der ganze Vertrag in seiner Entstehung von der Genehmigung der genehmigungspflichtigen Klauseln abhängig. Dies wird die große Mehrzahl der ganz oder teilweise genehmigungspflichtigen Verträge betreffen, da in der Regel ein Vertragswerk gerade auf die genehmigungsbedürftigen Klauseln nicht verzichten kann, da diese naturgemäß empfindliche Regeln enthalten. Folglich ist regelmäßig ein Lizenzvertrag, in dem auch nur einige Vertragsbestimmungen genehmigungsbedürftig sind, insgesamt erst mit der Erteilung der behördlichen Genehmigung in Kraft zu setzen.

1223 Hilpert u.a., S. 454: Anmeldung und Annahme des Lizenzvertrages zur Anerkennung der Lizenzgewinne; vgl. 3. Abschnitt VIII. 1. und IX. 2.

1224 Zur Fortdauer der Geheimhaltungsvereinbarung vgl. unten XXI. 2.

2. Das Vertragsende

Für die Bemessung der Laufzeit gibt es verschiedene Möglichkeiten. Zum Beispiel kann der Vertrag von vornherein auf unbestimmte Dauer mit Kündigungsmöglichkeit oder im Gegensatz dazu auf bestimmte Zeit mit automatischer Beendigung ausgelegt werden. Des Weiteren besteht die Möglichkeit, eine unkündbare Mindestlaufzeit mit einer automatischen Verlängerungsklausel auszustatten, die wirksam wird, wenn nicht eine Partei fristgerecht vor Ende der Mindestlaufzeit die Verlängerung durch einseitige Erklärung unterbindet.[1225]

In der Praxis ist nicht allgemein davon auszugehen, dass der Vertrag in jedem Falle mit dem – unter Umständen auch vorzeitigen - Erlöschen der Schutzrechte oder mit dem Offenkundigwerden von Know-how endet. Daher empfiehlt sich im Vertragstext zur Klarstellung, das Fortleben der Rechte und Pflichten aus dem Vertrag über die Dauer einzelner oder aller Schutzrechte hinaus festzuschreiben. Denn ansonsten könnte sich der Lizenzgeber der Argumentation ausgesetzt sehen, dass eine die geforderte Lizenzgebühr rechtfertigende Hauptleistung, nämlich die Technologieleistung, nicht mehr gewährt wird und damit eine Lizenzgebühr bzw. ihre Ersatzleistung nicht mehr geschuldet wird.

3. Die ordentliche Kündigung

Nach Ablauf einer eventuellen Eingangsperiode ist eine ordentliche Kündigung möglich, falls eine Partei den ursprünglichen Vertrag nicht fortzusetzen wünscht. Die Kündigung sollte schriftlich erfolgen müssen und an mehrmonatige Fristen gebunden sein.

4. Die außerordentliche Kündigung

In jedem Falle kann das Vertragsverhältnis aus wichtigem Grund gekündigt werden. Als wichtiger Grund sollte der Umstand anzusehen sein, der es einer Vertragspartei unzumutbar macht, das Vertragsverhältnis bis zu seinem Ende fortzusetzen. Der vertragsbrüchigen Partei muss vor der Kündigung erfolglos die Gelegenheit gegeben worden sein, wieder zur Vertragstreue zurückzukehren.[1226]

Als Beispiel für einen Grund zur außerordentlichen Kündigung ist vor allem die Konstellation aufzunehmen, dass das lizenzierte Recht an einen Wettbewer-

1225 Zur Fortdauer der Geheimhaltungsvereinbarung vgl. unten XXI. 2.
1226 BGH, IIC 2000, S. 601 ff. <601>

ber des Lizenzgebers übertragen wird.[1227] Das Kündigungsrecht sollte sowohl für den Fall der direkten Übertragung bestehen als auch für den Fall der mehrheitlichen Übernahme des Kapitals am Lizenznehmer durch einen Wettbewerber des Lizenzgebers.

Weitere Beispiele für wichtige Gründe sind die Erhebung einer Nichtigkeitsklage durch den Lizenznehmer gegen die Schutzrechte des Lizenzgebers[1228], die wiederholte oder andauernde Vertragsverletzung sowie Insolvenz einer der Vertragsparteien und Ähnliches.[1229]

Die vorgenannten außerordentlichen Kündigungsgründe könnten auch als auflösende Bedingungen formuliert werden. Allerdings würde dies dazu führen, dass der Lizenznehmer einen vertragsbrüchigen Tatbestand setzen und damit die Beendigung des gesamten Vertrages einschließlich des Erlöschens seiner Pflichten bewirken kann, ohne dass der Lizenzgeber diese zusätzliche, für ihn trotz des Vertragsbruches durch den Lizenznehmer unter Umständen immer noch unerwünschte Rechtsfolge verhindern könnte.

5. *Bestimmungen für den Fall des Ablaufes der ordentlichen Vertragsdauer und für den Fall der vorzeitigen Beendigung*

Gewisse Rechte und Pflichten, die über die Dauer des Vertrages hinaus gelten sollen, sind zu verankern. Dies gilt für den Fall des Ablaufes der ordentlichen Vertragsdauer wie auch für den Fall der vorzeitigen Vertragsbeendigung. Und auch wenn eine Partei der anderen einen Grund zur außerordentlichen Kündigung vorlegt, können nicht alle Rechte und Pflichten gleichzeitig aufgehoben werden.[1230]

In jedem Fall ist eine Geheimhaltungspflicht weiterhin vonnöten. Ferner sind Konkurrenzschutzvereinbarungen auch für einige Jahre nach Beendigung der Vertragsgültigkeit aufrecht zu erhalten.[1231] Ebenfalls kann eine Schiedsgerichtsabrede und die Wahl einer Rechtsordnung sinnvoll bleiben. In Einzelfällen kann

---

1227 3. Abschnitt XII. 1. b); Art. 2 Abs. 1 Nr. 15 TechtransGFVO; Verordnung (EG) Nr. 240/96 der Kommission vom 31.01.1996 zur Anwendung von Art. 85 Abs. 3 EWGV auf Gruppen von Technologietransfer-Vereinbarungen, ABl.EG Nr. L31/2 vom 09.02.1996, abgedruckt in EWS 1996, S. 93, und GRUR Intl. 1996, S. 642 ff., am 01.04.1996 in Kraft getreten

1228 Vgl. unten XIX. 4.; 3. Abschnitt XII. 1. b); Art. 2 Abs. 1 Nr. 15 TechTransfGFVO; BPatG, GRUR Intl. 1997, S. 631 ff.; Meyer, GRUR Intl. 1997, S. 498 ff. <502, 505>

1229 3. Abschnitt VII 1.; 2. a), b)

1230 Eggers, RIW 2000, S. 665 ff. <673 f.>

1231 Siehe unten XIX. 3.; vgl. Hilpert u.a., S. 455

eine vereinbarte Schadenspauschale oder eine Vertragsstrafe für bestimmte Vorkommnisse auch nach Vertragsbeendigung hilfreich sein.

Für den Lizenznehmer wird es möglicherweise interessant sein, auch nach Auslaufen des Vertrages Nachbauprodukte herzustellen und zu vertreiben. Dies ist allein in dem Fall unkritisch, dass es sich um inzwischen veralterte Technologie handelt. Ansonsten ist wie folgt zu unterscheiden:

Im Fall des Ablaufs der ordentlichen Vertragsdauer kann die weitere Herstellung und der Vertrieb gestattet werden, wenn der bislang dem Lizenznehmer überlassene Markt weiterhin für den Lizenzgeber ohne Interesse ist. Um allerdings die Beschränkung des Vertriebes des Lizenznehmers auf eben diesen Markt aufrechtzuerhalten, sind wiederum vertragliche Regelungen erforderlich, so dass sich neben einer Bestimmung für den Fall des Ablaufs der ordentlichen Vertragsdauer oder für den Fall der vorzeitigen Beendigung eine Vertragsverlängerung anbietet.

Ist die Technologievergabe bei dem Lizenzgeber durch die plangemäßen Lizenzgebührzahlungen des Lizenznehmers während der ordentlichen Laufzeit bereits amortisiert, so kann trotz Weiternutzungsrecht auf eine Lizenzgebühr verzichtet werden. Besteht der Lizenzgeber jedoch darauf, dass eine Lizenzgebühr gezahlt wird, kommt nur eine Vertragsverlängerung oder –neufassung in Betracht. Denn eine Gebührenpflicht für die Zeit nach Ablauf des Lizenzvertrages ist nicht zulässig.[1232]

Im Falle einer durch den Lizenznehmer verursachten frühzeitigen Beendigung durch den Lizenzgeber ist vorzusehen, dass die Herstellung und der Vertrieb kurzfristig beendet werden müssen. Allenfalls kann eine Herstellung für den eigenen Bedarf geduldet werden. Dem Lizenzgeber bleibt immer noch die Abwägung, trotz Kündigungsgrund die Kündigung zu unterlassen, etwa weil er an der Lieferung der Teile oder sonstiger Halbfertigstoffe weiterhin verdienen will. Hierfür ist eine mehrwöchige Frist nach Bekanntwerden des Kündigungsgrundes vorzusehen, nach deren Ablauf zur Rechtssicherheit eine Kündigung nicht mehr zulässig sein soll.

Der Fall der Kündigung, wie er zur Zeit des Vertragsschlusses vorzusehen ist, soll eine möglichst saubere und übersichtliche Trennung nach sich ziehen. Wünschen die Parteien trotz Krise, also Vertragsbruch, Übernahme durch einen Wettbewerber des anderen oder Insolvenz, dass Bestandteile des Vertrages erhalten bleiben, so sollen diese Bestandteile anders als im Falle des Ablaufs der ordentlichen Vertragslaufzeit, erst mit der Kündigung vereinbart werden.[1233]

1232 3. Abschnitt XII. 2.
1233 3. Abschnitt XII. 2.

Im Falle einer durch den Lizenzgeber verursachten frühzeitigen Beendigung durch den Lizenznehmer ist ebenfalls vorzusehen, dass die Herstellung und der Vertrieb kurzfristig beendet werden müssen. Denn auch dem Lizenznehmer bleibt die Abwägung, trotz Kündigungsgrund die Kündigung zu unterlassen. Auch in diesem Fall soll die Kündigung, soweit sich dies bei der Vertragsgestaltung vorhersehen lässt, eine möglichst saubere und übersichtliche Trennung bewirken.

Im Falle der Vergabe etwa eines Markenzeichens ist eindeutig festzuhalten, dass alle vom Lizenzgeber gewährten Rechte nur für die Dauer des Vertrages überlassen werden. Auch hier ist der sauberen Trennung Vorzug zu geben. Zwar mag auch der Lizenznehmer unter Umständen ein berechtigtes Interesse daran haben, die Marke weiter zu nutzen, vor allem wenn der Lizenzgeber einen Grund zur außerordentlichen Kündigung gegeben hat. Die diesbezügliche Abwägung sollte der Lizenznehmer allerdings ausschließlich hinsichtlich des gesamten Vertragswerkes treffen können. Überwiegt sein Interesse an der Weiterführung des Geschäftes insgesamt, so sollte er selbst bei Vorliegen eines Kündigungsgrundes nicht kündigen. Überwiegt es nicht, kündigt er. Die Weiterführung bloßer Einzelaspekte etwa wie der Nutzung eines Markenzeichens bei Kündigung des Vertragswerkes im Übrigen sollte vertraglich ausgeschlossen sein.

Schwieriger wird die Durchsetzung der Nutzungsbeendigung bei einmal erworbenem Know-how. Dennoch ist eine diesbezügliche Vertragsklausel unverzichtbar.[1234] Im Falle der Kündigung durch den Lizenzgeber wegen eines beim Lizenznehmer liegenden Grundes sind alle Muster, Unterlagen, Dateien etc. herauszugeben.

Ansonsten sind die rein herstellungsprozessbezogenen Informationen beim Lizenznehmer zu belassen, da dieser ein berechtigtes Interesse daran haben kann, seine Anlagen weiterzunutzen, denn sie können hohe Investitionen vorausgesetzt haben. Die produktbezogenen Informationen sind zurückzugeben, soweit dem Lizenznehmer ein Herstellungsrecht nicht verbleibt.

IX. Die Vergütung

1. Grundsätze zur Lizenzgebühr

Im Zuge der zumindest wirtschaftlichen Verrechnung der jeweiligen Zahlungen aus dem Lizenzvertrag und dem Produktabnahmevertrag sollen eigentliche Li-

1234 Siehe unten XIX. 3.; vgl. Hilpert u.a., S. 455

zenzgebührzahlungen zwar unterbleiben. Dennoch müssen sie etwa in einem Geschäftsplan vollständig beziffert werden.

a) Die Eingangszahlung

Mit der Eingangszahlung sollen die Kosten des Lizenzgebers abgedeckt werden, die durch technische Vorplanung, Erstellung des Angebotes, Verhandlungsführung, Reisen, rechtliche Beratung sowie Erstellung, Aufbereitung, Zusammenstellung und Zurverfügungstellung der technischen Dokumentation entstehen. Auch kann ein angemessener Betrag zur Verteilung des Risikos veranschlagt werden.

Die Eingangszahlung wird üblicherweise innerhalb kurzer Zeit (zehn Tage) nach Inkrafttreten des Vertrages fällig gestellt und sollte zur Sicherung des Lizenzgebers jedenfalls vor Übertragung des ersten Know-how bezahlt sein. Ist die Eingangszahlung erst zu einem späteren Zeitpunkt vorgesehen, so ist eine Absicherung, etwa durch ein Akkreditiv, zu gewährleisten.

Unter der Prämisse, dass der Lizenzgeber typischerweise vorleistet und daher das Bedürfnis hat, dass auch der Lizenznehmer sich schon frühzeitig einbringt, ist eine Eingangszahlung in Geld auch im Zusammenhang mit dem Lizenzproduktabnahmegeschäft erstrebenswert. Die Eingangszahlung ist allerdings nach koreanischem Kartellrecht unzulässig.[1235] Die oben erwähnten Kosten, soweit sie nicht direkt als Gegenleistung für die Nutzungserlaubnis hinsichtlich der übertragenen Technologie anzusehen sind, sollten daher unter Verzicht auf eine Eingangslizenzgebühr als allgemeiner Verwaltungsaufwand im Vertrag Berücksichtigung finden.[1236]

b) Laufende Lizenzgebühren

Laufende Lizenzgebühren sind grundsätzlich für die Herstellung oder den Verkauf eines jeden Produkts zu zahlen, das mit Hilfe der vom Lizenzgeber bereitgestellten Technologie hergestellt wurde. Sie stellen die Art der Lizenzgebühr dar, die im Lizenzproduktabnahmevertrag typischerweise durch die Lieferung der Lizenzprodukte ersetzt werden.

Der Lizenznehmer ist zur Feststellung der Höhe der zu zahlenden Gebühr oder der dafür zu erbringenden Ersatzleistung zu verpflichten, die genaue Anzahl der hergestellten Lizenzprodukte anzugeben bzw. abzurechnen.

1235 3. Abschnitt XII. 2.
1236 3. Abschnitt IX. 2. und X. 2., Fußnote 1093

c) Die Mindestlizenzgebühr

Die Mindestlizenzgebühr, also eine laufende Lizenzgebühr in einer Mindestbetragshöhe, hat eine ähnliche Funktion wie die Eingangszahlung. Mit ihr soll sichergestellt werden, dass der Lizenznehmer nicht durch Untätigkeit dem Lizenzgeber Schaden zufügt. Diese Gefahr besteht insbesondere bei ausschließlichen Lizenzen, da der Lizenzgeber in diesem Fall daran gehindert ist, die Lizenz an einen anderen, geeigneteren Partner zu vergeben. Die Mindestlizenzgebühr ist nach koreanischem Recht unzulässig.[1237]

2. Abtretung der Lizenzgebühr- und Teilekaufpreisforderung

Je nach Finanzierungsbedarf des Lizenzgebers kann es empfehlenswert sein, die Abtretbarkeit der Lizenzgebühr- und Teilekaufpreisforderung zu vereinbaren. Dies kann aus Sicht des Lizenzgebers erforderlich werden, etwa wenn seine Bank Kreditsicherheiten verlangt.[1238]

3. Wertsicherungsklauseln

Grundsätzlich ist empfehlenswert, die zwischen den Parteien relevanten Geldbeträge in Euro oder einer anderen „harten Währung" zu vereinbaren. Im Falle, dass der koreanische Geschäftspartner (Lizenznehmer, Teilekäufer, Dienstleistungsempfänger) seine Zahlungspflicht in koreanischem Won erfüllen können soll, verlangt das Interesse des deutschen Lizenzgebers eine Wertsicherungsklausel.[1239]

Wertsicherungsklauseln in der Weise, dass eine Veränderung des Geldwertes automatisch eine Änderung der Geldschuld bewirkt (Preisgleitklausel), sind nach koreanischem Recht zulässig.[1240]

1237 3. Abschnitt XII. 2.
1238 Zu Wirksamkeit und Statut der Abtretung: Fülbier, S. 44
1239 Siehe oben 3. Abschnitt IX. 3.
1240 3. Abschnitt IX. 3.; Korean. OGH U. v. 10.06.1969, 1968 Da 2142, zitiert nach Paik, Tae-Seung, S. 103; ferner Paik, Tae-Seung, S. 107 f.

Ferner sind nach koreanischem Recht auch Leistungsvorbehaltsklauseln zulässig, nach denen der Betrag einer Geldschuld nicht bereits bei Vertragsschluss bestimmt wird, sondern erst zu einem späteren Zeitpunkt.[1241]

4. Vergütungsersetzende Vertragsstrafen

Zusätzlich zu einer Vertragsstrafenregelung, die die Abnahmeverpflichtung des Lizenzgebers flankiert,[1242] kann ebenfalls anstelle einer ersatzweisen Lizenzgebührzahlung für den Fall des Ausfalls der Lieferung des Lizenzproduktes in der erforderlichen Stückzahl und Qualität eine Vertragsstrafe eingerichtet werden.[1243] Dies hat gegenüber der ersatzweisen Lizenzgebührzahlung in erster Linie abwicklungstechnische Vorteile. Zum einen ist im Falle des Ausfalls der Lieferung des Lizenzproduktes jedenfalls dann eine stückzahlbezogene Lizenzgebühr sinnlos, wenn die Lieferung wegen Herstellungsschwierigkeiten entfällt. Zum anderen braucht eine Vertragsstrafenzahlung in ihrer Höhe nicht unmittelbar an den Wert der die Lizenzgebühr ersetzenden Lieferung gebunden zu werden.[1244] Ferner erscheint sie gegenüber Dritten nicht als Lizenzgebühr.

Die Zahlung der Strafe wird häufig durch eine Bankgarantie auf erstes Anfordern abgesichert.

Vertragsstrafen sind der Gefahr ausgesetzt, durch den Richter herabgesetzt oder für unwirksam erklärt zu werden. Ausgangspunkt ist das Verhältnis zwischen tatsächlich eingetretenem Schaden und der Höhe der Vertragsstrafe. Das trifft auch für die Bewertung der Zulässigkeit von Schadensersatzpauschalen zu.[1245]

5. Zahlungsverzug

Zu regeln ist, welche Voraussetzungen über die nicht rechtzeitige Erfüllung hinaus bei Fälligkeit, etwa Mahnung oder Verschulden, erfüllt sein müssen, um die Folge des Verzuges einzuleiten. Sinnvoll ist aus Sicht des Lizenzgebers, auf solche zusätzlichen Voraussetzungen zu verzichten.

1241 KOGH U. v. 27.06.1978, 1978 Da 551 <552>, zitiert nach Paik, Tae-Seung, S. 103; derselbe S. 115, 123; vgl. oben 3. Abschnitt IX. 3.; zur vertraglichen Unsicherheit: Paik, Tae-Seung, S. 24

1242 Vgl. unten XII.; vgl. Berger, RIW 1999, S. 401 ff. <401>

1243 Julius/Decker, RIW 1999, S. 594 ff. <597> mwN

1244 Vgl. unten XII.

1245 Vgl. unten XII.

6. Kreditsicherung

Die bevorzugte Kreditsicherung zugunsten des vorleistenden Lizenzgebers ist das Akkreditiv. Ferner sind die Mobiliarhypothek an Maschinen,[1246] das frühzeitige Eigentum an den Lizenzprodukten,[1247] die Forderungsabtretung[1248] sowie die Bürgschaft,[1249] wegen der Besitzpflicht in eingeschränktem Maße auch das Pfand,[1250] taugliche Kreditsicherungsinstrumente.

Ferner ist an Teillieferungen der Eigentumsvorbehalt sinnvoll.[1251]

X. Meistbegünstigungsklauseln

Meistbegünstigungsklauseln besagen, dass der Lizenzgeber sich auf Wunsch des Lizenznehmers verpflichtet, entweder keinem etwaigen anderen Lizenznehmer günstigere Bedingungen als die hier vereinbarten einzuräumen oder aber die Bedingungen des bestehenden Vertrages den günstigeren Lizenzvergabebedingungen anzupassen.[1252]

In der deutschen Rechtsliteratur werden Meistbegünstigungsklauseln in Lizenzverträgen als Beschränkung des Lizenzgebers gemäß § 15 GWB betrachtet.[1253] Als Beschränkung des Lizenznehmers hingegen sind sie gestattet,[1254] ferner im europäischen Kartellrecht unabhängig davon, welche Partei gebunden wird.[1255]

Die Meistbegünstigungsklausel beschränkt den Lizenzgeber und ist somit regelmäßig nachteilig für ihn. Wenn er sich trotzdem darauf einlässt, muss vertraglich genau festgelegt werden, welche Vergabefälle noch als ähnlich oder gleich gelten sollen und welche Patentvergabekonstellationen sich bereits unterscheiden, selbst wenn teilweise die gleichen Rechte nochmals vergeben werden.

Vor allem können höhere Mengen oder Stückzahlen, die etwa auf einem anderen Exportmarkt zu erwarten sind, bei ansonsten gleicher Produktbeschaffenheit und Fertigungsart bereits einen wesentlichen Unterschied im dem Vertrag

---

1246 3. Abschnitt II. 2.
1247 Differenzierende Einzelheiten siehe 3. Abschnitt II., II. 1., II. 2.
1248 3. Abschnitt III. 1. und II. 1. (Abtretung des Anspruchs auf Herausgabe zwecks Eigentumsverschaffung)
1249 3. Abschnitt III. 2.
1250 3. Abschnitt II. 2.
1251 3. Abschnitt II. 3.
1252 Brandi-Dohrn, BB 1982, S. 1083 ff. <1083>
1253 Vgl. 3. Abschnitt XII. 1. a) cc)
1254 Vgl. 3. Abschnitt XII. 1. a) cc)
1255 Vgl. 3. Abschnitt XII. 1. b)

anliegenden Geschäftsplan ergeben. Hieraus resultieren für den anderen Lizenznehmer unter Umständen bessere Konditionen, die dem Lizenznehmer dieses Vertrages aufgrund der anderen Berechnungsgrundlage nicht gewährt werden können.

XI. Befreiung von der Leistungspflicht

1. Beidseitige Befreiung von der Leistungspflicht im Falle der Leistungsstörung beim Lizenzgeber

Der jeweilige Schuldner wird unter bestimmten Voraussetzungen von der Pflicht zur Erbringung seiner Leistung befreit. Der Technologiegeber schuldet einerseits den Transfer der vereinbarten Technologie unter Umständen mit Teilelieferung[1256] und Engineeringdienstleistungen, andererseits jedoch auch die Annahme des Lizenzproduktes. Bei solchen Störungen in der Erbringung dieser Leistungen, die ihn von der Pflicht zur Erbringung der Hauptleistung insgesamt befreien und allenfalls Ersatzpflichten begründen, kann es unter Umständen unumgänglich sein, auch die Pflichten des Lizenznehmers erlöschen zu lassen.

Liegt Unmöglichkeit der Technologieübermittlung vor, weil etwa ein Dritter ein Schutzrecht rechtskräftig zugesprochen bekommen hat oder eine erforderliche Genehmigung nicht erteilt wird,[1257] erlischt die Leistungspflicht des Technologiegebers. Ungeachtet dessen bleibt die Frage offen, ob eine Entschädigungspflicht bzw. die Pflicht begründet werden soll, von einem Konkurrenten eine vergleichbare Technologie zu beschaffen und dem Lizenzprodukthersteller zur Verfügung zu stellen.

Andernfalls führt die Unmöglichkeit im Bereich der Technologie dazu, dass das Produkt nicht ordnungsgemäß hergestellt werden kann. Ist der Lizenzgeber unter den veränderten Umständen an der Produktabnahme eines solchen Lizenzproduktes etwa aus Kostengründen nicht interessiert, so ist sowohl die Pflicht zur Beschaffung der Technologie bei Dritten wie auch eine Pflicht zur Abnahme des Lizenzproduktes für ihn sinnlos. Die Pflicht des Lizenznehmers zur Herstellung und Lieferung des Lizenzproduktes sollte erlöschen.

Eine weitere Möglichkeit, die Befreiung von einer Leistungspflicht zu vereinbaren, ist die Aufstellung einer auflösenden Bedingung für den Fall, dass es zu Leistungsstörungen im Technologietransfervertrag kommt, dieser ganz gescheitert oder nichtig ist. Konsequenterweise muss dann im Interesse des Li-

1256 Zum Gefahrübergang siehe 3. Abschnitt IV. 1., 2.
1257 3. Abschnitt VIII. 1. und 2. b), c)

zenznehmers gleichzeitig die Leistungspflicht aus dem Lizenzproduktabnahmevertrag erlöschen.[1258]

Ferner kann zugunsten beider Parteien der Rücktritt vom Vertrag für konkrete Tatbestände vertraglich vorgesehen werden.[1259]

2. *Beidseitige Befreiung von der Leistungspflicht im Falle der Leistungsstörung beim Lizenznehmer*

Auch die Regelung des Falles der Leistungsstörung im Lizenzproduktabnahmevertrag kann im Interesse des Lizenzgebers sinnvoll sein.[1260] Unter den gegebenen Umständen erstrebenswerte Folge wäre die gleichzeitige Befreiung von den Pflichten aus dem Technologietransfervertrag im Wege der auflösenden Bedingung. Hieran hat der Lizenzgeber ein Interesse, wenn erstens keine ersatzweise Zahlung einer Lizenzgebühr, eines Teilekaufpreises oder einer Dienstleistungsvergütung vorgesehen ist, oder wenn er zweitens, weil er auf das Lizenzprodukt angewiesen ist, dem Lizenznehmer zumindest die Exklusivität entziehen muss, um einen anderen Lizenznehmer und Lieferanten aufbauen zu können.[1261]

Für den Lizenzgeber sinnvoll sind etwa Bestimmungen, die den Lizenzgeber von der Abnahmeverpflichtung befreien, wenn er einen auf einen Vorvertrag gestützten Lieferauftrag erteilt hat und dieser nicht innerhalb einer bestimmten Frist oder Nachfrist ausgeführt wird.[1262] Die Leistungsbefreiung kann weiter eintreten, wenn die Ware nicht die vereinbarte Qualität aufweist.[1263]

Ferner kann auch hier zugunsten beider Parteien der Rücktritt vom Vertrag vorgesehen werden.[1264]

3. *Höhere Gewalt*

Unter den Begriff der Höheren Gewalt fallen alle vom Willen der Vertragspartner unabhängigen und für sie unvermeidbaren und unvorhersehbaren Ereig-

---

1258 Vgl. oben VI. 2. b) aa)

1259 Choi, Myung-Gu, S. 175 mit Verweis auf § 543 Abs. 1 kBGB; in diesem Fall kann der Schadensersatz wegen Nichterfüllung vertraglich pauschaliert werden, Choi, Myung-Gu, S. 178

1260 Zum Gefahrübergang siehe 3. Abschnitt IV. 1., 2.; zum Fehlen einer Genehmigung siehe 3. Abschnitt VIII. 1., 2. b), c)

1261 Vgl. oben VI. 2. b) aa)

1262 Zur Frage der Vertragsstrafe oder Schadenspauschalierung vgl. unten XII.

1263 Fülbier, S. 73; 3. Abschnitt V. 1. und 2.

1264 Vgl. oben 1. c)

nisse, durch die ein Vertragspartner gehindert wird, Vertragsverpflichtungen zu erfüllen. Dazu gehören jedenfalls Naturkatastrophen.

Bei politischen Katastrophen (Bürgerkrieg, Revolution) oder Unregelmäßigkeiten (Regierungskrise) kann man beim Partner aufgrund weltanschaulicher Unterschiede auf Unverständnis stoßen. Andersherum liegt es nahe, bei Partnern, die eine enge Bindung zur heimischen Administration haben, die Anerkennung von behördlichen Anordnungen, nicht erteilten Genehmigungen sowie von Export- oder Devisentransferverboten und Zusatzzöllen als Höhere Gewalt zu verweigern.[1265]

Das Gleiche gilt für Arbeitskämpfe. Die Beendigung eines Streiks kann unter Umständen als im Einflussbereich des Arbeitgebers liegend angesehen werden. Die Aussperrung liegt ursprünglich im Ermessen des Arbeitgebers und dürfte sich darüber hinaus in ihrer arbeitsrechtlichen Komplexität der anderen Partei als nicht berechenbar darstellen.

Rechtsfolge einer auf Höhere Gewalt bezugnehmenden Härteklausel ist die angemessene Befreiung von der Leistungspflicht, also die Befreiung soweit, wie die Leistung aufgrund Höherer Gewalt nicht erbracht werden konnte.[1266]

XII. Vertragsstrafe wegen Nichterfüllung der Abnahmeverpflichtung

Der Schadensersatzanspruch wegen Nichterfüllung der Abnahmeverpflichtung kann sowohl nach koreanischem[1267] als auch nach deutschem Recht[1268] und UN-Kaufrecht[1269] vertraglich pauschaliert werden. In Kompensationsgeschäften kann die Strafe sogar 50 % des Wertes des nicht ausgeführten Teils der Abnahmeverpflichtung betragen.[1270] Vertragsstrafen müssen sich jedoch nicht allein auf die Abnahmeverpflichtung beziehen, sondern können auch herkömmliche Leistungsstörungen im Einzelnen betreffen.[1271]

Die Strafe ist fällig, wenn der Lizenzgeber die Gegenware nicht bis zum Ablauf einer bestimmten Frist abgenommen oder zumindest einen entsprechenden Lizenzproduktabnahmevertrag abgeschlossen hat. Die Zahlung der Strafe wird häufig durch eine Bankgarantie auf erstes Anfordern abgesichert.

1265 Siehe 3. Abschnitt VIII. 1., 2. b), 2. c); IX. 2. und XI. 1.
1266 Z.B. im Falle der fehlenden Genehmigung, vgl. 3. Abschnitt VIII. 1., 2. b)
1267 Vgl. Choi, Myung-Gu, S. 178
1268 Vgl. Berger, RIW 1999, S. 401 ff. <402, 404>
1269 Vgl. Berger, RIW 1999, S. 401 ff. <402 f.>
1270 Fülbier, S. 67; vgl. auch Julius/Decker, RIW 1999, S. 594 ff.
1271 Vgl. z.B. 3. Abschnitt V. 2.; vgl. auch Michaelis de Vasconcellos, RIW 1997, S. 455 ff. <459>

XIII. Haftung

Im Allgemeinen wird die Haftung der Parteien auf Vorsatz und grobe Fahrlässigkeit begrenzt.

Ferner ist oftmals eine Beschränkung der Haftung auf „unmittelbare Schäden“ und damit ein Ausschluss der Haftung für Folgeschäden sinnvoll. Dabei ist eine nicht abschließende Aufzählung von Beispielen hilfreich bei der späteren Auslegung des Begriffs „Unmittelbarer Schaden“.

Unter Umständen empfiehlt sich eine genaue Benennung bestimmter Erscheinungsformen der Unmöglichkeit der Leistung und etwaiger besonderer Rechtsfolgen. So ist etwa daran zu denken, dass über die Tatbestände der Höheren Gewalt[1272] hinaus selbst für den Fall des Vorliegens von Verschulden Unmöglichkeitstatbestände von der Haftung ausgenommen werden, um den jeweils zur Leistung Verpflichteten um eine unzumutbare Bürde zu erleichtern.

Vor allem sind verzugsbegründende Umstände aufzuführen, etwa präzise Erfüllungstatbestände und genaue Termine für deren spätest zulässigen Eintritt. Ferner ist die jeweilige Rechtsfolge für bestimmte Verzugstatbestände festzuhalten.

XIV. Gewährleistung

Die Lizenzvergabe als Risikogeschäft gliedert sich in einen vom Lizenzgeber zu verantwortenden Bereich, einen in der Obhut des Lizenznehmers liegenden Sektor und in eine Sphäre, die von Dritten oder sonstig neutralen Umständen bestimmt ist. Generell kann gesagt werden, dass jeder in seinem Bereich haftet und das Risiko der neutralen Ursachen verteilt werden muss.

Allerdings sind auch in dem Bereich, in dem einer der Vertragspartner dem Risiko näher ist, Haftungsmaßstäbe anzulegen, die den Bereich des jeweils anderen und vor allem den neutralen Bereich in seiner Weite beeinflussen. Eine sofortige Prüfungspflicht gelieferter Waren verlagert etwa die aus der Sachmängelhaftung stammenden Risiken vom Lieferanten auf den Empfänger. Die Beschränkung der Haftung auf grobe Fahrlässigkeit erweitert den neutralen Bereich zu Lasten des anderen.

Gewährleistungsabsprachen sind in hohem Maße einerseits dem Gesichtspunkt der Praktikabilität unterworfen, also der Überlegung, bei welcher Verantwortungsaufteilung das Gesamtwerk besonders effektiv ist. Andererseits sind sie Resultat von Machtkämpfen, wobei sich der am Markt Schwächere möglicher-

---

1272 Vgl. oben XI. 3.

weise mangels Alternativangebot auf die für ihn ungünstigen Klauseln einlassen muss.

1. Mängel an der Technologie

a) Qualität von Dokumenten und Schulungen

Der Lizenzgeber haftet grundsätzlich für die von ihm versprochenen Leistungen. Dies ist hinsichtlich des Technologietransfers in erster Linie die Vollständigkeit der Dokumentation, gegebenenfalls die Qualität der Schulungen.

b) Nachbauerfolg und Gewährleistung für Lizenzprodukte

Hinsichtlich des Nachbauerfolges kann der Lizenzgeber, vor allem hinsichtlich der Verkäuflichkeit des Nachbauproduktes an Dritte, keine Garantien übernehmen. Ferner kann der Lizenzgeber keine Gewährleistung für vom Lizenznehmer hergestellte Lizenzprodukte übernehmen.[1273] Ausnahmen hierzu können gelten, wenn die Ursache der Mängel in Planungs- oder Konstruktionsfehlern liegen. Für solche Fälle sind Rechtsfolgeregelungen aufzunehmen.

c) Rechtsmängel am Schutzrecht

aa) Die Verteidigung gegen einen Angriff eines Dritten wegen behaupteter Verletzung seines Schutzrechts

Im Bereich der Rechtsmängelhaftung[1274] ist der Fall eines Angriffs Dritter auf den Lizenznehmer hervorzuheben. Dem Lizenznehmer obliegt hier in der Regel lediglich, den Lizenzgeber über die behauptete Schutzrechtsverletzung zu informieren. Allerdings gebietet regelmäßig der Wille zum gemeinsamen Erfolg dem Lizenznehmer, den Lizenzgeber nach Kräften zu unterstützen.

Dies ist vor allem zu erwarten, wenn es sich um Vorwürfe und Rechte handelt, zu denen er als der möglicherweise kulturell oder geografisch Nähere einen besseren Zugang hat. Das ist etwa der Fall, wenn die Frage im Raum steht, ob ein Produkt oder der Name des Dritten bereits in Korea seit langem eingeführt

1273 Eggers, RIW 2000, S. 665 ff. <671, 672>
1274 Zur Rechtslage vor Abbedingung siehe 3. Abschnitt V. 2.

und bekannt ist oder wenn dieser sich auf ein Geschäftsgeheimnis im Sinne des Gesetzes zur Unterbindung unlauteren Wettbewerbs beruft.[1275]

Behauptet der Dritte jedoch nicht die Verletzung eines eigenen Rechts, sondern nur das unrechtmäßige Bestehen eines Schutzrechts des Lizenzgebers, so hat der Lizenznehmer kein Interesse, seinen Lizenzgeber zu unterstützen.[1276]

Dem Lizenzgeber ist daher zu empfehlen, sich zusätzlich von vornherein durch eine Klausel zu schützen, gemäß der er hinsichtlich der Verwertbarkeit und des Bestandes der übertragenen Rechte dem Lizenznehmer gegenüber keine Gewähr übernimmt und die Pflicht zur Zahlung der Lizenzgebühr bzw. die Pflicht zur Erbringung einer die Lizenzgebühr ersetzenden Sachleistung in Form der Lieferung des Lizenzproduktes allein von der Übertragung der Technologie, nicht aber von dem Bestand jedes einzelnen lizenzierten Schutzrechts abhängt, die Pflicht zur Gegenleistung also auch bei Nichtigkeit eines oder mehrerer aus einer Vielzahl von lizenzierten Schutzrechten bestehen bleibt.[1277]

In Fällen, in denen er mit dem zum Nachbau anstehenden Produkt schon längere Zeit weltweit auf dem Markt ist, könnte er dagegen versichern, dass ihm keine Ansprüche Dritter bekannt geworden sind, bzw. dass gegen ihn keine solchen Ansprüche geltend gemacht worden sind.[1278]

Generell ist es die Pflicht des Lizenzgebers, sich - notfalls in einem gerichtlichen Verfahren - gegen die behauptete Verletzung von Schutzrechten Dritter zu verteidigen.

bb) Verfolgung schutzrechtsverletzender Dritter

Verletzt ein Dritter im Vertragsgebiet Vertragsschutzrechte, so liegt es im Interesse des Lizenznehmers, dass der Lizenzgeber diese Verletzung verfolgt. Wenn dem Lizenzgeber die Abwehr oder die Verfolgung nicht zumutbar erscheint, kann der Lizenznehmer u.U. eine Zahlungskürzung verlangen.

Ebenso lässt sich vereinbaren, dass der Lizenznehmer, sei es in jedem Fall, sei es nur im Falle der Verweigerung des Lizenzgebers, auf eigene Kosten die Verfolgung übernimmt.

1275 Unfair Competition Prevention Act, siehe oben Fußnote 801; vgl. 2. Abschnitt III. 9. a)

1276 Zum Verbot des Angriffs des Lizenznehmers gegen die Schutzrechte des Lizenzgebers vgl. unten XIX. 4.

1277 Vgl. Lutz, RIW 1996, S. 269 ff. <271>; vgl. ferner 3. Abschnitt XII. 1. b); zum korean. Recht siehe 3. Abschnitt XII. 2.: die Einbeziehung von nicht lizenzierten Schutzrechten in die Berechnungsgrundlage ist unzulässig!

1278 Vgl. Eggers, RIW 2000, S. 665 ff. <671>

Unabhängig von der Kostenlastverteilung empfiehlt sich eine Prozessführungsübernahme durch den Lizenznehmer, wenn der Verletzer im Land des Lizenznehmers ansässig ist.

d) Rechtsfolgen

Des Weiteren ist der Lizenzgeber zumindest nicht für Folgeschäden verantwortlich, die infolge falscher Anwendung der technischen Information durch den Lizenznehmer entstehen. Ein weitergehender Ausschluss der Haftung für sämtliche Folgeschäden ist zu erwägen.

Vor allem sollte festgelegt werden, in welchen Fällen als Rechtsfolge eine Minderung der Lizenzgebühr bzw. eine Reduzierung der quasiunentgeltlichen Lizenzproduktlieferpflicht eintreten soll. In jedem Fall sollte dem Lizenzgeber ein vorgeschaltetes Nachbesserungsrecht auf eigene Kosten eingeräumt werden bzw. ihm freigestellt werden, eine Minderung dadurch abzuwenden, dass er eine ebenbürtige Ersatzlösung zur Verfügung stellt.[1279]

Um den Verlust der Lizenzgebühr oder ihres Ersatzes im Falle eines Rechtsmangels am Schutzrecht zu vermeiden, ist der Schwerpunkt der Gebührenberechnung im Vertrag auf den tatsächlichen Technologietransfer unabhängig vom Bestehen des einzelnen Schutzrechtes zu legen.[1280]

e) Darlegungs- und Beweislast

Im Interesse des Lizenzgebers ist hinsichtlich der Darlegungs- und Beweislast an Regeln ähnlich dem deutschen Rechtszustand zu denken, die dem Lizenznehmer die Feststellung der Kausalität aufbürden. Dann kann der Lizenznehmer allein unter der Voraussetzung Ersatz verlangen, dass er darlegt und im äußersten Falle beweist, dass der etwaige Schaden aufgrund eines Informationsfehlers seitens des Lizenzgebers entstanden ist und nicht aufgrund einer unsachgemäßen Handhabung durch Mitarbeiter des Lizenznehmers.

2. Sachmängel an Zuliefer- und Ersatzteilen

Der Lizenzgeber sollte regelmäßig für den Schaden aus der Lieferung fehlerhaften Zubehörs, mangelhafter Teile und falscher Halbfertigprodukte verantwortlich gemacht werden, ohne dass es auf Verschulden hierfür ankäme. Hierzu kann ihm

1279 3. Abschnitt V. 1., 2.
1280 3. Abschnitt XII. 2.

auch die Verantwortung bezüglich der Mängelrügen der Kunden des Lizenznehmers hinsichtlich der gekauften Erzeugnisse auferlegt werden, wenn sich deren Rügen auf eine mängelbehaftete Lieferung des Lizenzgebers beziehen.[1281] Hier ist sinnvoll, die Rechtsfolge auf die Nachlieferung von Teilen zu beschränken, und zwar insbesondere für den Fall, dass der Mangel erst nach dem Einbau des Teils in das Lizenzprodukt erkennbar wird. Wandlung, Minderung und Nachbesserungsrecht sind regelmäßig nicht interessengerecht. Des Weiteren ist eine Verantwortlichkeit für Folgeschäden auszuschließen. Dies umfasst auch Produkthaftungsfälle. Für diese sollte der Lizenzprodukthersteller die Verantwortung übernehmen.[1282]

Im Interesse des Lizenzgebers sollten spätestens für den Fall, dass der Mangel nach Einbau in das Lizenzprodukt auftritt, hinsichtlich der Darlegungs- und Beweislast Regeln ähnlich dem deutschen Rechtszustand aufgestellt werden, die dem Lizenznehmer die Feststellung der Kausalität aufbürden. Dann kann der Lizenznehmer allein unter der Voraussetzung einen Ersatz verlangen, dass er darlegt und im äußersten Falle beweist, dass der etwaige Schaden aufgrund eines Mangels am gelieferten Teil entstanden ist.

3. *Sachmängel am Lizenzprodukt*

a) *Freigabe des Lizenzprodukts als notwendige Bedingung*

Produktfreigabe (product release) bedeutet eine gemeinsame Prüfung durch Lizenzgeber und -nehmer zu Funktion und Aussehen der ersten vom Lizenznehmer unter Benutzung der technischen Information des Lizenzgebers gefertigten Produkte.

Dies ist für den koreanischen Lizenznehmer deshalb von großer Bedeutung, weil nicht die bloße Übermittlung von Erkenntnissen, sondern nur ein einwandfrei funktionierendes und gut verkäufliches Lizenzprodukt seine Stellung auf dem koreanischen Markt verbessert. Gleichzeitig wünscht der deutsche Lizenzgeber, um einen Imageverlust zu vermeiden, unter seinem Namen nur die Auslieferung hochwertiger Produkte.

Die Bescheinigung der Produktfreigabe ist als notwendige Bedingung der Erlaubnis zur Veräußerung der Produkte zu formulieren. Vor Produktfreigabe soll der Lizenzgeber nicht für die Qualität der Erzeugnisse einstehen müssen, falls seine Haftung soweit überhaupt reichen soll. Der Lizenznehmer seinerseits

---

1281 Zur Rechtslage vor Abbedingung: 3. Abschnitt V. 1., 2.
1282 Zur Rechtslage vor Abbedingung: 3. Abschnitt VI. 1., 2.

würde sich wegen etwaiger Rufverschlechterung oder Verletzung einer ebenfalls noch nicht freigegebenen Marke schadensersatzpflichtig machen.

Der Lizenznehmer sollte fairerweise bis zur Freigabe von Abnahmeverpflichtungen hinsichtlich noch nicht benötigter Ausrüstung und noch nicht verwertbarer Teile befreit werden.

b) Neulieferungspflicht freigegebener, aber im Einzelnen mangelhafter Lizenzprodukte

Hinsichtlich grundsätzlich freigegebener Lizenzprodukte, die im Einzelnen mangelhaft sind, ist die unverzügliche, unentgeltliche Lieferung neuer Produkte zu vereinbaren. Wandlung, Minderung und Nachbesserung[1283] sind im interkontinentalen Verkehr eines Massenproduktes nicht interessengerecht. Des Weiteren ist zwecks Herstellung eindeutiger Rechtssicherheit eine Verantwortlichkeit des Lizenznehmers für Folgeschäden beim Lizenzgeber soweit wie möglich auszuschließen.

Für den Fall des Auftretens des Mangels erst nach Weiterverarbeitung oder Weitereinbau in ein übergeordnetes System des Lizenzproduktabnehmers mögen Schadensersatzklauseln den Interessen des Lizenzproduktabnehmers Rechnung tragen.[1284] Dies umfasst auch Produkthaftungsfälle. Für diese sollte der Lizenzprodukthersteller, auch wenn er nicht der Importeur in den Bereich der Europäischen Union ist, die Verantwortung übernehmen.[1285]

c) Lizenzkontrolleur

Es kann sich als nützlich herausstellen, dass zugunsten des Lizenzgebers vorgesehen wird, dass ein Lizenzkontrolleur zum Lizenznehmer entsandt werden kann. Dies kann von vornherein oder erst zu dem Augenblick vereinbart werden, wenn es zu Qualitätsmängeln in den Nachbauprodukten kommt. Der Lizenzgeber kann ein berechtigtes Interesse daran haben, dass etwa sein Warenzeichen nicht in den Ruf der schlechten Qualität gerät. Solche Lizenzkontrolleure müssen zwar behutsam ins Gespräch gebracht und zur Not als technische Ausbilder bezeichnet werden, sind aber in Korea nicht unüblich.

1283 Vgl. 3. Abschnitt V. 2.
1284 Zur Rechtslage vor Abbedingung: 3. Abschnitt V. 1., 2.
1285 Zur Rechtslage vor Abbedingung: 3. Abschnitt VI. 1., 2.

XV. Qualität

Es empfiehlt sich, den Lizenznehmer auf die Qualitätsmaßstäbe des Lizenzgebers festzulegen. Das bedeutet, dass der Lizenznehmer sich zur Einhaltung der Erfordernisse der Kunden des Lizenzgebers verpflichten muss, ferner bestimmte Mitarbeiter des Lizenzgebers dem Lizenznehmer gegenüber eine Art Weisungs- wie auch ein Einsichtsrecht haben sollten. Letzteres sollte durch einen monatlichen Bericht über den Qualitätsstand ergänzt werden.

Des Weiteren sollte der Lizenznehmer auf die Nutzung bestimmter Mess- und Prüfanlagen sowie –vorschriften festgelegt werden. Sofern eine solche noch nicht vorhanden ist, sollte die Errichtung einer Qualitätsüberwachungsabteilung mit qualifiziertem Personal und ausreichenden Befugnissen vereinbart werden.

Qualitätskontrollen beim Lizenznehmer durch den Lizenzgeber sind nach koreanischem Kartellrecht nicht zu beanstanden.[1286]

Eine Qualitätssicherungsvereinbarung als Anlage zu einem ausführlichen Vertragswerk dürfte regelmäßig in die Kategorie der Allgemeinen Geschäftsbedingungen fallen, da sie typischerweise vom Lizenzgeber vorgegeben wird. Allgemeine Geschäftsbedingungen unterfallen inhaltlich nicht dem UN-Kaufrecht und sind nach internationalprivatrechtlichen Gesichtspunkten am nationalen Recht zu messen.[1287]

XVI. Eigentums- und Gefahrenübergang

1. Eigentums- und Gefahrenübergang am Lizenzprodukt

Als früher Zeitpunkt für den Übergang des Eigentums an den Lizenzprodukten einschließlich der nicht für den Lizenzgeber bestimmten Überproduktion (Lagerbestand) zur anfänglichen Sicherung der kreditierten Lizenzgebühr[1288] ist die Fertigstellung denkbar, ferner wenn möglich die Abnahme durch den Lizenzproduktabnehmer im Werk des Lizenzproduktherstellers,[1289] unter Umständen durch einen Treuhänder.

Als weitere Möglichkeit des Eigentumsüberganges, allerdings allein der für den Lizenzgeber bestimmten Lizenzprodukte, kommt die Versendung, also die Übergabe an den Frachtführer in Betracht.[1290]

1286 3. Abschnitt XII. 2.
1287 Sieg, RIW 1997, S. 811 ff. <814>
1288 3. Abschnitt II.
1289 3. Abschnitt II. 2.
1290 3. Abschnitt II. 1.

Grundsätzlich bleibt der Eigentumsübergang mit Übergabe und Annahme durch den Erwerber[1291] oder seinen Treuhänder[1292] denkbar, im ersten Falle der Annahme durch den Erwerber in Deutschland allerdings unter Verzicht auf jede Kreditsicherung.

Ungeachtet dessen ist der Übergang der Gefahr zu vereinbaren.[1293] Hierbei kann es nur auf die tatsächliche Einflussmöglichkeit ankommen. Ein Gefahrenübergang vor Übergabe an den Treuhänder oder Frachtführer ist mithin nicht empfehlenswert.

2. Eigentums- und Gefahrenübergang am Zulieferteil

Soweit der Lizenzgeber mit der Lieferung von Teilen oder Roh- und Halbfertigmaterialien in Vorleistung geht, sollte zu seinen Gunsten ein Eigentumsvorbehalt oder eine vergleichbare Sicherheit vereinbart werden.[1294] Dies wird auch durch die Verarbeitung der Teile oder Materialien nicht beeinträchtigt, wenn zu seinen Gunsten auch ein Sicherungseigentum an den Lizenzprodukten vereinbart worden ist.[1295]

Ungeachtet dessen ist der Übergang der Gefahr zu vereinbaren.[1296] Hierbei kann es nur auf die tatsächliche Einflussmöglichkeit auf die Zulieferteile bzw. Materialien ankommen. Der Gefahrenübergang muss ungeachtet der Eigentumsverhältnisse spätestens mit Übergabe an den Lizenzprodukthersteller erfolgen.

XVII. Steuern

Grundsätzlich ist ratsam, jedem seine Steuerlasten zu belassen. Daher empfiehlt sich eine Grundregel, nach der jeder eigenständig für diejenigen steuerrechtlichen Angelegenheiten mit den Finanzbehörden verantwortlich ist, die an ihn herangetragen werden.[1297]

Eine Ausnahme ist in dem Bereich zu sehen, wo der jeweilige nicht Ansässige von dem Staat des anderen zu Steuerzahlungen herangezogen wird. Dabei ist,

---

1291 3. Abschnitt II. 1.
1292 Vgl. oben und 3. Abschnitt II. 2.
1293 Im Einzelnen 3. Abschnitt IV. 1., 2.
1294 Zur Zulässigkeit vgl. oben 3. Abschnitt II. 3.
1295 Vgl. oben 3. Abschnitt II. 2.
1296 Im Einzelnen 3. Abschnitt IV. 1., 2.
1297 3. Abschnitt X. 2.: Lizenzprodukte, Teile, Dienstleistungen

da ein Nichtansässiger ansonsten keiner Steuerpflicht unterworfen wird,[1298] an die Quellensteuerpflicht bezüglich Lizenzgebühren und bezüglich Zinsen des Lizenzgebers im Lande des Lizenznehmers zu denken.[1299] Der Lizenznehmer ist verpflichtet, bei den Zahlungen an den Lizenzgeber die hierzu fällige Quellensteuer in vollem Umfang einzubehalten und unmittelbar an das zuständige koreanische Finanzamt abzuführen.[1300] Darüber hinaus ist der Lizenznehmer zu verpflichten, dem Lizenzgeber zum Nachweis der bezahlten Steuern gegenüber den deutschen Behörden eine in geeigneter Form ausgestellte Quittung des koreanischen Finanzamtes auszuhändigen.[1301]

Ein angemessener Betrag zu dem Verwaltungsaufwand des Lizenzgebers allerdings, zu dessen Zahlung sich der Lizenznehmer vertraglich verpflichten kann, ist nicht quellensteuerpflichtig.[1302] Daher ist empfehlenswert, einen Teil der Lizenzgebühr in einen Beitrag zu den Verwaltungskosten umzuwidmen.[1303]

XVIII. Erfindungen und Verbesserungen

Erfindungen des Lizenzgebers müssen diesem gehören, insbesondere solche aufgrund von Forschung. Die automatische Einräumung von Nutzungsrechten zugunsten des Lizenznehmers ist regelmäßig auszuschließen. Etwas anderes gilt, wenn dies aus Gründen der Einheitlichkeit der vom Lizenzgeber an den Lizenznehmer zu liefernden Teile und damit der kostengünstigeren Herstellung für den Lizenzgeber vorteilhaft ist. In diesem Fall muss der Lizenznehmer verpflichtet werden, die jeweils neuesten Teile von dem Lizenzgeber zu beziehen, damit dieser nicht für seinen sonstigen Gebrauch Teile nach neuem und für den Lizenznehmer noch nach altem Design herstellen muss.

Des Weiteren können Nutzungsrechte durch ausdrückliche Zusage erteilt werden, wenn dies die Konkurrenzfähigkeit des Lizenznehmers nachhaltig verbessert und eine angemessene Lizenzgebühr vereinbart ist.

Erfindungen, vorrangig bezogen auf ein Herstellungsverfahren, die nur bei Gelegenheit der Ausführung des Projektes der Lizenzvergabe durch den Lizenznehmer gemacht werden, können diesem zufallen, da sie gewöhnlich landesspezifische Besonderheiten aufweisen.

1298 3. Abschnitt X. 2.

1299 Vgl. 3. Abschnitt X. 1. a) aa) und Deutsch-koreanisches Doppelbesteuerungsabkommen

1300 Vgl. 3. Abschnitt X. 1. a) aa); Park, Jang-Won, S. 137

1301 Vgl. 3. Abschnitt X. 1. a) aa)

1302 Vgl. 3. Abschnitt X. 2.

1303 Vgl. zu den Voraussetzungen 3. Abschnitt IX. 2. und X. 2., Fußnote 1093

Neuerungen und Verbesserungen des Lizenznehmers allerdings, die das konkrete Produkt betreffen, können zum Streitobjekt werden und bedürfen hinsichtlich ihres Verwertungsrechts der Regelung.

Wenn der Lizenzgeber kein Interesse an beim Lizenznehmer entstandenen Produkterfindungen hat, tut er gut daran, deren Nutzung dem Lizenznehmer zu überlassen, auch wenn dieser die Erfindung ohne die Lizenzvergabe nicht hätte machen können.

Regelmäßig wird er jedoch sein eigenes technologisches oder organisatorisches Wissen auf dem neuesten Stand halten wollen. Daher kann in dem Fall, dass laufend Mitarbeiter des Lizenzgebers beim Lizenznehmer zu Überwachungs-, Wartungs- oder Schulungszwecken vor Ort sind, vereinbart werden, dass dem Lizenzgeber während der gesamten Vertragslaufzeit unverzüglich und kostenlos alle Verbesserungen mitzuteilen sind[1304] und sie ihm für das Wirtschaftsgebiet außerhalb Koreas zufallen sollen.[1305]

Praktikabel ist auch eine Klausel, durch die zwar der Lizenznehmer Inhaber des Rechts und hinsichtlich gesetzlicher Schutzrechte anmeldeberechtigt werden soll, dem Lizenzgeber jedoch die Einzelheiten bekanntgegeben und Nutzungsrechte (Rücklizenzen) eingeräumt werden müssen, sei es gegen eine motivierende Gebühr oder unentgeltlich. Wenn Rücklizenzen unentgeltlich gewährt werden müssen, darf die Pflicht zur Gewährung einer Rücklizenz im Erfindungsfalle nicht einseitig den Lizenzgeber begünstigen.[1306]

XIX. Konkurrenzklauseln

1. Wechselseitige Ausschließlichkeit

Unter Umständen besteht ein Interesse des Lizenzgebers, dass der Lizenznehmer hinsichtlich des Vertragsgegenstandes ausschließlich Technologien des Lizenzgebers verwendet und dessen Produkte herstellt und vertreibt. Dies ist unabhängig davon zu sehen, ob der Lizenzgeber dem Lizenznehmer eine ausschließliche Lizenz erteilt oder nicht.[1307]

1304 Eggers, RIW 2000, S. 665 ff. <673>
1305 Vgl. 3. Abschnitt XII. 2.
1306 3. Abschnitt XII. 2.
1307 Vgl. zur ausschließlichen Lizenz oben V. 1. a) aa) und 2. Abschnitt III. 1. a) cc) (2)

2. *Vertriebsbeschränkung*

a) Mengenkontingent

Der Lizenzgeber wird regelmäßig ein Interesse haben, durch eine möglichst hohe Stückzahl oder Menge erzeugter Lizenzprodukte einen möglichst hohen Gewinn zu erzielen. In Einzelfällen wird er gleichwohl eine Mengenbeschränkung der durch den Lizenznehmer vermarkteten Lizenzprodukte für wünschenswert halten.

Die Beschränkung des Lizenzproduktherstellers in der Menge der auf den Markt gebrachten Lizenzprodukte ist kartellrechtlich zunächst problematisch.[1308] Allerdings kann die Beschränkung des Lizenzproduktherstellers in Kapazitätsgrenzen des Lizenzgebers bei der Herstellung der Zulieferteile oder –materialien begründet liegen. Solange der Lizenznehmer frei ist, die gleichen Teile oder Materialien anderweitig zu beschaffen, kann dies wohl nicht als einseitige Benachteiligung gewertet werden.[1309] Denkbar ist auch eine progressive Gestaltung der stück- oder mengenabhängigen Lizenzgebühr. Auch dies stellt nicht zwingend eine einseitige Benachteiligung dar, sofern auch der Lizenzprodukthersteller durch höhere Stückzahlen oder Mengen relativ geringere Kosten verursacht.

b) Regionalisiertes Vertriebsverbot

Ein durch bestimmte Staaten oder Erdteile definiertes Vertriebsverbot ist nach koreanischem Recht lediglich gestattet, wenn in den Ländern, für die die Beschränkung gelten soll, ein Schutzrecht besteht.[1310]

c) Personifiziertes Vertriebsverbot

Unter Umständen wird der Lizenzgeber ein Interesse haben, durch den Lizenznehmer einen Kunden zu erreichen, den er als definierter Wettbewerber dieses Kunden selbst nicht erreichen kann. In anderen Fällen wird er dem Lizenznehmer untersagen wollen, seine Technologie an einen seiner Wettbewerber gelangen zu lassen. Ferner kann ein Interesse daran bestehen, dass der Lizenznehmer etwa an traditionelle Kunden des Lizenzgebers oder dessen Konzernschwestern nicht liefern soll.

1308 3. Abschnitt XII. 2.
1309 3. Abschnitt XII. 2.
1310 Vgl. oben V. 1. a) aa) und VII. sowie 3. Abschnitt XII. 2.

Die Beschränkung des Lizenzproduktherstellers hinsichtlich bestimmter Kunden kann grundsätzlich kartellrechtlich problematisch sein. Hierbei kommt es darauf an, ob der Lizenzgeber ein berechtigtes Interesse am Ausschluss bestimmter Kunden hat oder ob er allein seinen eigenen Markt sichern will.[1311] Ein solches berechtigtes Interesse kann etwa in der Notwendigkeit des Schutzes des technologischen Vorsprunges des Lizenzgebers vor Wettbewerbern bestehen.

3. Konkurrenzverbot nach Beendigung des Vertragsverhältnisses

Das oben unter 1. beschriebene allgemeine Konkurrenzverbot wird oftmals aus Lizenzgeber- oder –nehmerinteresse für eine angemessene Zeitspanne nach Beendigung des Vertragsverhältnisses aufrechtzuerhalten sein.[1312] Dabei ist vor allem hinsichtlich der Beendigungsgründe zu differenzieren.[1313]

4. Verbot des Angriffs gegen die Schutzrechte des Lizenzgebers durch den Lizenznehmer

Die Verpflichtung des Lizenznehmers, gegen die lizenzierten Schutzrechte des Lizenzgebers gerichtlich nicht vorzugehen, also etwa keine Nichtigkeitsklage zu erheben, ist nach deutschem Kartellrecht erlaubt.[1314] Eine solche Vereinbarung kann also dem Nichtigkeitskläger entgegengehalten werden, es sei denn, die Nichtangriffsabrede wird von den Beteiligten in Kenntnis der Nichtigkeit des Schutzrechtes getroffen.

Die Verpflichtung des Lizenznehmers, gegen die lizenzierten Schutzrechte des Lizenzgebers gerichtlich nicht vorzugehen, also etwa keine Nichtigkeitsklage zu erheben, ist nach europäischem Kartellrecht immer dann nicht erlaubt, wenn sie nach ihrem rechtlichen und wirtschaftlichen Zusammenhang geeignet ist, den Handel zwischen EU-Mitgliedstaaten spürbar zu beeinträchtigen.[1315]

1311 Vgl. 3. Abschnitt XII. 2.

1312 3. Abschnitt XII. 2.

1313 Vgl. oben VIII. 5.

1314 § 20 Abs. 2 Nr. 4 GWB; BGH, Blatt für PMZ 1953, S. 382; BpatG, GRUR Intl. 1997, S. 631 ff. <632> m.w.N.; vgl. oben 3. Abschnitt XII. 1. a) dd)

1315 BPatG, GRUR Intl. 1997, S. 631 ff. <632, 633>; Meyer, GRUR Intl. 1997, S. 498 ff. <500, 502, 505>; vgl. oben 3. Abschnitt XII. 1. b)

Eine Mitwirkungsverpflichtung des Lizenznehmers bei Angriffen von Seiten Dritter auf ein Schutzrecht des Lizenzgebers ist erlaubt.[1316]

XX. Abtretung von Rechten und Pflichten

Im Allgemeinen sollen Rechte und Pflichten beider Parteien nicht oder nur mit schriftlicher konkreter Erlaubnis des jeweils anderen an Dritte abgetreten werden dürfen.[1317]

Im Hinblick auf das Bedürfnis des Lizenznehmers, bestimmte Aufgaben in seiner Produktionsstruktur auf Subunternehmer zu übertragen, ist es jedoch in der Regel nicht vermeidbar, ihm auch eine gewisse Entscheidungsfreiheit zu lassen, mit welchem lokalen Subunternehmer er zu welchen Bedingungen zusammenarbeitet und aus welchen Motiven er seinen Subunternehmer gegebenenfalls wechselt.

Dabei sind Unterlizenzierungen an die Zwecke des Vertrages zwischen Lizenzgeber und Lizenznehmer zu knüpfen. Ferner kann der Lizenznehmer verpflichtet werden, seine Unterlizenznehmer dem Lizenzgeber zum Zwecke einer Produktfreigabe[1318] mitzuteilen.[1319]

XXI. Geheimhaltung

1. Geheimhaltungspflicht

Der Lizenzgeber ist daran interessiert, dass sein dem Lizenznehmer zur Verfügung gestelltes Know-how geheimgehalten und nicht von diesem einem Dritten weitergegeben wird. Die Wahrung dieses Interesses ist in Korea schon wegen der zahlreichen ineinander verschachtelten Gesellschaften besonders gefährdet. Es ist nie auszuschließen, dass ein von einer Firma eines Konzerns lizenzweise erworbenes Know-how auch von Schwesterfirmen und für völlig andere Produktlinien verwendet wird. Es ist daher auf einer Klausel zu bestehen, die jede

---

1316 Meyer, GRUR Intl. 1997, S. 498 ff. <500>; vgl. oben 3. Abschnitt XII. 1. a) dd) und b)

1317 Erforderlichenfalls ist hier oder in den Definitionen der Vertragsbegriffe, vgl. oben IV., eine Einschränkung oder zumindest eine Anzeigepflicht von Unterlizenzvergaben vorzusehen; 3. Abschnitt XII. 2.

1318 Vgl. oben XIV. 3. a)

1319 Zur Einbindung der Subunternehmer und Unterlizenznehmer in die Vertraulichkeitsvereinbarung zwischen Lizenzgeber und Lizenznehmer vgl. unten XXI. 1.

Weitergabe untersagt, wovon allein Mitarbeiter und Subunternehmer bzw. Unterlizenznehmer auszunehmen sind.[1320]

Hinsichtlich Subunternehmern und Unterlizenznehmern ist darauf zu achten, dass Wettbewerber des Lizenzgebers ausgeschlossen sind und dass bei der Vertragsgestaltung mit Subunternehmern bzw. Unterlizenznehmern Verschwiegenheitsverpflichtungen durch Vertragsstrafen untermauert werden. Es wird hier jedoch zugleich darauf hingewiesen, dass diese Maßnahmen nicht wirklich verhindern, dass wertvolle Erkenntnisse in die Hände der Konkurrenz gelangen, und zwar nicht nur durch Mitarbeiter des Partners, sondern auch durch koreanische Behörden.[1321] Es muss daher zusätzlich stets daran gedacht werden, jedem Glied in der Produktionskette nur die Erkenntnisse zuteil werden zu lassen, die es benötigt, nicht aber die volle Bandbreite. Der Preis, der hierfür zu entrichten ist, besteht darin, dass möglicherweise das Verständnis für Gesamtzusammenhänge fehlt und dass sinnvolle Verbesserungsvorschläge von Mitarbeitern der Subunternehmer nicht zustande kommen.

Vor allem schutzrechtsfähige Informationen vor Anmeldung sind jedenfalls, sofern sie überhaupt an den Partner herausgegeben werden, einer Vertraulichkeitserklärung zu unterwerfen, da ansonsten der Neuheitscharakter der Erfindung verloren geht.[1322]

Stillschweigend vereinbarte Vertragsabreden werden nur anerkannt, wenn der Zweck einer Gesetzesvorschrift oder die offenkundige Absicht der Parteien es erfordern.[1323] Da es sehr wenig Rechtsprechung zu stillschweigend vereinbarten Vertraulichkeitspflichten gibt, lässt sich nur schwer voraussagen, inwieweit die Gerichte solche Pflichten dem Vertrag entnehmen werden.[1324] Vertraulichkeitsabreden sollten in jedem Fall schriftlich erfolgen.

2. Geheimhaltung nach Beendigung des Vertragsverhältnisses

Ferner ist eine Bestimmung aufzunehmen, die für die Zeit nach Ablauf des Vertrages einen ausreichenden Schutz des Lizenzgebers gewährleistet. So sollte der Wegfall des Geheimhaltungsschutzes auf ein möglichst spätes Datum nach Ver-

1320 Eggers, RIW 2000, S. 665 ff. <669>
1321 Vgl. Hilpert u.a., S. 469
1322 2. Abschnitt III. 1. a) aa) (1), (2)
1323 Vgl. aber zum Erhalt der Neuheit eines Geschmacksmusters durch eine stillschweigende Vertraulichkeitsverpflichtung eines Geschäftspartners: korean. OGH Entscheidung vom 27.10.1992, zitiert nach Hilpert u.a., S. 435
1324 Sohn/Jong/Choe, S. 691 ff. <704>

tragsbeendigung gelegt,[1325] zumindest aber die Weitergabe des Know-how als komplette Einheit vertraglich ausgeschlossen werden.

3. Vertragsstrafe

Die Verletzung vorgenannter Geheimhaltungspflichten ist mit einer Vertragsstrafenvereinbarung zu flankieren, die die Beweislast soweit wie möglich dem Lizenznehmer aufbürdet, was insbesondere auch durch eine pauschale Schadensersatzsumme ermöglicht werden sollte. Denn weder die genauen Wege des Informationsverlustes noch die Schadenshöhe lassen sich in diesem Bereich stets konkret aufzeigen.[1326]

XXII. Schiedsgerichtsbarkeit

Die Beweggründe für eine Schiedsgerichtsklausel[1327] rühren aus den Vorteilen, die die Schiedsgerichtsbarkeit gegenüber der ordentlichen Gerichtsbarkeit hat, wie etwa die Beeinflussung der Besetzung des Gerichts, die raschere Verfahrensabwicklung (keine drei Instanzen), die nicht öffentliche Verhandlungsführung und damit Wahrung der gerade bei Know-how essenziellen Betriebsgeheimnisse, die leichtere Vollstreckbarkeit im jeweiligen Ausland[1328] und letztlich die kostengünstigere Erledigung.

Nicht zu unterschätzen ist auch der psychologische Vorteil der Verhandlung vor dem Schiedsgericht. Meinungsverschiedenheiten lassen sich hier emotionsloser diskutieren als vor Gericht. Die Parteien befinden sich noch nicht in einer für Koreaner[1329] ehrverletzenden Situation wie bei Gericht. Ein Prozessgegner im eigentlichen Sinn ist noch nicht erkennbar.

Der traditionelle Widerwille der Koreaner gegen jede Art der gerichtlichen Regelung entstammt der konfuzianischen Gesellschaftsordnung. Diese sieht es als ein Zeichen der fehlenden menschlichen Reife an, wenn Meinungsverschiedenheiten nicht ohne die Hilfe autoritärer Dritter gelöst werden können. Vielmehr sind sie zwischen den Betroffenen zu lösen, und sei es im Wege des Nach-

---

1325 Vgl. oben VIII. 2. und 5.; vgl. Hilpert u.a., S. 455

1326 Berger, RIW 1999, S. 401 ff.

1327 Zur Zulässigkeit: 3. Abschnitt I. 2. a) a.E., I. 2. b); vgl. zur Ratsamkeit auch Eggers, RIW 2000, S. 665 ff. <674>

1328 3. Abschnitt I. 2. a) a.E.; vgl. auch Stumpf, RIW 1999, S. 411 <415>

1329 Hyun, Soong-Jong, S. 17 ff. <21>

gebens dessen, der in der gesellschaftlichen Hierarchie weniger hoch angesiedelt ist.[1330]

Verhandlungen vor dem Schiedsgericht als einer freiwillig zusammengesetzten, nicht autoritär verordneten Instanz kommen diesem Bedürfnis entgegen, so dass es selten zu Akzeptanzschwierigkeiten bei dem koreanischen Partner kommt.[1331]

Das Schiedsgericht muss in einem Land tagen, das Vertragsstaat des New Yorker Übereinkommens ist, und über einen Streitgegenstand zu befinden haben, der eine Handelssache im Sinne des koreanischen Rechts darstellt.[1332]

Unter den zuvor erwähnten Gesichtspunkten ist auch eine „alternative dispute regulation“ empfehlenswert, bei der ein in die Angelegenheit eingearbeiteter Dritter jeweils getrennt mit den Vertragspartnern verhandelt und für die herauskristallisierten Streitpunkte Lösungen erarbeitet, die er dann der jeweils anderen Partei vorschlägt und weiterentwickelt. Erst für den Fall des Scheiterns der so gearteten Vermittlung und Lösungsfindung ist dann eine Schiedsgerichtsklausel herkömmlicher Prägung erforderlich.

XXIII. Gerichtsstandsvereinbarung

Eine Gerichtsstandsvereinbarung wird aus den oben genannten Überlegungen zur Schiedsgerichtsbarkeit nicht empfohlen.[1333] Sie ist jedoch unter Kaufleuten, also auch juristischen Personen, sowohl nach koreanischem als auch deutschem Recht gestattet.[1334]

Hierbei ist umstritten, nach welchem Recht das Zustandekommen und die materielle Wirksamkeit der Gerichtsstandsvereinbarung beurteilt werden sollen. Der Bundesgerichtshof sieht in der Gerichtsstandsvereinbarung einen materiellrechtlichen Vertrag, dessen Zustandekommen nach dem bürgerlichen Recht beurteilt wird. Demnach gelten für die internationale Gerichtsstandsvereinbarung

---

1330 Vgl. 1. Abschnitt V.

1331 Dabei wird auf das Korean Commercial Arbitration Board hingewiesen. Jedoch stehen daneben auch die bekannten Schiedsgerichte etwa bei den Industrie- und Handelskammern in Deutschland sowie auch selbstverständlich ad hoc gebildete Schiedsgerichte zur Verfügung. Hinsichtlich urheberrechtlicher Streitigkeiten wird auf das schiedsrichterliche Verfahren bei dem koreanischen Copyright Review Arbitration Committee verwiesen; 2. Abschnitt III. 6. c) bb)

1332 3. Abschnitt I. 2. b); zum deutschen Recht: 3. Abschnitt I. 2. a); § 1031 dZPO

1333 Vgl. auch Eggers, RIW 2000, S. 665 ff. <674>

1334 3. Abschnitt I. 2. a), 2. b)

die allgemeinen Regeln des Internationalen Privatrechts,[1335] und zwar die für Verträge.[1336] Dies gilt insbesondere für eine vor dem Prozess getroffene Gerichtsstandsvereinbarung, da diese nicht zu den Prozesshandlungen gehört.[1337]

Nach koreanischem Recht werden Gerichtsstandsvereinbarungen grundsätzlich auch im Bereich der internationalen Zuständigkeit anerkannt.[1338] Es darf allerdings keine abweichende ausschließliche internationale Zuständigkeit umgangen werden.[1339] Die Gerichtsstandsvereinbarung wird in Korea einheitlich als Prozessvertrag angesehen. Dabei wird anerkannt, dass die Fragen nach dem Zustandekommen und der materiellen Wirksamkeit der Gerichtsstandsvereinbarung nach dem bürgerlichen Recht und damit auch nach dem Internationalen Privatrecht beurteilt werden sollen.[1340]

Ein Urteil eines deutschen ordentlichen Gerichts ist in Korea nicht ohne Vollstreckungsurteil eines inländischen Gerichts vollstreckbar. Ausländer dürfen jedoch grundsätzlich vor koreanischen Gerichten verklagt werden.[1341]

XXIV. Wahl des anwendbaren Rechts

Das Recht, dem der Vertrag unterliegt, bestimmt sich unabhängig von Gerichtsstand oder Schiedsgerichtsabrede nach den Regeln des nationalen, also des koreanischen und deutschen Internationalen Privatrechts.[1342] Diese Regeln können, soweit nicht zwingendes Recht entgegensteht, durch eine Vertragsklausel teilweise abbedungen werden mit der Folge, dass wunschgemäß deutsches oder koreanisches Recht[1343] oder die Rechtsordnung eines dritten Landes gültig ist.[1344]

1335 BGHZ 49, S. 384 ff. <386 f.>; BGH, NJW 1971, S. 323 ff. <324>; BGHZ 57, S. 72 ff. <74>; BGH, NJW 1983, S. 2772; BGH, NJW 1986, S. 1438 f.; BGH, NJW 1987, S. 1145; OLG Hamburg, RIW 1986, S. 462 ff. <463>; OLG Köln, RIW 1997, S. 233 f. <233, 234>

1336 Art. 27 ff. EGBGB, BGH Z 23, S. 198 ff. <200>; BGH Z 40, S. 320 ff. <322 f.>; OLG Hamburg, RIW/AWD 1979, S. 482 f. <483>; OLG Köln, RIW 1997, S. 233 f. <234>

1337 BGH Z 49, S. 384 ff. <386>

1338 Stiller 1073-6; 3. Abschnitt I. 2. b)

1339 LG für Zivilsachen Seoul, E. v. 21.10.1981 - 81 Gahab 949, zitiert nach Stiller, 1073-6

1340 An, Choon-Soo, S. 166

1341 3. Abschnitt I. 2. b)

1342 3. Abschnitt I. 1. a), 1. b)

1343 3. Abschnitt I. 1. a), 1. b); zur akzessorischen Deliktsrechtsanknüpfung an die Vertragsrechtswahlvereinbarung vgl. OLG Düsseldorf, RIW 2000, S. 874 ff. <875>; ferner von Hein, RIW 2000, S. 820 ff. <821>

1344 3. Abschnitt I. 1. a), 1. b)

Dabei müssen unterschiedliche Vertragsteile nicht zwingend derselben Rechtsordnung unterstehen.[1345]

XXV. Wegfall der Geschäftsgrundlage

Die Folge des Rechtsinstituts des Wegfalls der Geschäftsgrundlage ist die Vertragsanpassung, allerdings bei Unmöglichkeit oder Unzumutbarkeit der Anpassung auch die Vertragsauflösung.[1346]

Voraussetzung der Berufung auf den Wegfall der Geschäftsgrundlage ist jedoch, dass dies ausnahmsweise zur Vermeidung eines untragbaren, mit Recht und Gerechtigkeit nicht zu vereinbarenden und damit der betroffenen Partei nach Treu und Glauben nicht zumutbaren Ergebnisses unabweislich erscheint.[1347] Umstände, die in den Risikobereich einer Partei fallen, sollen hiervon ausgenommen werden.[1348]

Bei der Vertragsgestaltung ist zu beachten, dass vorhersehbare Änderungen in tatsächlichen Voraussetzungen des Vertragsschlusses, etwa in der Preis- oder Geldwertstabilität,[1349] bereits bei Vertragsschluss mit einer Rechtsfolge versehen werden.

XXVI. Vertragssprache

Als Vertragssprache ist die Verkehrssprache zu wählen,[1350] im Verkehr mit Korea also gewöhnlich Englisch. Eine Ausnahme gilt dort, wo eine der Vertragsparteien sehr gute Kenntnisse der Sprache der anderen hat, ferner in den Fällen, wo der Vertrag der Genehmigung koreanischer Behörden bedarf, die nur die koreanische Fassung prüfen und mit der Genehmigung in Kraft setzen.

Es wird davon abgeraten, den Vertrag im Zweifel in zwei verschiedenen Sprachen abzufassen und jede Fassung als rechtsgültig zu bezeichnen, wie dies gelegentlich von koreanischen Lizenzpartnern gefordert wird. Denn in der Praxis

---

1345 3. Abschnitt I. 1. a), 1. b)

1346 Vgl. BGH Z 25, S. 390 ff. <392>; BGH, NJW 1976, S. 565 ff. <566>; BGH, JR 1979, S. 60 f.; vgl. oben II., ferner oben XI.

1347 Vgl. BGH, NJW 1976, S. 565 ff. <566>; BGH, NJW 1958, S. 1772; BGH, NJW 1962, S. 29

1348 Vgl. BGH, NJW 1976, S. 565 ff. <566>; BGH, NJW 1970, S. 1313; vgl. oben XI. 1., 2.; XIII. und XIV.

1349 Vgl. oben IX. 3.

1350 Vgl. auch Stumpf, RIW 1999, S. 411 <415>

geschieht es, dass vom koreanischen Partner oder der koreanischen Genehmigungsbehörde in der koreanischen Fassung eines Lizenzvertrages Abweichungen zu ungunsten des Lizenzgebers aufgenommen werden. Deshalb ist es vorzuziehen, eine einheitliche Fremdsprache zu wählen, deren Terminologie gerade auf dem Gebiet des Lizenzwesens auch für den Streitfall besser zu übersehen ist.

XXVII. Teilnichtigkeit

Eine Teilnichtigkeitsregel hat zu unterscheiden zwischen wesentlichen Vertragsklauseln, mit deren Gültigkeit das Geschäft steht und fällt, und anderen einfachen, deren Wegfall solche unbedeutenden Lücken hinterlässt, dass sie durch Auslegung des Geistes des Vertrages oder durch Zuhilfenahme des Gesetzes ohne weiteren Schaden für eine der Parteien geschlossen werden können.

Die wesentlichen Vertragsbestimmungen sind zu benennen und mit einer Klausel zu schützen, die dem § 139 BGB nachgebildet ist, der besagt, dass das ganze Geschäft nichtig ist, wenn eine (wesentliche) Vertragsbestimmung nichtig ist.

Hinsichtlich der Nichtigkeit einer einfachen Vertragsklausel ist die weitere Gültigkeit des übrigen Vertrages mit einer Klausel, die an § 6 Abs. 1, 2, 3 AGBG zu orientieren ist, klarzustellen.[1351]

1351 Vgl. hierzu auch Lee, Jae-Hyun, S. 187 f. und S. 190 ff.

Literaturverzeichnis

Ahn, Hyo-Jil, Anmerkung zu Korean. OGH GRUR Intl. 1997, S. 274 f., Az.: 94 Do 3266, GRUR Intl. 1997, S. 275 ff.

Albert, Florian / Heath, Christopher, Dyed But Not Exhausted – Parallel Imports and Trade Marks in Germany, IIC 1997, S. 24 ff.

An, Choon-Soo, Das Internationale Schuldvertragsrecht Südkoreas im Vergleich zum deutschen Internationalen Schuldvertragsrecht (unter Mitberücksichtigung der Anerkennung und Vollstreckung ausländischer gerichtlicher Entscheidungen in Südkorea), Münster 1989

Arnoldi, Reinhold, Die Haftung der juristischen Person für ihre Organe nach deutschem und koreanischen Recht, Berlin 1997

Baptista, Luiz O. / Durand-Barthez, Pascal, Les associations d'entreprises (joint ventures) dans le commerce international, Paris 1986

Baumbach, Adolf / Duden, Konrad / Hopt, Klaus J., Handelsgesetzbuch, Kommentar, 30. Aufl., München 2000

Benkard, Georg, Patentgesetz, Gebrauchsmustergesetz, Kommentar, 9. Aufl. München 1993, Verfasser: Bruchhausen, Karl / Rogge, Rüdiger / Ullmann, Eike
Zitierweise: Benkard-Verfasser

Beier, Friedrich-Karl, Zur Zulässigkeit von Parallelimporten patentierter Erzeugnisse, GRUR Intl. 1996, S. 1 ff.

Beier, Friedrich-Karl, Exclusive Rights, Statutory Licenses and Compulsory Licenses in Patent and Utility Model Law, IIC 1999, S. 251 ff.

Berger, Klaus Peter, Vertragsstrafen und Schadenspauschalierungen im Internationalen Wirtschaftsvertragsrecht, RIW 1999, S. 401 ff.

Berlit, Wolfgang, Rechtsprechungsbericht: Die Entwicklung des Markenrechts seit 1994, WiB 1996, S. 621 ff.

Bettinger, Torsten / Thum, Dorothee, Territorial Trademark Rights in the Global Village – International Jurisdiction, Choice of Law and Substantive Law for Trademark Disputes on the Internet, Part One: IIC 2000, S. 163 ff.; Part Two: IIC 2000, S. 285 ff.

Blümich, EStG, KStG, GewStG, Kommentar, Hrsg. Ebling, Klaus, Bd. 3, Bd. 4, 66. Erg.Lief. Febr. 2000

Böckstiegel, Karl-Heinz (Hrsg.), siehe Stiller, Dietrich F. R.

Boochs, Wolfgang, Die steuerliche Behandlung des Erwerbs von Unternehmen in Südkorea, Internationales Steuerrecht, 1994, S. 578 ff.

Brandi-Dohrn, Matthias, Meistbegünstigungsklausel in Lizenzverträgen, BB 1982, S. 1083 ff.

Braun, Edwin, Produktpiraterie, Computer und Recht 1994, S. 726 ff.

Bückmann, Walter / Lee, Yeong-Heui / Leimbacher, Jörg, Bodenschutzrecht in Deutschland, der Republik Korea und der Schweiz, Natur und Recht, Hamburg 1993, S. 263 ff.

Bülow, Arthur, siehe Stiller, Dietrich F. R.

Bundesstelle für Außenhandelsinformation (bfai), Dokument Zoll, Nr. 61004, Mehrwertsteuerregelungen, Köln 06.07.1995

Bundesverband des Deutschen Groß- und Außenhandels e.V. / Bundesverband des Deutschen Exporthandels e.V. (Hrsg.), Unternehmen im Kompensationshandel, Bonn 1995, Zitierweise: BGA / BDEx, S.

Bückmann, Walter / Lee, Yeong-Heui /Leimbacher, Jörg; Bodenschutzrecht in Deutschland, der Republik Korea und der Schweiz, Natur und Recht, Hamburg 1993, S. 263 ff.

Callaway, W. H. Jr., siehe Lee, Tae-Hee

Chang, Duck-Soon, Technology Licensing in Korea: Validation Procedures, Effects of Trade Secrets Protection Act, East Asian Executive Reports, September 1992, S. 9, 12 f.

Chang, Soo-Kil, A Memorandum on the Korean Industrial Property Rights, The Korean Journal of Comparative Law, Bd. 4, Seoul 1976, S. 49 ff.

Cho, Kyu-Chang, Koreanisches Zivilrecht und deutsches Bürgerliches Recht, in: Rehbinder, Manfred / Sonn, Ju-Chan (Hrsg.), Zur Rezeption des deutschen Rechts in Korea, Baden-Baden 1990, S. 59 ff.

Cho, Tae-Yeon, Intellectual Property Protection in Korea, Recent Developments, in: East Asian Executive Reports, November 1994, S. 7, 10 f.

Choe, Woo-Seok, siehe: Sohn, Kyung-Han / Jong, Sang-Jo / Choe, Woo-Seok

Choi, Chong-Ko, Recht und Religion in Korea, Zum geistigen Hintergrund der koreanischen Rechtsordnung, The Korean Journal of Comparative Law, Bd. 7, Seoul 1979, S. 128 ff.

Choi, Chong-Ko, On the Reception of Western Law in Korea, The Korean Journal of Comparative Law, Bd. 9, Seoul 1981, S. 141 ff.

Choi, Chong-Ko, Über die Rezeption westlichen Rechts in Korea, in: Rehbinder, Manfred / Sonn, Ju-Chan (Hrsg.), Zur Rezeption des deutschen Rechts in Korea, Baden-Baden 1990, S. 29 ff., Zitierweise: Choi, Chong-Ko, 1990, S.

Choi, June Sun, Rechtsvergleichende Untersuchung der Gefahrtragungsregeln im anglo-amerikanischen und im UN-Kaufrecht, Marburg 1991

Choi, Myung-Gu, Das Recht des Abzahlungsgeschäftes in der Bundesrepublik Deutschland und in Korea, Osnabrück 1989

Choi, Rak-Kwan, Herrschaft und Rechtsordnung als Determinanten der Wirtschaftsentwicklung Japans und Koreas, Köln 1997

Chrocziel, Peter, Einführung in den Gewerblichen Rechtsschutz und das Urheberrecht, München 1995

Chun, Bong-Duck, Korea (South) - Patent Law and Practice, in: Digest of Intellectual Property Laws of the World Replacing Patents and Trademarks, Herausgegeben von Lester Nelson, Bd. 2, Loseblattsammlung, Stand Juni 1992, New York, London, Rom

Cohen Jehoram, Herman, Prohibition of Parallel Imports Through Intellectual Property Rights, IIC 1999, S. 495 ff.

Decker, Christian, siehe Julius, Hinrich

Deutsch-Koreanische Industrie- und Handelskammer, Gewerbliche Schutzrechte, Urheberrecht und Lizenzen in Korea, 2. Aufl. Seoul 1995 (zit.: DKIHK, S.)

Ebenroth, Carsten Thomas / Ok, Moo-Seok / Auer, Thomas / Borrmann, Matthias, Probleme des Technologietransfers von Deutschland nach Korea, RIW 1994, Beilage 1 zu Heft 5, S. 1 ff.

Eggers, Frauke, Verfahrenslizenzen für internationale Anlagenbauprojekte, RIW 2000, S. 665 ff.

Emmerich, Volker, siehe Münchener Kommentar zum Bürgerlichen Gesetzbuch

Emmerich, Volker, Kartellrecht, 5. Aufl. München 1988

Escher, Alfred, UN-Kaufrecht: Stillschweigender Verzicht auf Einwand einer verspäteten Mängelrüge?, RIW 1999, S. 495 ff.

Europäische Gemeinschaften, Erschöpfung der Rechte aus Marken, Arbeitsdokument der Kommissionsdienststellen (SEK <1999> 2033 vom 01.12.1999), GRUR Intl. 2000, S. 628 ff., Zitierweise: EU-Arbeitsdokument, GRUR Intl. 2000, S. 628 ff.

Fezer, Karl-Heinz, Markenrecht, Kommentar, München 1997

Fichna, Gudrun, Korea (Süd), in: Stumpf, Herbert, Eigentumsvorbehalt und Sicherungsübertragung im Ausland, 4. Aufl. Heidelberg 1980, S. 273 ff.

Fülbier, Andreas, Das Vertrags- und Wirtschaftsrecht des Gegenkaufs im internationalen Wirtschaftsverkehr, Berlin 1992

Fülbier, Andreas, Der Gegenkauf als Instrument der Exportfinanzierung im Osthandel, DB 1992, S. 977 ff.

Fuellmich, Reiner / Young, Yeun-Kee, Tendenzen des Produkthaftungsrechts in Korea, ZVglRWiss 94 (1995), S. 310 ff.

Gaster, Jens, Die Erschöpfungsproblematik aus der Sicht des Gemeinschaftsrechts, GRUR Intl. 2000, S. 571 ff.

Geimer, Reinhold, siehe Stiller, Dietrich F. R.

Geissler, Bernhard, siehe Pagenberg, Jochen

Groß, Michael, siehe Stumpf, Herbert, 1993
Grossmann, Klaus, Patentschutz in Südkorea nach den Änderungen zum 1.7.1987, RIW 1989, S. 869 ff.
Grützmacher, Rolf / Laier, Hubert / May, Dietmar, Der Internationale Lizenzverkehr, 8. Aufl. Heidelberg 1997
Hager, Günter, siehe: Schlechtriem, Peter, Kommentar zum einheitlichen UN-Kaufrecht
Hamann, Javier / Schulze-Ghattas, Marianne, International Monetary Fund (Hrsg.), IMF-Supported Programs in Indonesia, Korea, and Thailand, Washington D.C. 1999
Heath, Christopher, Gewerblicher Rechtsschutz in Südostasien - Ein Überblick, GRUR Intl. 1997, S. 187 ff.
Heath, Christopher, Intellectual Property Rights in Asia – An Overview, IIC 1997, S. 303 ff.
Heath, Christopher, Zur Paralleleinfuhr patentierter Erzeugnisse, RIW 1997, S. 541 ff.
Heath, Christopher, Parallel Imports and International Trade, IIC 1997, S. 623 ff.
Heath, Christopher, siehe Albert, Florian
Heath, Christopher, siehe Hilpert, Hanns Günther
Heilmann, Jan, Mängelgewährleistung im UN-Kaufrecht, Berlin 1994
Hein, Jan von, Grenzüberschreitende Produkthaftung für „Weiterfresserschäden“: Anknüpfung an den Marktort ist interessengerechter, RIW 2000, S. 820 ff.
Heinrichs, Helmut, siehe Palandt, Bürgerliches Gesetzbuch
Herzfeld, Edgar, Joint Ventures, Bristol 1983
Hilpert, Hanns Günther / Martsch, Silvia / Heath, Christopher, Technologieschutz für deutsche Investitionen in Asien, mit Beiträgen von Diana Brand, Anton Gälli und Axel J. Halbach, Köln 1997
Hirsch, Christoph, Ausländische Einkünfte und die DBA-Freistellung, WiB 1996, S. 616 ff.
Hopt, Klaus, siehe Baumbach, Adolf
Huang, Seo-Kin, Tatbestand und strukturelle Analyse der unerlaubten Handlung, Festschrift für Zentaro Kitagawa zum 60. Geburtstag, Berlin 1992, S. 381 ff.
Hyun, Soong-Jong, Das traditionelle koreanische und das moderne westliche Recht, in: Rehbinder, Manfred / Sonn, Ju-Chan (Hrsg.), Zur Rezeption des deutschen Rechts in Korea, Baden-Baden 1990, S. 17 ff.
Jalloh, S. Balimo, Countertrade: Kompensations- und Offsetgeschäfte erfolgreich abwickeln, Landsberg am Lech 1990
Jeong, Kuk-Won, Die Sozialbindung des Eigentums in Deutschland und Korea, Konstanz 1997

Jeong, Young-Cheol, siehe: Kee, Yoong-Neung / Jeong, Young-Cheol
Jo, Bong-Je, Forderungsabtretung als Sicherungsmittel im deutschen und koreanischen Recht, Frankfurt am Main 1991
Jong, Sang-Jo, siehe: Sohn, Kyung-Han / Jong, Sang-Jo / Choe, Woo-Seok
Jowitt's Dictionary of English Law, 2. Aufl. London 1977
Julius, Hinrich / Decker, Christian, Forderungsabsicherung in der Exportfinanzierung durch Gegengeschäfte, RIW 1999, S. 594 ff.
Jung, siehe Sandrock, Otto
Katzenberger, Paul, TRIPS und das Urheberrecht, GRUR Intl. 1995, S. 447 ff.
Kee, Yoong-Neung / Jeong, Young-Cheol, Software Licensing Fees: NTA Guideline on Withholding Tax, in: East Asian Executive Reports, März 1994, S. 7, 12 ff.
Kim, Byung-Il, Rechtsgrundlagen des Schutzes vor unlauterem Wettbewerb in Korea, GRUR Intl. 1997, S. 237 ff.
Kim, Byung-Il, Protection Against Unfair Competition in Korea, IIC 1997, S. 361 ff.
Kim, Byung-Il, The Protection of Trade Secrets in Korea, IIC 1997, S. 403 ff.
Kim, Byung-Ki, Die Eigentumsordnung für das vereinigte Korea unter Berücksichtigung der Regelungen der Bundesrepublik Deutschland, Würzburg 1996
Kim, C.-Leon, Technology Transfer Agreements: Voluntary Clearance System, in: East Asian Executive Reports, April 1995, S. 8, 15 f.
Kim, Choong-Gu, Die staatliche Einheit Koreas unter Berücksichtigung des Selbstbestimmungsrechts des koreanischen Volkes, Würzburg 1994
Kim, Dong-Hoon, Koreanisches AGB-Gesetz - unter Berücksichtigung einer Rechtsvergleichung mit dem deutschen AGB-Gesetz, Köln 1988
Kim, Hyung-Bae, Fehlerbegriff und Haftungsgrund in der Produkthaftung, Festschrift für Zentaro Kitagawa zum 60. Geburtstag, Berlin 1992, S. 423 ff.
Kim, Hyung-Bae, Produkthaftung in Korea, RIW 1989, S. 528 ff.
Kim, Young-Jin, Das neue Patentverfahren in Korea, GRUR 1999, S. 417 ff.
Kindermann, Gottfried-Karl, Der Aufstieg Koreas in der Weltpolitik, München 1994
Knaak, Roland, Anmerkung zu BFH GRUR Intl. 2000, S. 780 ff., GRUR Intl. 2000, S. 782 f.
Knoppe, Helmut, Die Besteuerung der Lizenz- und know-how-Verträge, 2. Aufl. Köln 1972
Ko, Kwang-Ha, Korean Laws and Policies on International Technology Licensing, The Korean Journal of Comparative Law, Bd. 11, Seoul 1983, S. 51 ff.
Koch, Christopher, Die neue Schiedsgerichtsordnung der Internationalen Handelskammer, RIW 1999, S. 105 ff.

Kockläuner, Reinhard, Aufstellen und Rückbeziehung von Unteransprüchen, Mitteilungen der deutschen Patentanwälte, 78. Jahrgang 1987, S. 210 ff.

Korean Industrial Property Office, The Industrial Property Rights System in Korea, Seoul 1995, Zitierweise: KIPO, S.

Korean Overseas Information Center, A Handbook of Korea, Seoul 1990, Zitierweise: KOIC

Kosnick, Friedrich Wolfgang, Die Lieferung mangelhafter Ware bei privaten Kompensationsgeschäften, Lübeck 1935

Krieger, A. Das Gemeinschaftspatent - Ein Essential des Europäischen Binnenmarktes, FS für Ulrich Everling, 1995, S. 701 ff.

Kur, Annette, TRIPs und der Designschutz, GRUR Intl. 1995, S. 185 ff.

Laier, Hubert, siehe Grützmacher, Rolf

Lange, Peter, Patentierungsverbot für Pflanzensorten, GRUR Intl. 1996, S. 586 ff.

Laudien, Dieter, Erschöpfung der gewerblichen Schutzrechte aus rechtsvergleichender Sicht: die Position der forschenden pharmazeutischen Industrie, GRUR Intl. 2000, S. 617 ff.

Lee, Hyeong-Kyu, Die Rezeption europäischen Zivilrechts in Ostasien, Zeitschrift für vergleichende Rechtswissenschaften, Jahrgang 86 (1987), S. 158 ff.

Lee, Hyuk-Ju, Die rechtliche Struktur des Chonsegwon im Koreanischen Bürgerlichen Gesetzbuch, Mainz 1979

Lee, Jae-Hyun, Grundfragen des Rechts der Allgemeinen Geschäftsbedingungen – Ein Rechtsvergleich zwischen Deutschland und Korea -, Göttingen 1991

Lee, Sun Chol, Das Hypothekenrecht der Republik (Süd-) Korea, ZVglRWiss 82 (1983), S. 208 ff.

Lee, Tae-Hee, The Korean Computer Program Protection Act, Software Protection (A journal on the legal, technical and practical aspects of protecting computer software), Manhattan Beach, April 1991, S. 5 ff.

Lee, Tae-Hee / Callaway, William H. Jr., Foreign exchange controls in Korea and their impact upon international commercial transactions, The Korean Journal of Comparative Law, Bd. 9, Seoul 1981, S. 1 ff.

Lee, Yeong-Heui, Plädoyer für einen effektiveren Schutz des Bodens, Natur und Recht, Hamburg 1996, S. 178 ff.

Lee, Yeong-Heui, siehe auch Bückmann, Walter

Lee, Yeong-Heui, Recht und Vollzug der Umweltverträglichkeitsprüfung in der Republik Korea, UPR 1989, S. 18 ff.

Lee, Young-June, Rechts- und Sachmängelhaftung des Verkäufers im Gesetze und in Vertragsformularen, The Korean Journal of Comparative Law, Bd. 4 1976, S. 94 ff.

Lehr, Wolfgang, Eigentumsvorbehalt als Sicherungsmittel im Exportgeschäft, RIW 2000, S. 747 ff.

Leimbacher, Jörg, siehe Bückmann, Walter

Lutz, Helmuth, Technologie-, Patent- und Know-how-Lizenzverträge im EG-Recht, RIW 1996, S. 269 ff.

Marshall, Hans, The Enforcement of Patent Rights in Germany, IIC 2000, S. 646 ff.

Martiny, Dieter, siehe Münchener Kommentar zum Bürgerlichen Gesetzbuch

Martsch, Silvia, siehe Hilpert, Hanns Günther

May, Dietmar, siehe Grützmacher, Rolf

Mertens, Hans-Joachim, siehe Münchener Kommentar zum Bürgerlichen Gesetzbuch

Meyer, Andreas, Die EG-Gruppenfreistellungsverordnung zum Technologieverkehr, GRUR Intl. 1997, S. 498 ff.

Michaelis de Vasconcellos, Harald, Das besondere Vertragsrecht des Anlagenbaus: Auf dem Weg zu einer internationalen Rechtsvereinheitlichung?, RIW 1997, S. 455 ff.

Ministry of Finance and Economy, The Guide to Foreign Investment in Korea, Seoul 1995, Zitierweise: Ministry of Finance, S.

Moecke, Hans Jürgen, Vertragsgestaltung bei anlagenbegleitenden Lizenzverträgen, RIW 1983, S. 488 ff.

Münchener Kommentar zum Bürgerlichen Gesetzbuch
Band 2, 3. Aufl. München 1994, Verfasser: Emmerich, Volker
Band 5, 3. Aufl. München 1997, Verfasser: Mertens, Hans-Joachim
Band 10, 3. Aufl. München 1998, Verfasser: Martiny, Dieter
Zitierweise: MüKo-Verfasser

Nam, Yoon-Sam, Die Sicherungsübereignung im deutschen, US-amerikanischen und koreanischen Recht, Hamburg 1996

Niggemann, Friedrich, Gestaltungsformen und Rechtsfragen bei Gegengeschäften, RIW 1987, 169 ff.

Ohly, Ansgar, Trade Mark and Parallel Importation – Recent Developments in European Law, IIC 1999, S. 512 ff.

Pagenberg, Jochen / Geissler, Bernhard, Lizenzverträge / License Agreements, 4. Aufl. Köln etc. 1997

Paik, Tae-Seung, Die Berücksichtigung der Geldentwertung im deutschen und koreanischen Vertragsrecht, Baden-Baden 1990

Palandt, Bürgerliches Gesetzbuch, Kommentar, 60. Aufl. München 2001, Verfasser: Heinrichs, Helmut, Zitierweise: Palandt-Heinrichs

Park, Jang-Won, in: Park, Kim & Partner (Hrsg.), Laws and Practices on Industrial and Intellectual Property in Korea 2000, 5. Aufl. Seoul 2000, S. 1 ff.

Park, Young-Bok, Rechtsvergleichende Untersuchungen über die persönlichen Kreditsicherheiten im deutschen und koreanischen Recht, Göttingen 1991
Pataky, T. S., TRIPS und Designschutz, GRUR Intl. 1995, S. 653 ff.
Piltz, Burghard, Gestaltung von Exportverträgen, RIW 1999, S. 897 ff.
Piltz, Burghard, INCOTERMS 2000 – ein Praxisüberblick, RIW 2000, S. 485 ff.
Rahn, Guntram, Grundzüge und Probleme des koreanischen Warenzeichengesetzes, GRUR Intl. 1978, S. 202 ff.
Rathjen, Peter, Haftungsentlassung des Verkäufers oder Käufers nach Art. 79, 80 CISG, RIW 1999, S. 561 ff.
Rehbinder, Manfred / Sonn, Ju-Chan (Hrsg.), Zur Rezeption des deutschen Rechts in Korea, Baden-Baden 1990
Reuter, Alexander, Außenwirtschafts- und Exportkontrollrecht Deutschland/Europäische Union, München 1995
Rieck, Hasso, Zur Weiterentwicklung der EG-Dual-Use-Verordnung, RIW 1999, S. 115 ff.
Rittner, Fritz, Das koreanische Wettbewerbsgesetz als kartellrechtspolitisches Beispiel, in: Festschrift für Gerd Pfeiffer, Köln 1988, S. 555 ff.
Rogge, Rüdiger, siehe Benkard, Georg
Rothnie, Warwick A., Parallel Imports, Exeter (UK) 1993
Ryu, Seung-Hun, Die Beweislast im deutschen und koreanischen Zivilrecht, Köln 1991
Sack, Rolf, Der „spezifische Gegenstand“ von Immaterialgüterrechten als immanente Schranke des Art. 85 Abs. 1 EG-Vertrag bei Wettbewerbsbeschränkungen in Lizenzverträgen, RIW 1997, S. 449 ff.
Sack, Rolf, Der Erschöpfungsgrundsatz im deutschen Immaterialgüterrecht, GRUR Intl. 2000, S. 610 ff.
Sandrock, Otto, Handbuch der Internationalen Vertragsgestaltung, Bd. 1 und 2, Heidelberg 1980, darin Verfasser: Sandrock / Steinschulte; Jung / Sandrock, Zitierweise: Sandrock-Verfasser
Schatz, Ulrich, Zur Patentierbarkeit gentechnischer Erfindungen in der Praxis des Europäischen Patentamts, GRUR Intl. 1997, S. 588 ff.
Scheibel, Thomas O., Projektfinanzierung: BOT- und Konzessionsgesetzgebung, RIW 1996, S. 373 ff.
Schlechtriem, Peter, Kommentar zum einheitlichen UN-Kaufrecht, 3. Aufl. München 2000, Verfasser: Hager, Günter / Schlechtriem, Peter
Zitierweise: Schlechtriem-Verfasser
Schmidt-Kessel, Martin, Anmerkung zu BGH RIW 1995, S. 505 (Urteil vom 15.02.1995 - VIII ZR 18/94), RIW 1996, S. 60 ff.
Schneider, Helmut, Anrechnung ausländischer Steuern durch Kreditinstitute, RIW 1999, S. 911 ff.

Schütze, Rolf A., siehe Stiller, Friedrich F. R.
Schulze-Ghattas, Marianne, siehe Hamann, Javier
Schwarze, Jürgen, Die Vereinheitlichung der Patente in der Europäischen Gemeinschaft, RIW 1996, S. 272 ff.
Sieg, Oliver, Allgemeine Geschäftsbedingungen im grenzüberschreitenden Geschäftsverkehr, RIW 1997, S. 811 ff.
Sohn, Kyung-Han / Jong, Sang-Jo / Choe, Woo-Seok, Kapitel 9: Korea, in: Ullrich, Hanns / Körner, Eberhard (Hrsg.), Der Internationale Softwarevertrag, Heidelberg 1995, S. 691 ff.
Sohn, Kyung-Han, Recent Developments in Korean patent law, Patent World (the international journal for innovation professionals), März 1991, S. 20 ff.
Sonn, Ju-Chan, siehe: Rehbinder / Sonn
Steinschulte, siehe Sandrock, Otto
Stiller, Dietrich F.R., Korea (Republik Korea, inoffiziell auch Süd-Korea), in: Bülow, Arthur / Böckstiegel, Karl-Heinz / Geimer, Reinhold / Schütze, Rolf A., Der internationale Rechtsverkehr in Zivil- und Handelssachen, Bd. III, 17. Ergänzungslieferung zur 1. Auflage, München, Stand 01.01.1995, O 1073.1 - 1073.12
Stiller, Dietrich F.R., Ausländische Investitionen in der Republik Korea nach dem Foreign Investment Promotion Act, RIW 1999, S. 283 ff.
Strohm, Gunther, Bilanzielle Behandlung von Barter, Countertrade und sonstigen Kompensationsgeschäften, RIW 1988, S. 724 ff.
Stumpf, Herbert, Schutz vor ungerechtfertigten Schadensersatzansprüchen bei Exportgeschäften durch richtige Vertragsgestaltung, RIW 1999, S. 411 ff.
Stumpf, Herbert (Hrsg.), Eigentumsvorbehalt und Sicherungsübertragung im Ausland, 4. Aufl. Heidelberg 1980, darin: Fichna, Gudrun, Korea (Süd), Zitierweise: Stumpf-Fichna, S.
Stumpf, Herbert, Der Know-How-Vertrag, 3. Aufl. Heidelberg 1977
Stumpf, Herbert / Fichna, Gudrun / Dircks, Jürgen, Internationales Handelsvertreterrecht, Teil II, Ausländisches Handelsvertreterrecht, 4. Aufl. Heidelberg 1986
Stumpf, Herbert / Groß, Michael, Der Lizenzvertrag, 6. Aufl. Heidelberg 1993
Tauchert, Wolfgang, Patent Protection for Computer Programs – Current Status and New Developments, IIC 2000, S. 812 ff.
Thum, Dorothee, siehe Bettinger, Torsten
Ulmer, Eugen, Die Immaterialgüterrechte im internationalen Privatrecht, Köln etc. 1975
Viganò, Adriano, Die Rezeption des westlichen Urheberrechtsdenkens in Korea, in: Rehbinder, Manfred / Sonn, Ju-Chan (Hrsg.), Zur Rezeption des deutschen Rechts in Korea, Baden-Baden 1990, S. 83 ff.

Westphalen, Friedrich Graf von, Rechtsprobleme der Exportfinanzierung, 3. Aufl. Heidelberg 1987
Young, Yeun-Kee, Von der Verschuldenshaftung zur Gefährdungshaftung für fehlerhafte Produkte, Göttingen 1988
Young, Yeun-Kee / Fuellmich, Reiner, Tendenzen des Produkthaftungsrechts in Korea, ZVglRWiss 94 (1995), S. 310 ff.

Kolibri 360 GmbH
Ferdinand-Jühlke-Straße 7
99095 Erfurt, Deutschland
produktsicherheit@kolibri360.de

Druck:
CPI Druckdienstleistungen GmbH
im Auftrag der
Kolibri 360 GmbH
Ferdinand-Jühlke-Str. 7
99095 Erfurt